➳ 心理衛生 ➳

賴倩瑜
陳瑞蘭
吳佳珍　　著
林惠琦
沈麗惠

作者序

　　翻開報紙或打開電視、廣播等傳播媒體，常傳來一些校園青少年的鬥毆相殘事件、因適應困難所導致的自殺事件，以及精神病患因疾病未獲妥善治療，而引致慘不忍睹的自傷或殺人等傷害事件，使人看了怵目驚心，也不禁為這個社會以及下一代的年輕人感到憂心！端看滋事或自殺青少年的父母，使我們想到個人的心理衛生，似乎從家庭的發展中即可窺探究竟，我們希望這個社會能重視心理衛生的重要，更進一步能促進心理健康，減少可避免的社會傷害事件，使即將成為國家未來棟梁的青少年們有個健康、正向的心理成長環境，更期待能降低精神疾患的發生率，使國人能達到舒適、和樂的心靈狀態。

　　我們是一群具有精神科護理專業背景的精神科護理學教師，受過一般心理學及精神科護理學專業的訓練，對於「心理衛生」的著眼點，不僅從一般的心理學觀點看個案心理的衝突或對壓力的適應，亦以精神科護理的專業進一步探討、評估個案可能呈現精神疾病病態的情況，除了以相關的心理衛生理論為基礎，同時配合呈現我們在臨床經驗中常會使用的一般性技巧，例如簡易的分析心理防衛機轉、常用的治療性溝通技巧、基本的危機處置技術等，期望能為讀者帶來不同切入點的刺激與看法，使讀者對心理衛生的概念有另一層的認識與瞭解。

　　本書共分十章，包括簡單的心理衛生緒論及簡介、一般性

的心理衛生相關理論、常見的心理防衛機轉、面對壓力時的調適、對自我概念的瞭解、治療性人際關係及溝通、有效率的危機處置、個人人格與行為的表現、家庭互動與自我的成長，最後便是簡單地介紹心理障礙及精神疾病的認識；在本書中一些章節，有案例討論的呈現，皆為作者們在臨床中的個案護理經驗，為顧及職業道德的保密性，在敘述中有部分的編修，若與您的經驗有雷同之處，純屬巧合，純粹只為便於輔助讀者對文章內容的瞭解及應用。深入淺出的安排，希望對讀者能有所助益。

　　再者要感謝揚智文化賴筱彌及張明玲小姐的全力配合、提供意見及支持，使我們在傾心盡力的撰寫過程中，雖然困難重重，但皆迎刃而解並順利付梓，然而倉促成文，深感個人學力之有限，難免有疏漏或闕誤，敬請各方前輩先進們不吝賜教指正，以作為日後修訂之參考，謝謝！

賴倩瑜

2000 年 2 月謹識於輔英技術學院　天使嶺

目　錄

第十章　認識心理障礙疾患　285　　✐林惠琦

附錄　335　　✐賴倩瑜

第 1 章

賴倩瑜

心理衛生緒論

前言

　　在物質充裕，生活不虞匱乏的現今社會中，人們開始尋求精神生活的滿足，但在追求所謂生活品質的過程中，也可能由於一時的利欲薰心或自私自利的心態，引發人與人之間的衝突、壓力，當個人在面對現實生活環境的試煉與各種問題困境的摧殘時，除了個體本身的先天體質外，其內心可能出現的掙扎與衝擊，終將可能形成另一場與精神疾病的搏鬥，以及面臨自我與生活的恐懼、人際關係的疏離，故在物資、營養充足的時代，促進心理健康，預防心理障礙或精神疾病的現代課題，已逐漸受到重視，而國人心理衛生的推進與強化，便成為全民心理健康的指標。

心理衛生與心理健康的關係

　　乍看之下，「心理衛生」與「心理健康」兩個名詞似乎是一樣的，沒有什麼差別，可以通用，但是仔細推敲後，發現前後兩者應是一體兩面、相輔相成，且可以互為因果的關係。怎麼說呢？有了心理衛生工作的推動，才能使人們保有心理健康的美好狀態；而若不是人們為了追求心理健康，也不會產生「**心理衛生**」這個概念（鄭琳，1994），換句話說，欲達到心理健康的理想，需要有心理衛生的概念與動機，並進而切實執行心

理衛生的活動，以邁進心理健康的境界。你的心理衛生嗎？你的心理健康嗎？在瞭解心理衛生的概念與意義之前，首先應先了解「心理健康」的意義。

何謂「心理健康」？

「心理健康」，並不指沒有罹患精神疾病而已，是指一個人心理狀況除了沒有心理與精神疾病的症狀外，其智能、思想、情緒表達，乃至於行為表現各方面，皆保持在一穩定、正常、平衡的狀況下，使個人在面對自我或外界環境的壓力事件時，皆能有社會文化可接受的適應行為，使自己維持在一個因應良好且能達到最高效率的目標，在生活中能感受需求的滿足、享受快樂。更進一步地說，一位心理健康的人對自己能充分瞭解，知道自己的長處與弱點，明白自己生活或工作的需求，以及自我的能力範圍，能訂定符合現實環境的要求，且對自己不致苛求的目標，對自己充滿信心，對環境具有安全感，能適度地做好情緒管理與控制，與他人建立良好且信任的人際關係，使人格的發展維持在和諧完整的狀態，並享有自我實現的愉悅。

何謂「心理衛生」？

　　心理衛生不僅是一種知識、觀念或狀態，也可以是一種途徑或方法，促進心理健康的一系列活動，在坊間可以藉由各類心理叢書，書籍的閱讀；參與心理相關成長團體活動的學習；學校老師的心理輔導；甚至於心理輔導或醫療機構的專業輔導、治療、復健，以達到預防心理偏差、精神疾病的發生，並促進心理健康。

　　故提倡心理衛生的目的，便是在教導人們如何預防心理疾病或行為偏差，能維持和諧正向的心理狀態，甚至發揮自我的內在潛能，並促進心理健康。此外，對於已經罹患精神疾病的患者，亦能提供積極有效且合乎人性化的治療與復健，使之早日回歸社會。

心理衛生與精神疾病的關係

　　心理衛生的阻礙，便是各種壓力形式的表現，除卻個人身體、生理的因素以外，身處現實環境中所面臨的困擾與挫折，亦是引起壓力產生的來源，此壓力所導致個人感受到生命中的**危機**（crisis），即是造成心理障礙的基本因素之一。若在心理障礙甚至於精神疾病的病程演化過程中，未適時提供心理衛生或治療的介入，以排除達到心理健康的壓力障礙，便可能有罹

患精神疾病之虞，然而，若不幸運地已罹患精神疾病，積極地尋求適當且足夠的藥物或心理治療，仍是有機會逐漸恢復至原本個人的一般心理狀態。

　　因此，精神疾病、心理衛生、心理健康，可以是一體成形的概念，罹患精神疾病需要精神科專業的醫療與照護，如藥物或心理治療等，以期回復個人原有的一般心理狀態，即使未達精神疾患，而出現某種程度的心理障礙，亦需要心理衛生的介入，透過專業的會談與分析輔導，使個體在陷入環境壓力陰霾的同時，能早日撥雲見日，然而若再更積極地推動心理衛生，將可使個人、家庭、社會邁向心理健康的理想狀態！（詳見圖1-1）

圖 1-1　精神疾病、心理衛生、心理健康的關係

心理衛生的工作內容

　　近年來社會事件層出不窮，其中與心理障礙或精神病患有關的案件，更是多到令人不得不正視的地步，如多年前，某精神病患到北一女校門口見人便潑硫酸的傷害事件、某精神病患自家中持菜刀從公寓樓梯下來，逢人就砍殺的不幸事件等，在

在突顯出精神病患急性發作後，適當的接受治療、後續穩定的復健治療，甚至於有效預防精神疾病的發生，是刻不容緩的重要課題。

故欲達成全民心理衛生的理想，積極的三級預防便是維護國人心理衛生，促進心理健康、預防精神疾病的重要工作原則。

㈠初級預防

評估社區民眾常見的壓力及其應變能力，提倡健康、正當的民眾休閒活動，積極加強民眾的心理衛生教育，促使社區民眾對精神疾病有正確的認識與瞭解，並可接納社區中的精神病患，教導民眾有效的壓力調適技巧或增進問題解決能力，適時提供社區民眾心理諮詢管道，諸如生命線、張老師、各縣市社區心理衛生中心、青少年輔導等，使民眾有適當的管道發洩內心鬱積的情緒。與其事後亡羊補牢的補救，不如有建設性地執行地區心理障礙或精神疾患的篩檢及預防，故初級預防的主要工作地點在社區，而工作重點在於預防各類精神疾患的出現。

㈡次級預防

對於已經罹患精神疾病的病患，強調「提早發現，盡快治療」，積極衛教病患及其家屬，早期接受治療的重要性，可將精神疾病對病患個人及其家庭，乃至於整個社區、社會可能造成傷害的程度減到最低，同時可以縮短精神病患的病程及住院時間，更進一步使精神醫療與照護更有效能地為民眾提供服務；除此之外，持續增加民眾對精神疾病的認識，使個人能盡早執行自我評估並察覺自我或家人精神方面的異常症狀。故次級預防的主要工作地點在醫院精神科病房，而工作重點在於使精神病患獲得適當的治療。

(三)三級預防

　　由於長期受到精神疾病的影響，病患各方面的生活、職業、社交等功能皆會有不等程度的障礙，再者，即使病患接受了治療，仍有大約 1/3 到 1/4 的病患仍殘留疾病的症狀及難以恢復的功能缺陷，因此，第三級的預防除了使精神疾患獲得適當、充分且持續性的治療外，如何使其疾病症狀的殘留程度減到最低，讓其殘餘功能得以維持，免於繼續喪失基本的生活功能，甚至於積極開發其潛能，便是三級預防中，精神復健的重點，而三級預防的工作地點除了在醫院的日間留院、慢性復健病房之外，還包括庇護性工廠、復旦之家或中途之家、社區復健中心、康復商店等，其工作重點即在減少疾病症狀的殘留、防止各項功能的再退化，預防疾病的再發或惡化。

心理衛生工作人員應具備的基本條件

(一)專業能力

　　受過心理學及精神科專業知識及技能的訓練，能應用心理衛生相關理論，如精神分析、認知發展、人格、行為學習或人際關係等理論，於瞭解、分析並判斷個案的心理狀態。

(二)充分的自我瞭解

　　有正向、健康的自我概念，認識自我與環境之間的關係，擁有熱心助人的心，能進一步應用專長及所學，協助周遭需要幫助的人。

㈢與個案建立良好關係的能力

具有敏銳的觀察能力，主動與個案建立關係的特質，在與民眾或個案的接觸過程中，充分瞭解其防衛機轉的運用，應用有效或具治療性的溝通技巧，與民眾、個案及其家庭建立具有治療性的人際關係。

㈣足夠的壓力調適及因應能力

瞭解個體常見壓力的來源，以較積極正向的自我，瞭解自身或周遭環境壓力所帶來的身、心影響，並進一步運用有效的調適技巧，協助並教導民眾面對壓力，以足夠的因應能力，解決眼前的壓力困境。

㈤有危機處置的能力

認識基本的危機理論，並能以純熟的處置技巧，協助苦於心理障礙危機的民眾或精神病患及其家庭，解決其危機。

㈥協助個案自我及家庭成長的能力

瞭解常見的家庭理論，深入家庭評估其家庭問題，應用各種個別會談或家庭治療的方式，促進家庭成員瞭解其互動模式，並增進彼此有效的溝通，以達成各家庭成員的自我成長。

㈦認識並瞭解常見的心理障礙及精神疾病

對於常見心理障礙及精神疾病的認識與瞭解，將有助於心理衛生工作者，便於評估、判斷心理障礙的程度與精神疾病症狀的嚴重度，使面臨心理或精神困惑者，獲得適當的協助、處置、轉介與治療。

心理衛生工作人員的角色與功能

(一)個案的發現者

在社區中依據專業的知識與技巧，在與社區民眾接觸的過程中，評估發現心理狀態異常者或出現精神疾病症狀者，經初步的判斷，建議該病患進一步的就醫治療。

(二)心理衛生教育者

應用心理學及精神科專業的知識與溝通、衛教技巧，在社區針對一般民眾進行心理衛生教育，使民眾認識並瞭解心理衛生及心理健康的狀態，並進一步認識常見的精神相關疾病，並可接納、協助社區中的精神病患，其進行的方式可以是個別的會談衛教，或是透過團體的方式使民眾增加心理衛生的知識。

(三)協談諮商者

對於有心理障礙、精神疾病的病患或是面臨心理疾病邊緣的困擾者，藉由經過專業訓練的面談溝通技巧，實施適切的諮商及會談，以協助進一步釐清其心理狀態及精神疾病的病程發展。

(四)危機處理者

面對精神疾病患者正遭受疾病症狀之苦，或因精神症狀的干擾而影響其個人生活、周遭環境的人、事、物，以致於造成該病患及其家人或鄰居的身體或心靈危機時，盡可能在最短的

時間內，提供適時的危機處置，解決其即刻性的問題或需求的滿足，免除因精神疾病所帶來無法彌補的遺憾。

(五)聯繫轉介者

擔任中間聯繫者的角色，為社區中的心理障礙或精神病患，提供適當的治療機構轉介，使其獲得應有的治療與追蹤。

(六)治療者

可在各諮商協談中心、精神醫療或復健機構，對心理障礙者或精神病患進行短期的護理或治療工作，亦包括在社區中進行的居家護理治療。

(七)協調者

在家庭、社區與各治療機構中，扮演居中聯繫協調之角色，避免疾病的治療受到延誤，充分的協調可使病患個人或家庭，甚至於社區與治療機構之間，達到良好的共識及合作關係。

(八)照會者

當各學校機關、輔導機構或醫療院所，有相關個案的問題，可應用專業的心理衛生知識與學理，協助個案心理狀態及精神問題的評估，適時提供建設性的意見，以協助有心理或精神困擾的個案。

(九)研究者

隨著社會科技腳步的激進，生活周遭各項壓力的產生無法預期，甚或百年來人類遺傳基因錯綜複雜的交錯演進，也許會不斷引發心理障礙或精神疾患的產生，故針對精神疾患的早期篩檢、有效控制症狀的治療、預防疾病再發，甚至於積極促進

心理健康的研究，已逐漸成爲未來心理及精神研究領域須傾力投注的重點。

維護個人心理衛生的原則

所謂「預防勝於治療」，個人的心理衛生應著重於積極預防的目標，並做到「早期發現、早期診斷、早期治療」的原則。如此，個人不僅能預防心理失常的發生，更能維持心理健康。唯有個人注重心理衛生，才能創造一個健全的社會。

(一)保持身體健康

身體的健康狀況，對於心理的狀態或多或少會有某種程度的影響，若本身的身體違和，遭受疾病疼痛之苦，又如何能保持心情的愉快呢？在臨床上亦常見，長久遭受病痛磨難的患者，常會出現憂鬱頹喪的情緒，疾病可能造成生活型態的改變、個人及其家人角色功能障礙或喪失，甚至於家庭結構的改組或瓦解！更遑論如何心理衛生，促進心理健康了。故維持個體的身體健康，便是增進個人心理健康的基本要件了。

(二)增進自我瞭解

欲適應社會生活的歷練，每個人的性格及人格特質，包括個人的個性、優缺點、習慣、興趣、能力等，皆會影響到對壓力的因應能力，若對自我的特質有相當程度的瞭解，需能接受自己的一切特質，便可訂立自己能力可達的目標，不自我膨脹，

亦不看輕自己。然而，自我瞭解不是捶手可得的，而是一件相當困難的任務，有許多人也許終其一生，仍不瞭解自己，更別說接受自己了，若能從自我瞭解的過程中體會理想與現實生活的差距，進而坦然誠懇地面對自己，對自己亦應有信心，唯有接納自我、接受自己的生活，才能被周遭人所接納，享受生活的充實、生命的喜悅，學習如何避免失敗，獲致成功。

㈢自我情緒與行爲的控制

每個人對環境中無論是內在或外在事件的刺激，通常有突發性的想法、衝動或行爲表現，可能是攻擊或性的原始需求所驅動，但個人若能將情緒控制在穩定狀況，適當的情緒管理便能有效地控制自我的行爲，不踰矩、不侵害他人，更能爲自己的行爲負責。

爲了使心理衛生運動的進行不至降溫，建立正確的心理衛生觀念，強化民眾心理健康的趨力，應正視心理衛生的重要性，不僅獨善其身，更應該兼善天下，彼此互相影響、敦促，將可建立心理健康的個人及社會。

㈣加強適應能力

個人在生活環境中，可能會面對職場、學業壓力的競爭或來自於人際關係的衝突掙扎，個人若能對清楚現實環境的限制，試著調整自己的心情、步伐和處事計畫，加強對環境壓力的因應能力，增進處理危機的問題解決能力，不僅能獲得成就感，自我肯定，更能從團體生活中獲得自我實現的滿足。另一方面，人無法永遠離開團體生活，故若能主動或積極參與社會團體活動，藉由活動的進行，建立良好且信任的人際關係，學習愛人與被愛，進一步與所愛的人建立親密相互扶持的關係，享受愛

與被愛的需求滿足，不僅重視自我的情感需求、感覺或個人目標，亦能敏銳地察覺洞悉周遭人的需要及感受，並能提供適時的協助與支持，有助於心理健康的養成及維護。

(五)掌握適當的人生目標

一個對生命充滿希望與熱忱，擁有合乎自己能力及現實環境狀況的生活理想與目標的人，對自我的生活功能、工作能力充滿信心與積極的熱忱，使自我的才華及能力，得以在生活或工作中獲得充分的潛能發揮及表現。

社區心理衛生的發展瓶頸

(一)國人普遍缺乏對心理衛生及心理健康之認識

一般民眾，由於社會傳統不合理的觀念與偏見，對有心理障礙或精神疾病之患者避之唯恐不及，深怕會被傳染似的，總是一味地抗拒自己或周遭親人朋友可能罹患精神疾病，甚至於強烈排斥社區中的精神病患，此皆由於國人缺乏對精神疾病的病因、預防、治療及復健的知識與瞭解，缺乏促進心理健康，心理衛生運動的常識與動機，當然對社區、個人，乃至於精神病患的心理衛生便沒有支持、關心的胸懷了。

(二)心理衛生設施不夠健全

近幾年來，國內已積極地透過政策與宣導，推展心理衛生運動，建立精神醫療院所，但尚無適當的心理衛生教育機構，

對社區民眾做有計畫性的心理衛生教育的推行,目前國內現有的心理衛生服務,多半是由民間各宗教、慈善或輔導團體所設置,其設施與心理衛生專業輔導人員的訓練,並無一致性的標準與訓練程序,就如 1999 年 921 大地震時的災後創傷輔導,就馬上面臨不敷承擔的窘況!

㈢缺乏專責的心理衛生服務行政體系

國內行政院衛生署有成立「心理衛生科」多年,但似乎未見具有建設性及效力的心理衛生計畫及政策,來促進國人心理健康我們期盼全國各縣市皆有「社區心理衛生中心」的確切落實,利用心理衛生專責單位的切實計畫及心理衛生運動的實施,推行各項政策制度,作為社會民眾與政府機構的橋樑,輔導國內或各民間心理衛生服務機構的成長,建立一致性的訓練標準及一定程度的服務內容,甚至能更進一步與國際間的相關團體機構聯繫交流,即使面臨如 1999 年 921 大地震時強烈的心理衝擊與震撼,亦能在最短的時間內尋求國際心理輔導機構的經驗傳授,實質的支援與協助。

㈣推展心理衛生工作缺乏有效的法律支持

雖然象徵保障精神病患的權利,明訂精神醫療院所的責任及義務的「精神衛生法」已頒訂多年,但欲真正運用法令推行心理衛生政策,切實執行醫療院所疾病治療的權力,以保護精神病患,似乎仍缺乏全國性對心理衛生重要性的共識,故對於促進心理健康,心理衛生運動的推展,仍有待法律公權力的落實與支持。

結語

　　相信每個人都渴望心理衛生、心理健康，在追求此一目標
之際，如何加強國人的心理衛生概念，強化心理健康的動機，
在現今政治、經濟、學術等壓力充斥的時代，似乎是刻不容緩
的重要課題！藉由心理衛生專業人員的培訓及輔導，訓練出合
乎專業素養條件的心理衛生輔導人才，進行完整的心理衛生工
作內容，如初級、次級以及三級預防工作，發揮其專業的角色
與功能，真正協助民眾心理衛生知識與運動的推展，積極改善
社區心理衛生發展的阻礙，向全民心理健康的理想邁進。

參考資料

⑴Takahashi, K., Tamura, J., Tokoro, M., (1997). Patterns of social relationships
　and psychological well-being among the elderly. *International Journal of
　Behavioral Development.* 21 (3), 417-430.
⑵Cloninger, C.R., Svrakic, N.M., Svrakic, D.M., (1997). Role of personality self-
　organization in development of mental order and disorder. *Development &
　Psychopathology.* 9 (4), 881-906.
⑶Elizabeth M.V., (1994). *Foundations of psychiatric Mental Health Nursing,*
　New York.

(4)Michael G., Dennis G., & Richard M., (1989). *Oxford Textbook of psychiatry*, Oxford New York Melbourne: Oxford university press.

(5)毛萬儀、高慧芬、張毓幸、蘇邦婕等編著（1998），《心理學》。台北：永大。

(6)沈楚文等（1997），《新編精神醫學》。台北：永大。

(7)鍾信心等（1997），《精神科護理學》。台北：華杏。

(8)蕭淑貞等著（1997），《精神科護理概論—基本概念及臨床運用》。台北：華杏。

(9)李引玉等編著（1997），《精神科護理概論》。台北：永大。

(10)曾文星、徐靜（1996），《現代精神醫學》。台北：水牛。

(11)鄭琳（1994），〈心理衛生緒論〉，《心理學與心理衛生》。台北：華杏。

(12)李淑琦等（1994），《心理學與心理衛生》。台北：華杏。

第 *2* 章

陳瑞蘭

心理衛生之相關理論

前言

　　心理學是一門研究人類行為的科學，廣義的行為包括了思想、情感、動機與行動等。心理衛生則是於二十世紀時，根源於精神醫學而發揚興起的應用心理學。人們的心理現象是非常複雜的，由健康正常的身心狀況到產生異常偏差的病態行為，往往是一種延續性的過程，很難清楚地截然劃分。探討心理疾病的各家學派提出精神醫學及護理的相關性理論架構，如雨後春筍般的應運而生，可謂百家爭鳴、琳琅滿目，各自就其看法之異同觀點，提出許多獨到的基礎概念，並針對其他學派做出爭議性的批判建議立場。臨床上應用最廣泛的大致如下數種：精神分析論（Psychoanalytic Theory）、存在—人本理論（Existential-Humanistic Theory）、行為理論（Behavior Theory）、認知理論（Cognitive Theory），至於壓力理論（Stress Theory）、溝通理論（Communication Theory）、家庭治療理論（Family Therapy Theory）等，將在本書後面的各章節中陸續介紹。

精神分析理論

　　精神分析論（Psychoanalytic Theory）是由奧籍醫生佛洛依德（Sigmund Freud, 1856-1939）於十九世紀末年創立，他經常剖析自己的正向或負向成長歷程，如他童年時期曾對嚴格專權的父

親充滿敵意，卻對善良溫柔的母親有著性方面的憧憬，經歷兄弟手足之間的競爭和嫉妒，1938年更遭到納粹黨的抄家迫害等，對他後來所發展的學說理論——如伊底帕斯情結等，有相當大的影響。他自幼天賦異稟，對自己邁向成功之途充滿自信與野心，在臨床心理醫學方面鋒芒畢露。佛洛依德相當強調「性」在情感生活中的重要地位，但是他自己卻對「性」持負向的態度與經驗，40歲之後，已幾乎沒有正常的性生活可言，曾罹患焦慮性神經質的情緒困擾，生命的最後16年期間，他因過度吸食雪茄煙而罹患口腔癌，歷經33次手術等痛苦的折磨，最後請醫生給予注射較大量的嗎啡而結束他的生命。

由於十多年臨床研究治療精神官能症病人，佛洛依德發現病人呈現出來的一些症狀，往往與童年期的經驗有關；如童年時缺乏持續的關心、不愉快的性侵害等，或與潛意識的動機有關。於是提出以「精神動力學」（psychodynamics）的理念為基礎的心理分析治療法，帶來精神醫學的第二次革新。他認為人的心理是可以瞭解及治療的，他生平著書立說甚豐，尤其對心理學及心理疾病的分析治療領域，為後進學者樹立了研究的根基及典範，其深遠浩瀚的影響力，被尊稱為精神醫學的鼻祖亦當之無愧。其基本觀念簡介如下：

精神動態平衡

人的心理狀態及人格發展過程，並非完全處於固定靜止不動的狀態，反而經常因為內在的趨力及外界因素的影響，而呈現正常範圍內的波動現象。精神疾病與潛意識的慾望、衝動受

到壓抑有關，藉著自我運用防衛機轉的功能，人們會竭力維持內心的平衡，若是內心受到嚴重的衝擊，一些焦慮、憂鬱、攻擊性等症狀將於焉產生。焦慮又可分為以下三種：

(一)現實的焦慮

指有事實的情境擺在眼前，需要個案去面對、處理。如考試前夕坐立不安、失眠等。

(二)道德上的焦慮

個案的超我太強，凡事期望過高，自訂嚴苛的道德標準，終日處於惶恐不安與自責中。

(三)神經質的焦慮

指個案擔心自己的慾望、衝動會不由自主地由潛意識衝出，令自己做出違反社會規範的言行，於是過度使用潛抑、抵消、反向作用而出現強迫行為。

雙重本能說

佛氏提到「本能」是人格內在的基本驅策力，會激發人類行為的抉擇及方向。如飢餓、口渴、性需求的緊張壓力，會迫使人們尋求或維持生理上的平衡狀態。佛洛依德把所有的本能區分為兩大類：「生命本能」，藉著「性原慾」(libido) 激發人類達到生存發展的目標；「死亡本能」，是一種自然趨向衰弱、破壞和攻擊性的潛在趨力。

人格地形論與人格結構

佛洛依德起初將人格區分成意識（conscious）——指個人很清楚體會到自己目前的思想、情感、行為在做些什麼。下意識（subconscious）——指原本在潛意識中的事物，稍微集中注意力去回想，便可浮現到意識境界者稱之。潛意識（unconscious）——一些遺忘的情境，雖然花費較多的注意力也很難使其浮現到意識境界，有時需要藉著自由聯想、催眠、夢的解析、精神症狀才能深入瞭解。防衛機轉大多是潛意識層面的運作，藉著心理分析的各種治療技巧，有助於瞭解人格結構及外在言行的意義、潛意識衝突和疾病症狀之間的關係。

經由一番修正之後，佛氏再提出人格的解剖構造：「原我」（id）是屬於人類與生俱來由本能控制的心理能量，依循「享樂原則」去追求基本需要與逃避痛苦。「自我」（ego）遵循「現實原則」協助人們維持與環境的接觸，人類可以獨立思考推理、判斷、適當表達情緒行為、建立人際關係、運用防衛機轉、維持正常的言行表現。「超我」（superego）係屬於良心、道德、上帝的眼睛、細微的聲音等內在批判層面，依循「道德原則」，使人努力遵守社會規範，避免觸犯法律禁忌。

人格的發展

精神分析學派對人類另一項重要的貢獻是佛洛依德所提出的心性（psychosexual）發展，是因內在的本能——性原慾

（libido）與社會外界人、事、物互動的歷程，直到與異性發展健全親密的關係為止方趨成熟。發展過程可分為：

㈠口慾期（oral stage）：0-1 歲

嬰兒藉著口腔吸吮動作獲得滿足安全感及減輕焦慮，屬於自我中心時期，一切以「享樂原則」為主。若是受到挫折，如：斷奶、被忽視、受到虐待等，易形成依賴、悲觀、飲食不正常、物質濫用、嚴重的精神病等病理根源。

㈡肛慾期（anal stage）：1-3 歲

此時期藉著排泄過程訓練獲得快感來源，並學習是非對錯的觀念使得「超我」萌芽，性格極端化且固執，相當自我中心，此時期屬於第一反抗期，照顧者勿給予太多約束，若是發展過程有障礙，則會與順服、反抗（negativism）、拖延、慷慨、吝嗇、潔癖、排泄習慣等個性，甚至強迫性人格有關。

㈢性蕾期（phallic stage）：3-6 歲

開始有生理性別觀念，性器官是快感來源，有時會藉著手淫獲得滿足或減輕焦慮，此時超我機能較為奠定，有仇父戀母、閹割恐懼、陽具羨慕、手足競爭、退化行為、矛盾情感等現象。若是沒有順利解決伊底帕斯情結，藉內射仿同完成對同性父母的認同，容易造成性別角色模糊、同性戀、心性異常、歇斯底里等問題。

㈣潛伏期（latency stage）：6-12 歲

此時期將對性的幻想暫時壓抑，全心投注在功課技能的學習，喜歡與同性夥伴相處，對異性父母肢體上的關愛動作，如

擁抱等顯得不自在。若無得到適當的鼓勵，易形成自卑、焦慮、食慾不振、怠忽反抗等偏差言行。

㈤生殖期（genital stage）：12-18歲

第二性徵已經出現，喜歡打扮重視外表，與異性發展成熟親密關係的階段，若是發展異常，容易與異性產生疏離感，或是經常有不正常的依附性關係。

佛氏強調幼年時期（6歲以前）的發展，對一生的人格成長有著奠基性的影響，若是身心的需要無法獲得滿足與持續性的關愛，或是受到嚴重的挫折虐待，將會影響他對環境中人、事、物的信任感，甚至造成難以彌補的傷害。

艾瑞克森（Erikson, 1963）延續佛氏的理念，強調幼年之後的的心理社會（psychosocial）發展，認為兩者的發展有著不可分割的關係，他認為人生每個階段的發展，都會受到先天遺傳及後天人、事、物、環境等社會文化的影響，在生命的每個階段裡，人們都必須面對將自己與社會環境之間做一個平衡的調適。他提出八個發展階段如下：

㈠信任對不信任（trust vs mistrust）：0-1歲

此期藉著與人、事、物、環境互動，建立基本信賴感，對於母親的稍微離開會顯得相當焦慮。因長牙的疼痛不適會以啃咬東西來紓緩—外射作用；若是受到打罵拒絕則轉而咬自己—內射作用；若遭遇挫折，易產生無信賴感、妄想疾患、自虐、自殺、憂鬱症等。

㈡自制對羞恥懷疑（autonomy vs shame & doubt）：1-3歲

藉著對排泄的控制感及活動空間的增加，學習自我控制及接受外界的限制， 在獨立和依賴之間產生衝突，會反抗父母的生活照顧，屬於第一反抗期，若是發展不佳或以羞辱壓抑他，會造成害羞及自我懷疑的個性，甚至影響其對婚姻的看法。

㈢自動自發對罪惡感（initiation vs guilt feeling）：3-6歲

因對異性父母的依戀關係及手足競爭，易引致內心的罪惡感，學習同性父母如何作個男人或女人的角色，父母宜鼓勵其自動自發的行為，如替父母倒茶、拿拖鞋、為弟妹拿奶瓶、尿布等，以減輕內心的罪惡感。

㈣勤勉感對自卑感（industry vs inferiority）：6-12歲

此時兒童的生活重心，從遊戲狀態轉而對知識技能的學習，幫忙父母做家事，養成良好生活工作習慣，宜多予鼓勵，則可發展出勤快的習慣及自信心，若是受到太多挫折失敗感，孩子會自覺樣樣不如人而產生自卑感。

㈤認同對角色混淆（identity vs role confusion）：13-22歲

主要對心理性別及自己未來應該扮演的角色產生認同感，若是發展不佳，易產生情緒不穩定、反抗權威、缺乏目標等角色混淆現象，是屬於人生暴風雨期─第二反抗期。

㈥親密感對隔離感（intimacy vs isolation）：23-40歲

此時主要與異性發展親密關係以及與同事建立良好和諧人際關係的階段，若是無法與配偶分享感情，或是與朋友建立有

意義的人際互動，則容易產生疏離孤獨的感覺。

㈦推廣性對停滯感（generativity vs stagnation）：40-65歲

　　中老年人藉著家庭事業的順利發展，可以提攜栽培後進晚輩，服務貢獻社會人群，若是仍然一事無成，會有停滯不前的蕭條感。更年期是人生第三個暴風雨期。需要家人子女更多的關心。

㈧自我統整對絕望感（ego integrity vs despair）：65歲以上

　　老年時期若能回顧滿意的人生發展，卸下重要的責任，含飴弄孫、頤養天年，對角色的轉換會再加以統整，重新做最好的調適。若是一生窮愁潦倒、甚至貧病交加，便會有絕望的感覺，老年人尤其害怕依賴、孤獨、疾病等。

　　心性發展強調幼年發展的重要性，艾瑞克森卻認為人類是終其一生持續性發展的個體，生命的每個階段皆有其重要的發展任務及可能遭遇到的危機，艾瑞克森認為人們擁有主動積極的能力，去調適自己與外界環境之間的和諧關係，所遭遇的各項危機其實也可說是人生的挑戰與轉機，雖然發展的速度或許因而延遲，但每階段的發展皆有其意義存在且互相影響，經由對挫折的克服而有更佳的調適及健康成熟的人格特質。

阿德勒學派理論

　　阿德勒（Adler, 1870-1937）曾與佛洛依德合作共事達十年之久，後因理念不合而分道揚鑣各自發展，他曾有體弱多病且不快樂的童年，長大後便立志行醫且專攻心理治療，他非常關心兒童的輔育工作及社會大眾的身心健康，先後開創許多兒童輔導診療中心，致力訓練教師、社工人員、醫療專業人員，並首創在眾人面前示範正確健康、生動的親子關係，獲得極大的迴響。

　　阿氏認為人格的發展並非只局限於幼年（性趨力）而已，他相當重視家庭社會文化趨力的影響，強調人們是自己生活方式的主導創造者。他提出「個體心理學」的治療方法，認為人類有思想、判斷力，有目標、有方向、價值觀、態度、興趣、對現實的瞭解等，他會努力尋求體驗自己應該扮演的角色和立足點，他有能力統整自己的人格以及揀選社會化的方式歷程。所以治療者應整體性、全面性地來分析瞭解個案的人格，幫助當事人領悟、認清自己對生活態度的錯誤信念，願意修正自己偏差扭曲的想法，而轉化成實際有意義的行動，更積極的融入社會生活中，追求健康、積極、調適的生活。

　　許多學者皆一致推崇阿德勒為存在主義的先驅人物，他提出的許多治療方法，可以應用到廣泛社會大眾的人際關係上如：初等教育、父母及教師的諮商、個別性與團體諮商、婚姻與家庭諮商等。其重要的觀念包括：

1. 不可忽略幼年時期對人類目前情況的影響力。
2. 人們會盼望藉著被周遭親友的喜愛、接受、重視而獲得安全感、價值感。
3. 人們必須在人際互動中，共同承擔責任，卻各自有獨特的一份貢獻方式。
4. 強調人類的情緒行為，其實是受到認知、思考、信仰的影響。
5. 人類要努力在環境中找出自己的生活目標。
6. 許多的焦慮及情緒困擾，皆因無法被接納、重視及缺乏歸屬感等。
7. 協助個案領悟自己的問題所在，擬定目標計劃，且願意修正改變自己。
8. 諮商者與個案是合作性的關係，共同努力邁向彼此所協商共識的目標。
9. 強調一再運用鼓勵、支持性態度於整個諮商歷程中。

行為理論

　　華生（J.B. Watson, 1878-1958）是行為理論的革命性創始人物，行為治療源自學習理論，他認為心理現象是抽象難懂的，很難以科學實證的方法加以量化，他主張以客觀觀察及科學實驗的方式來瞭解人類許多的偏差行為，是學習而來的適應不良之行為習慣，於是發展出以實驗與學習為主的行為治療理論，

瞭解可能加強促成偏差行為之因素，逐步加以消除之。他的研究精神影響了史金納（B.F. Skinner, 1904-1990），他將行為治療理論發揚光大，並曾獲得傑出心理科學貢獻獎的殊榮。

史金納相信每個人遺傳特定的基因結構，會促使其尋求適合的環境條件來滿足自己的需要，他的研究對象主要是藉著動物，如：老鼠、鴿子等對於刺激所作的反應，加以運用在人類身上。他將行為分成反應性行為與操作性行為，前者指對某特定刺激的回應，是不需要經過訓練制約或學習的。以一個刺激替代另一個刺激，經過學習而產生的反應行為叫做制約，此概念源自俄國生理學家巴夫洛夫。

行為心理治療是以系統性與實驗性的方式執行治療過程，其主旨是以可觀察到的（observable）、可測量的（measurable）、以及能界定的（operationally defined）的問題行為稱之。以制約「學習」的方式改變、修正舊的行為，重視學習的過程，慎選增強物，加強病人學習動機，以重塑健康成熟的的適應行為。他在解釋一個人的行為時，並不去探討內在的動機、潛意識防衛機轉的運用、行為的前因後果，他認為人類行為是受到外界環境影響與支配的。

行為修正術（behavior modification）是治療者致力找出個人行為問題中的環境影響因素，再設計出修正行為的方法。他的行為治療理論被廣泛應用到臨床上，如協助精神病患、智能不足、自閉症等。行為改變術也廣為各學校機關團體、監獄看守所等輔導機構所採用。行為理論與精神分析理論、存在－人本理論被喻為三大心理治療理論。

巴夫洛夫（Pavlov, 1912）創立「行為治療」，是運用傳統制約的原理，使狗聽到鈴聲也會分泌唾液，他認為人類行為是

可以學習的，經由某些強化物、行為治療的訓練，可以改變病態行為，重塑更適當的行為。

傳統制約的原則

由巴夫洛夫創立。

制約前：1.狗見食物、敲打膝蓋（U.C.S）─→分泌唾液、膝反射，是種未經過學習的自然反應性行為。

2.狗聽鈴聲（CS）─→不分泌唾液、但會去注意（CR）

制約中：3.食物出現（UCS）
　　　　4.狗聽鈴聲（CS）╲─→分泌唾液（UCR）

制約後：5.狗聽鈴聲（CS）─→分泌唾液（UCR）

註：非制約性刺激（unconditioned stimulus；UCS）

非制約性反應（unconditioned response；UCR）

制約性刺激（conditioned stimulus；CS）

制約性反應（conditioned response；CR）

嫌惡治療法（Aversion therapy）

是一種處罰原則，臨床上常用在酒癮患者，喝酒本是令人暢快的事，若是每次都將易引起嘔吐的藥物和酒同時讓病人服下，接下來很快產生痛苦的嘔吐反應，一段時間後，個案會迴避嘔吐這件事，看到酒亦會聯想到吐，因而感到討厭而避開之，又稱條件迴避法。或是針對兒童的偏差行為，給予不愉快的刺激，以使其負向行為減少亦是。

系統性減敏感法（Systematic desensitization）

由鄔爾比（Wolpe）根據相互抑制原理所創用的治療方式，臨床上廣為使用於焦慮及恐懼症疾患。其假設為一種不舒服的刺激，必有與其他相對立的刺激，如緊張與放鬆、害怕與不怕是相對立的，我們可以逐步增強此對立的刺激，始能消除原來的不適當反應。

針對焦慮病人，可以先瞭解引發焦慮害怕的各種刺激來源，擬定焦慮層次表，其次教導病人熟悉肌肉放鬆技巧，體會焦慮和肌肉緊張之間的關係，只要感到焦慮害怕、肌肉繃緊的感覺，便告訴自己肌肉放鬆、不要害怕。先運用想像、體驗各種程度的焦慮情況，藉著減敏感法由最輕微到最嚴重的刺激，逐步消除害怕的事物或情境，可以將學得的技巧運用在日常生活的調適當中。

洪水法（Flooding）

將患者直接置於容易令其產生強烈害怕焦慮的情境，經過一段時間的調適，個案會逐漸減輕其害怕的情緒反應，而產生適應的行為。如針對害怕上學的兒童，媽媽採取立刻帶她去上學的處理方式，雖然起初孩子嚎啕大哭，一段時間後，她會逐漸適應學校的團體生活。

操作制約的原則（Operant conditioning）

史金納（Skinner）是首先將工具操作制約的原理應用於臨床心理治療的先驅人物，其實驗主要運用行為的強化過程，訓

練老鼠如何做壓桿動作獲取食物，藉著獎懲方式矯正行為模式。常用方法如下：

消除法（Extinction）

係指一般行為之所以持久存在，乃因受到增強物（如：稱許、獎賞或注意等）所影響，若是能完全斷絕增強物，則會減弱或消除不適當之行為反應。臨床上針對過分要求的躁症病人，藉著身體症狀來獲得別人注意（attention calling）的行為，以及無理取鬧的兒童皆可以適度運用不予理會的方式，消除其偏差行為。

行為修正法（Behavior Modification）

係指藉著各種層級的增強物（如食物、代幣、稱讚、微笑等）鼓勵良好行為的正向增強原則。或將吵鬧不休的個案帶進保護室，等其安靜、情緒緩和時，便讓她自由活動的「負性增強法」。其他如：處罰原則、逐步養成良好習慣的「塑型法」（Shaping）、「代幣制度」等皆是。

認知理論

認知理論的說法認為造成情緒困擾與偏差行為的主要因素，常是因為個人對發生事件的看法（認知過程）引致，並非只因事件的本身而已。1950年代，艾里斯（Ellis）提到人的思考方式與價值觀，會受到先天遺傳與後天環境學習的影響，思

考方式亦會影響人對事情的分析與看法以及情緒行為表現。人類宜修正自己一些被動、負向、仇恨、歪曲的思考方式，學習到正向、積極、理性、主動的思考模式。

　　他首先發展出「理性情緒治療法」（Rational-Emotive Therapy, RET），1993 年旋又更名為「理情行為治療法」（Rational-Emotive-Behavior Therapy, REBT），因為他相當強調認知、情緒與行為之間有相互影響的因果關係。行為治療法在六〇年代亦開始將認知視為是行為的一部份，是可以學習和矯正的，藉著修正內在的思考模式和內心的對話來修正偏差負向的想法。其基本概念如下。

人性觀點

　　艾里斯認為人類生而同時具有理性、積極、正確及非理性、扭曲的思考模式潛能，人們要接受自己是個經常會犯錯迷失的個體，常會藉著一些負向扭曲的想法困擾自己，甚至傷害自己。但是人們也有能力藉著自我對話、自我鼓勵、自我檢討改變自己的想法、情緒反應和行為表現。

情緒困擾及行為偏差的根源

　　非理性的思考模式大多起源於傳統父母、師長、文化的教誨影響，大多屬於嚴厲的批判與責備態度。另外在成長過程中，自己又會創立更多的教條，使得自己及別人產生許多情緒

矛盾的衝突，感覺不快樂、消沈、傷害自己或仇視攻擊別人等適應不良的現象。

A-B-C 的理論架構

艾里斯（1962）曾以此理論架構分析思考、情緒、行為三者之間的互動關係，並且提出認知治療模式如下：

A（activating event）——→ B（belief）　理性思考 ——→
　誘發事件　　　　　　　　對事件的看法 ⟨ 非理性思考 ——→

　　　　　　　適當情緒行為反應 → 良好調適
——→ C（consequences）————————→ D（dispute system）
　　　結果　　　不適當情緒行為反應 ——→ 反駁思考模式

——→ E（effect）——→ F（new feeling）
　達到效果　　　新的感覺與調適

例如：離婚的原因或許是錯綜複雜的，若是一位離婚的婦女，經常告訴自己：「我是一個失敗的女人。」、「我是被遺棄的！」、「我要為離婚負起全部的責任。」如此扭曲的認知使其消沈、自卑、憂鬱，甚至想一死了之。若是轉換另一種思考模式，認為：「我現在擁有更獨立自主的人格。」、「單身生活也挺不錯的，對社會可以有更大的貢獻。」由此可知，她未來的生活將是正向積極的人生。此種治療模式相當注重給予指導說理，甚至提出反駁面質的技巧。

貝克（Beck, 1988）發展的認知治療理論與理情行為治療法

有許多相似的地方。貝克認為要瞭解情緒困擾的緣由,必先剖析其對產生困擾事件的想法與反應。他提出人們在處理事情時常犯扭曲錯誤的思考模式如下:

(一)隨意推論

未有充分客觀證據而任意下結論。例如:「某同學是因作弊而得前三名的。」、「天下男人沒有一個是好東西!」。

(二)期望過高

例如:「我雖然當選了班長,但是竟然有5個人沒有投票給我,我仍是個失敗的人。」,「好女人是不應該發脾氣的!」。某大學所長的兒子,在考上某大電機系後的一次考試未能得到第一名,那天決定休學,理由是「我從沒考過第二名,所以老大我不念了。」此舉使得教授爸爸相當為難,苦口婆心的勸說,結果只換來兒子的不理不睬。

(三)斷章取義

只把焦點放在細節而忽略整體的意義。例如:丈夫忘了送太太生日禮物,太太便責備說「我就知道你是故意忘記的!」

(四)過度概化

例如:只因一次技術考的失敗,實習精神科時自己照顧的病人顯得不理不睬,便認定自己將來沒辦法從事護理行業了。

(五)兩極化的思考

在思考或解釋事情時採用兩極端的詮釋或分類。例如:「我既然如此努力還考不好,不如像某同學用混的還好些。」、「你如果不能成為頂尖人物,就別想在社會上生存立足!」;

看到孩子哭哭啼啼告訴媽媽，被隔壁的小明欺負，媽媽說：「你要不是先惹他，就是跟他搶東西，不然他怎麼會打你。」

　　貝克提到的認知程序是：首先讓個案對治療有正確認識，瞭解自己有那些時常伴隨情緒困擾的想法，運用認知行為技術，藉著現實情況，指出或面質其扭曲的思考，並設法教導他合適理性的想法及行為的因應方式，避免一再重蹈錯誤思考模式，俾能在現實生活中學習到更新的認知行為技巧，而達到更健康適應的生活。

皮亞傑（Piaget）的認知發展理論

　　他認為兒童的智能發展，是藉著涵化作用（原來留在腦海的影像事物）和適應過程（所學習的新觀念），加以重新組合調適自己的過程。他提出四個發展步驟如下：

(一)感覺運思期：0-2歲

　　嬰兒多藉著感官及吸吮、抓握的動作來認知周遭的現實環境，更經由與母親外界的互動，發覺自己與別人的區別而形成自我界限（ego boundary），2歲左右會和大人玩躲貓貓的遊戲，能體會物體的恆定性，雖然看不見東西，卻知道它是存在的。

(二)運思前期：2-7歲

　　兒童開始能使用簡單的象徵語言（牛奶、吃飯、娃娃），並以自己主觀的想法、觀察、經驗去看周遭的世界，媽媽罵他、狗叫嚇人都是壞東西，認為東西和人都是同樣擁有生命和活動能力的。

（三）具體運思期：7-12歲

此時期的兒童已有數字、重量、體積、空間的概念，多採用現實性思考，會將動植物、傢俱器皿作異同、順序、大小的歸類。可以藉著老師的說明舉例獲取許多相關知識，如飛機、戰車、飛彈、攻擊敵人，自然界星球運轉現象。但尚未能瞭解契約、人格、哲學思考等較為抽象的概念。

（四）形式運思期：12歲以上

智能發展漸趨成熟的階段，可以運用抽象思考、歸納演繹假說方式，作邏輯推理實驗而形成學說理論，也較能談論有關科學、政治、宗教、道德文化的相關概念。

存在─人本理論

存在主義治療法主要是根源於哲學的一種思考模式，它相當反對心理分析及行為治療的方式，認為治療並非只是一套技術而已，而將重點放在每個人皆被賦予自由意志，並要為自己的言行及各項選擇負責任，治療焦點主要放在協助人類探索深層的生命經驗，以及尋找人生生命的意義與價值。其基本概念及主要的代表人物如下：

以正向積極的觀點剖析人性

傳統的存在主義是在當時歐洲動盪不安的社會中，協助許多孤寂、流離、焦慮不安、失去生活意義，以及無法自我認同

的人尋找生命的價值，其觀點認為人類的存在並非是固定不變的，而是持續不斷的成長、蛻變、成熟的過程，人們會不斷的探索自己生存的價值、生命的真諦，未來要何去何從等。即使在遭遇橫逆，如集中營的生活，仍能找出生命的正向意義。

自我察覺的能力

存在主義認為人類生而擁有自我思考、反省、察覺的潛能，人們無法在有限的生命當中，完全實現所有的工作、志趣與理想。我們必須運用自由意志、選擇自己的生活模式、拓展人際關係、決定行動的方向，或者侷限自己的想法，維持孤獨安靜或行屍走肉般的生活。任何人皆可以選擇創造屬於自己的命運，自主性的渡過有意義、有價值的生活。其對人的基本認識如下：

1. 人的生命是有限的，其潛能卻是無窮的。
2. 我們擁有自由意志去抉擇有所作為或不去行動，甚至創造命運。
3. 人們很難克服空虛、寂寞、孤獨、失落感、罪惡感充斥的生活，但仍然可以由其中尋得生命的意義。
4. 焦慮是存在不可免的生活現象，藉著自我察覺可以激發其正向影響。
5. 人類可以藉著不斷尋求，探索生命的意義與價值。
6. 雖無法改變既定的事實，卻可改變對這些事物的看法。
7. 我們要領悟到人們時常背負過去陰影經驗的束縛，並要瞭解自己其實可以有更多其他的選擇空間。
8. 人們勿要完全依賴別人的看法來獲得安全感或認同自己，每個人都要學習自我肯定與自我認同。

Maslow 的基本需要論

馬斯洛（Maslow, 1908-1970）被公認是人本心理學之父，他曾有著性格偏差、乖僻的雙親及冷酷無情的家庭生活，他的童年充滿著一連串的孤單、痛苦、艱難的歷程，他很稀奇自己竟然沒有成為精神病人。他一生努力尋求補償及昇華，竭力鑽研人本心理學的領域達登峰造極的地步。他反對心理學者只探討一些人格偏差、情緒困擾的樣本，相當貶抑侷限人類的本性及潛能，卻忽略絕大多數健康、正常的人類所呈現積極、樂觀、正向的人格特質。他認為人類與生俱來的本能是追求本身的基本需求、成長與自我實現。他提出人類具有五大基本需要，其特點如下：

1. 人類的需求會由較低的層次首先獲得滿足，依序追求達到更高層次的滿足，而且按照質與量的順序遞減其需求。
2. 生理的需要在生命的早期是非常重要的，產生慾求匱乏的缺憾感覺，會影響個體的生長進步，甚至形成危機。
3. 高層次的需求，因對生存並未呈現立即性的威脅，也不具有非常的必要性，是可以被延期滿足的，通常會在生命的中晚期才發生。
4. 疾病或其他生活的變故衝擊，會影響改變需求的層次。
5. 高層次的滿足對身心的健康、快樂有正向的意義。
6. 高層次比低層次的需求，更加需要外在環境（天時、地利、人和）的幫助，使人的成就更顯相得益彰。

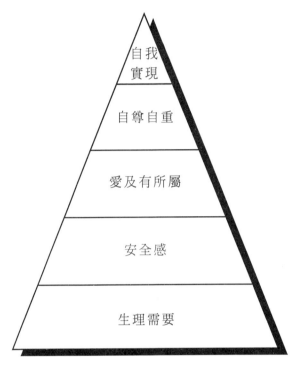

圖 2-1　Maslow 的需求層次表

弗朗克的意義治療説

　　弗朗克（Frankl）曾於第一次世界大戰期間與父母家人共同
被囚禁在集中營中，最後僅剩他一人生還出獄。集中營的恐怖
經驗並未使他懷憂喪志，他仍積極追求人生光明、樂觀、正向
的生活，他以自己親身慘痛的經驗應驗他的學說理論，畢生著
書立說甚豐，尤其發展存在主義的治療理念影響遍及全球，曾
獲頒世界 120 多所知名大學的榮譽博士頭銜。他認爲人類可以
在身心極度熬煉之下，仍能擁有心靈上、精神上的自由獨立
性，生命的意義並不只是上天賦予的，乃是要人類自己去發掘
創造的。他認爲愛是人類最渴望的情操，唯有眞誠的愛能使人

在任何艱難危險的環境中，尋得生命的眞實意義。

羅格斯的個人爲中心治療論

羅格斯（Rogers, 1902-1987）根據人本心理學的原則，整理歸納他治療個案所獲得的經驗，提出了頗受歡迎的「個人爲中心的治療理論」（person-centered theory）。他認爲人類是自己的主導者，具有天賦的潛能可以改變自己的人格。自主性的自我在個人身上扮演重要的角色，人們藉著理性及人際互動時敏銳的觀察能力，從事終身的成長學習與追求自我實現是人類最基本的需要。治療者並不需要給予很多的指導或訓練，只要提供溫暖、和諧、接納、支持性的學習環境，協助個案發揮自我潛能、學習成長、修正自己，終能達到自我實現，過著更健康、充實、有意義的人生。

結語

人類是個具有身心靈社會文化的綜合個體，探討研究人們的言行表現一直是相當有趣的學問，尤其要深入瞭解正常或偏差的心理行爲現象是如何地主導影響他們的生活品質及周遭人、事、物、環境等，更是一門深奧難懂的課題。本章介紹臨床上常被應用的心理衛生相關性理論及其代表性人物、基本概念、治療模式等，各家學派由不同角度剖析人性，提出相當獨特的、批判性的、建設性的、實用性的觀念及治療方式，嘉惠廣大的社會群衆、各類機關團體及有心理障礙的個案。

參考資料

⑴ Berne, E. (1961). *Transactional analysis in psychotherapy*. New York: Grove Press.

⑵ Brugess, A.W. (1990). *Psychiatric nursing in the hospital and the community*. (5th. ed.) California: Appleton & Lange.

⑶ Fortinash, K.M., (Holoday-Worret, P.A. (1996). Principles of communications. *Psychiatric-Mental Health Nursing*. St.Louis: Mosby.

⑷ Grant, C.A., & Hartman, C.R. (1997). Therapeutic communication. *Psychiatric Nursing Promoting Mental Health*. Stamford, CT: Appleton & Lange.

⑸ Stuart, G. W., & Sundeen, S. J. (1987). *Principles and practice of psychiatric nursing*. (3rd. ed.) St. Louis: C.V. Mosby.

⑹ Stuart, G.W., & Laraia, M.T. (1998). *Principles and practice of psychiatric nursing*. (6th. ed.) St. Louis: C.V. Mosby.

⑺ Varcarolis, E.M. (1990). *Foundations of psychiatric mental health nursing*. Philadelphia: W.B. Saunders.

⑻ 陳正文等譯，（1997），《人格理論》。台北：揚智。

⑼ 李茂興譯，（1998），《諮商與心理治療的理論與實務》。台北：揚智。

⑽ 李引玉等編著，（1999），《精神科護理概論》。台北：永大。

⑾ 李選編著，（1998），《新編精神科護理學》。台北：永大。

第 3 章

陳瑞蘭

心理防衛機轉

前言

　　一般人常說，人生不如意之事十常八九，甚至是福無雙至禍不單行。在日常生活中，當我們的基本需求未能獲得適當的滿足，又必須時常面臨壓力、挫折、煩惱時。人們會不知不覺或習以為常的用許多方法，如直接的、積極的去調適處理，或以消極逃避的方式來保護自己的心境。朱敬生於民國 81 年曾提到，所謂「適應」是指有機體想要滿足自己的需求，而與環境發生調和的過程。成功的適應才能增進心理健康，養成健全的人格，精神病患其所表現出來的適應方式則常有誇大的傾向。如果仔細分析我們內心的狀況，不難發現人們常使用一些心理上的措施，把現實發生的事情稍作修正，使我們內心不致於引起太大的痛苦或不安，這種心理上的機轉叫做「心理防衛機轉」。

心理防衛機轉的意義

　　心理防衛機轉的意義有三：

　　1.佛氏首先提出防衛機轉的概念，即是人們為了保護自己的心境，免於焦慮威脅和維持自尊的一種方式。心理防衛機轉大多在潛意識中進行，亦即在不知不覺中使用。

少部份在意識狀態中進行，即表示是自己體會得到的。
這是人們保護自己心情安寧的第一道防線，每個人都在
使用，是正常且無可厚非的現象。例如，我們常用「酸
葡萄心理」來描述一個人得不到想要的東西，而說那東
西不好，來自我安慰，心理也就不會那麼難過了。其他
如情侶或夫妻之間發生口角，男方只要說幾句幽默的話
或女方撒撒嬌，適時的「退化」一下，即可化解誤會。
若是用得不適合或是過份使用則是病態的。如太太不小
心煮的菜太鹹了，先生便懷疑太太是故意想毒死他。異
性一些表示友善的舉動，便以為對方愛上他了，從此糾
纏不休，於是便產生了一些適應不良的症狀了。

2. 防衛機轉是自我（Ego）保護自己的功能之一，依照其與
   現實之間的關係，不外乎有五種意義：

   (1)忘卻現實（如幻想）
   (2)歪曲現實（如合理化）
   (3)補償現實（如補償、昇華）
   (4)從現實退卻（如壓抑、否定、退化）
   (5)攻擊現實（如外射、攻擊等）

   藉由防衛機轉的運用，以修正令人不愉快的現實。
   （朱敬生， 1992）

3. 當人們面臨種種內在外在的壓力及衝突之下，產生適應
   不良的現象即表示心理狀態失去平衡，心理狀態失去平
   衡主要起因於潛意識所產生的焦慮，人們為了要免除焦
   慮所採用的方法即是各種的心理防衛機轉。此外，心理

防衛機轉也是一種適應的過程，因此，心理防衛機轉也稱做「**適應機轉**」（adjustmental mechanism）。精神病患所表現出來的精神症狀亦是他們保護、調適自己的第二道防線，假如我們能了解這種內心防衛的運作方式，就能比較清楚的明白一個人的心理活動和適應方法。

心理防衛機轉的種類

心理防衛機轉的創始人佛洛依德（Sigmund Freud）只初步的提出幾種防衛機轉，如潛抑作用等。後來其女安娜·佛洛依德（Anna Freud）於 1937 年著書立說，才全盤性的說明與介紹各種防衛機轉。到了 1977 年，精神分析家貝蘭特（George Vailant），更進一步把各種防衛機轉按照成熟度的情形加以分類說明。**自戀性**的（narcissistic）或**精神病性**的（psychotic）心理防衛機轉，如：「否定」、「歪曲」、「外射」作用；**不成熟**的心理防衛機轉，如：「內射」、「退化」、「幻想」作用；**神經症性**的（neurotic）心理防衛機轉，如：「潛抑」、「隔離」、「轉移」、「反向」、「抵消」、「補償」、「合理化」作用；**成熟**的心理防衛機轉，如：「壓抑」、「昇華」、「利他」、「幽默」作用等四大類。（曾文星、徐靜，1994）我們將各種常用的心理防衛機轉介紹如下：

潛抑作用

潛抑作用（Repression）是指把自己無法接受的思想、感情和衝動（如依賴需求、性慾、攻擊性）在不知不覺中將之抑制到潛意識中去，是各種心理自衛機轉中最基本常用的一種。

通常來說，我們的精神能把我們所不能忍受或會引起內心掙扎的念頭或衝動，在尚未被自己察覺想到之前，便將它存放到潛意識中去，使我們感覺不到，以保持心情的平靜安寧。但是這些存放在潛意識中的念頭或衝動，仍然會不知不覺的影響我們的日常生活行動，甚至做出許多莫名其妙的事情來。與因時間久遠而自然忘掉的自然遺忘性質不同。比方說，出門之後常忘了自己是否關了瓦斯，門是否鎖好了。說話常不小心說溜了嘴。馬路上因失神而發生的意外。收到一封內容令人不愉快的信而不願意回信時，往往會把回信這件事忘得一乾二淨。實習時只不過被老師念了兩句卻越哭越傷心，因勾起以往類似傷心的事件而悲從中來。

人們若沒有適當的使用潛抑作用亦即沒有適當的制約，把心中的慾望或衝動常立即表現出來，就容易變成反社會行為。相反的情形，若過度使用潛抑作用、對心中的慾望或衝動不能適當的接受則易形成精神官能症的疾病，如轉化症、解離症等。他們會把某個時候所發生的事情選擇性的忘記令其痛苦的部份，就是所謂的心因性記憶喪失。有些甚至覺得自己不是自己，已變成另外的人了，我們稱之為自我感喪失。

壓抑作用

壓抑作用（Suppression）是指個人在意識狀態中審慎地、拒絕去想不愉快的事。亦即能理智的控制自己的思考言行，是屬於成熟的防衛機轉。當一個人的慾望需求或衝動暫時無法滿足或表現出來時，他會有意識（或半意識）地去壓抑、控制自己，或以其他方式延遲自己的需求。這可以說是自我機能成長到相當程度時才能執行的心理機能。

比方說：一位飢餓的兒童看到看到騎樓邊陳設的熱包子，內心雖然流口水很想吃。但他心理想這是店裡的東西，自己不可以拿來吃，要回家向媽媽要錢再來買。又一位男士看到路邊漂亮的女人而想一親芳澤，旋即想到自己是有妻子的人實不該有如此非分之念頭而作罷。早上與弟弟大吵一架，小芳暫時拋開煩惱，仍然專心上課，當被問到男朋友最近好嗎？她回答說：「不要對我提他的名字好嗎？」小明對媽媽說：「我要看完這個電視節目再去做功課。」這些都是壓抑作用的表現。適當的使用壓抑作用可以使我們和人維持正常的人際關係與社會秩序，一般說來、越是成熟且有修養的人越會使用壓抑作用。

在臨床上、我們看到一些病人把自己本來該有的慾望需求。卻拼命去壓抑甚至過份限制自己的思想行動的自由，把自己弄得緊張分分就形成一種病態現象了。如過份謹慎、嚴苛、守誡律、缺乏彈性的強迫性格異常就是此種例子。

否定作用

否定作用（denial）是最原始而簡單的防衛機轉，就是把已經發生的令人不愉快或痛苦的事情加以否定。認為它根本沒有發生過以躲避心理上的痛苦。此種機轉通常在嬰兒期就被使用，因嬰兒的自我界線尚未清楚形成，分不清自己和現實的區別，遇到事情便容易加以否定、或扭曲事實來保護自己。嬰兒的心理狀態是屬於自我中心的、自戀的、還不會去關心別人。所以我們稱之自戀性的防衛機轉。

我們也許曾發現日常生活中的一些現象，年幼的孩子不小心打破碗或茶杯闖禍時，會用雙手把自己的眼睛矇起來，不敢看自己打破的東西。就像「鴕鳥埋沙」、「眼不見為淨」的例子也是如此。眼睛看不見的危險或細菌便當做沒有這回事，以免除心理上的負擔與痛苦。又當我們聽到認識或所親愛的人發生意外或因中風而死時，我們的反應通常會說：「這是不可能的，他昨天還是好好的，怎麼會這樣呢？」這種否定的想法可以暫時保護我們，不致過份震驚和痛苦。

臨床上也有病態使用否定作用的例子，一位與女兒相依為命孤苦伶仃的婦女，有天警察來告知其女發生車禍死亡。她拒絕接受此事實，認為他們一定是弄錯了，她仍然每天為女兒準備碗筷和整理房間，等女兒回來。此位病人顯然已精神崩潰了，把女兒已逝的事實完全加以否定，來避免痛苦的打擊。另外有些缺乏病識感的病人，因自己認為沒有問題且沒有生病，常會拒絕檢查看病服藥等治療，達到妄想的地步。由於此種機轉常被嚴重的精神病人使用，所以我們也稱之為精神病性的防衛機轉。

隔離作用

　　隔離作用（Isolation）是把部份的事實從意識境界中加以隔離，不讓自己意識到，以免引起精神的不愉快。換句話說，就是把觀念和感覺分離，只留下大家可以瞭解的觀念。而把可引起人們不愉快的感覺隔離。

　　年輕的女學生們喜歡說「上一號」，而不直接說上廁所；說大姨媽來了或說「MC 來了」，而不說月經來了。探討其原因，不外乎廁所給人的聯想是又髒又臭；月經是女孩家的私事，令人聯想到血跡斑斑，皆會帶給人不舒服的感受。說一號或 MC 聽起來文雅多了。一般來說，人死了我們不說某人死掉了，而說「安息主懷、榮歸天家」、「往生、長眠、過去了」等。雖然知道其意思，但聽起來就不會有太悲哀或不祥的感覺。男女在談戀愛時，不好意思說「我愛你」，而改說英文的"I love you"，雖然意思一樣，卻減少許多肉麻兮兮的感覺。其他如醫護人員為病人作侵入性的治療時，明知病人會痛苦，自己卻無伴隨情緒，而顯得冷漠沈靜的樣子，便是使用隔離作用的例子。

　　在臨床上醫護人員要藉著觀察病人是如何使用隔離作用，來處理令他不舒服且是難以接受的問題。比方說、有位病人本來一直用國語和醫生交談，但當談到手淫時，他不說手淫卻用英文說 masturbation，表示病人對手淫這件事是否有著不適的感受，醫護人員可發覺病人的問題所在，而加以協助。

解離作用

解離作用（Dissociation）是指個人將能引起心裡痛苦的意識活動或記憶，從整個精神活動中分解離開出來，以減少心裡的困擾。換句話說，可以把思想和感情分開，感情被壓抑到潛意識之中，但思想仍留在意識層面。一個人經由「解離」以後，他整個人格會暫時失去統整性。主要特徵會呈現意識、記憶、自我認同、運動行為、或其他人格上的變化。

在臨床上，一個人因遇到心裡的挫折而呈現心因性失憶症、自我感喪失、夢遊狀態、附身症、轉世、乩童、多重人格、不由自主的寫字、病人想到父親車禍死了卻微笑起來、病人以缺乏表情的態度敘述傷痛的情境等，皆稱之為解離疾患。

轉換作用

轉換作用（Conversion）是指一個人為了減輕自我焦慮，而把潛意識中被壓制的心理衝突，轉變成意識可接受的各種身體症狀。換言之，心理上的困難若是說出來，或是以情緒性、發洩性的方式表現不易被別人或自己接受，而以身體生病的方式表現比較容易被人接受的話，心裡的困難就會以身體症狀表現之。

譬如說，學生怕考試成績不理想會遭到老師的責打，於是在考試過程中產生手麻痺的現象。夫妻吵架時，丈夫罵妻子囉嗦，妻子突然變成啞巴不能說話。戰士害怕上戰場又不敢向長

官表示，擔心會被責罵為懦夫，於是在上戰場之前突然失明、四肢麻痹，於是被送往後方，得以逃避前方的肉搏戰。在身體症狀性疾患之中的轉化症病人常常使用此種防衛機轉，以暫時逃避所面臨的責任或困境。

轉移作用

轉移作用（Displacement）是指一個人對某一對象的情感、動機或態度（無論是喜歡、討厭、或憤怒），因為某種原因若是直接表現出來會不為自己或社會所接受，他會將其轉移到一個比較安全的對象身上（較方便、較無威脅之目標），以減輕精神上的負擔稱之。

舉例來說，作丈夫的在上班時受到主管的責備，心中雖然氣憤，卻是忍氣吞聲不敢發作（擔心飯碗不保）。回到家來，因氣尚未消，就可能因妻子晚些開飯而大發脾氣，使妻子覺得莫名其妙非常委屈，又不便向丈夫發作。此時兒子叫著肚子好餓，媽媽正好一肚子火，便順手給了兒子一巴掌，並責備兒子：「叫什麼叫，沒有看見媽媽整天忙死了。」兒子心中想：我每天都是這樣子說啊！昨天媽媽還稱讚我好乖，怎麼今天這麼兇呢？心中非常生氣又不能罵媽媽，此時小花狗搖著尾巴進來，便踢它一腳，小花狗最倒楣了。所以本來是丈夫對主管的氣，結果轉來轉去，最後轉到小花狗的身上。雖然怒氣沒有發到原來對象身上，但是因為轉到別人身上且也發洩了怒氣，心中就舒服了許多。

有位小男孩，身上經常是青一塊、紫一塊的上學去，媽媽

告訴家訪的老師，說到兒子的個性愈來愈像監獄中的丈夫，不加以嚴管怎麼行呢！在心理分析的過程中發現，原來母親把自己對丈夫怨恨不滿的情緒轉移發洩到兒子身上了。其他諸如，沒有得到冠軍，一氣之下撕了排球海報；「愛屋及烏」——看在你父親面子上才給你這份工作。「打狗看主人」——這家的主人作威作福、耀武揚威、大家敢怒不敢言，只好偷偷踢他的狗洩憤了。其他如「記得綠羅裙、處處憐芳草」，「老吾老以及人之老、幼吾幼以及人之幼」等都是轉移作用的例子。

在臨床上，心理治療的過程中也常常出現轉移現象，病人往往在不知不覺中，將自己以往對重要人物的感情，如父母、男女朋友的關係轉移到治療者身上，我們稱之**情感轉嫁**（transference），這種移情關係就是轉移作用的情形。

外射作用

所謂**外射作用**（Projection）是指一般人常會以自己的想法去揣測別人的想法，主觀認定別人一定是這個意思，或是把自己不能接受的想法、態度或慾望，投射到別人身上或外界的情況，以保持自己內心的寧靜。例如，中國古代臨淵羨魚的故事即是：兩位友人坐在河邊看魚兒戲水，其實魚樂不樂只有天知道，只不過那兩人將自己的感覺投射到魚身上了。我們常看到很多人責備別人的缺點，卻未察覺自己也有相同的毛病，這也是外射作用所致。某些學生對於自己的好吃懶做、貪睡、壞脾氣、成績差等深感苦惱，當發覺有人比他表現更差時，心裡似乎會好過些，甚至去譏笑輕看別人。還有小偷批評強盜太囂張

等即是所謂的「五十步笑百步」、「龜笑鱉無尾」。花天酒地的丈夫常為了掩飾自己的不忠，而指責妻子不貞，所謂「小人之心度君子之腹」，只是為了減輕心中的虧欠感。就是外射作用很好的例子。臨床上，人們對於內心的攻擊傾向、不道德的事、與性有關的良心責備較易外射到別人身上。在心理測驗中有一種羅梭測驗，即是讓受試者看一些圖片，然後請他說出看到什麼，雖然看相同圖片，但每人所意會的卻不一樣，此為一種投射性的測驗。

外射作用是產生妄想的基本機轉，妄想或幻覺病人無法分辨自己的想法感覺和現實是否有所不同，於是呈現病態，它是屬於精神病性的防衛機轉。

合理化作用

合理化作用（Rationalization）又稱文飾作用。一般說來，許多事情的發生，皆有可能存在著許多的因素可以解釋。 若有其不得已的苦衷，如為了減輕因失敗、挫折帶來的不安，或是為了降低自己的焦慮並維護自尊，於是選擇了最合乎內心需要得理由，而忽略了其他的理由以避免痛苦， 即可稱之合理化作用。

合理化作用常在尋求自己可接受的理由之下諉過於他人。例如學生考試考差了， 歸罪於老師教得不好。其實老師教不好可能是個原因，但自己不用功或資質不夠也都可能是考不好的因素，但惟有說是老師的錯，才能心安理得，不致引起心中難過；打人是為了自衛，因對方先激怒了我；哥哥搶妹妹的糖，

說成「我是替她拿開，怕她吃壞牙齒」；候選人高喊「爲民服務、爲國效勞」的競選口號，而不願承認內心中，其實也想升官發財。

另一種情況是在追求某一事物未達成時，爲了沖淡內心的不安與難過，便找一堂皇的理由將對方或此事物貶抑，此爲一種「酸葡萄心理」。例如沒錢買車，便批評開車太危險了；追不到女朋友就說：「那女孩子水性楊花，我才不要呢！」；嫉妒她人的美貌而說成「紅顏薄命」。 另有「甜檸檬」心理，強調凡是自己的事物都是好的，企圖說服自己或他人，現況是最佳選擇。例如，嫁個木訥平庸的丈夫，說是不會擔心外遇的問題；生了資質較差的兒子，說是「傻人有傻福」；失去了錢財便自我安慰一番，人平安就好了，錢再賺就有了，所謂「破財消災」。

有不少病患運用合理化作用來處理心理問題，特別是強迫症與妄想症病人，常和外射作用共同使用。

抵消作用

所謂**抵消作用**（Undoing）是指以象徵性的語言、動作、事情等，來抵消已經發生的不愉快之事， 以避免內心的不安或罪惡感。 事情發生當時使用才有效，抵消作用也有賠償、彌補、修復、過於期望完美的意思，比方說媽媽發脾氣打了孩子，心中後悔，立刻以餅乾安撫孩子，有時很難與補償作用區別。過年的時候打破碗， 馬上說「歲歲平安」，以去除不吉祥的感受。年初一掃地時，要往屋內掃，表示財富不會流失。小孩子

不懂事說了不吉祥的話，大人會說「童言無忌」。送人出監獄、出院，最好不要說「再見」，而要說保重、平安。其他如沾喜氣、說吉祥話、禱告、念經、看風水、看到棺材要說呸！呸！呸！等。又一男子在外嫖妓，心中有罪惡感，因此拼命洗手。其用意即是希望用此象徵行為，來洗淨心中罪惡的感覺。

抵消作用常見於小孩子、原始人、病人的魔術式思想及儀式化行為，以及強迫症患者。強迫症患者常藉著不斷的關門、關瓦斯的動作想減少遭逢危險的可能性皆是。

補償作用

補償作用（Compensation）係當一個人因心理上、生理上有缺陷而感到不適時，企圖用種種方法來彌補這些缺陷，追求個人的完美，以減輕其不適的感覺，稱為補償作用。換句話說就是強調某一方面的能力，以彌補個人在另一方面的不足。例如有人在體育上總是比不上別人，於是便努力念書，於課業上追求卓越表現；又某女子覺得自己外貌平庸、不及她人美麗，所以便在學問修養上下功夫，培養內在美，以博得他人欣賞，所謂「失之東隅、收之桑榆」；媽媽因上班忙碌，沒有時間陪伴女兒，故而給予相當充裕的零用錢；作父親的因自己沒念很多書，於是傾全力栽培孩子，希望孩子出人頭地等，皆是補償的心理。

昇華作用

　　昇華作用（Sublimation）是把個人原有不為社會接受的衝動或慾望導向崇高的方向去表現，具有創造性及建設性，且有利於社會或本人時，稱為「昇華作用」。

　　例如拿刀破壞東西的衝動，若用在殺人，則犯了法，要受法律的制裁，如果殺豬，則為合法賺錢的職業；若是作了外科醫師，既合法、又利己利人。其他如生活上或性方面不夠滿足，便在文學上、運動上、宗教、教育、慈善事業方面貢獻自己的力量，皆是昇華作用的例子。

　　另外某些人經歷喪子之痛後，投身於兒童福利事業，戒酒成功之後，去協助需要戒酒的人，稱之為「**利他作用**」。其與昇華作用相似，但仍有所區別，皆是屬於成熟的防衛機轉。

仿同作用

　　仿同作用（Identification）是指有選擇性的吸收或模仿某些特殊的事物，來吸引注意或獲得成功，以滿足內心欲望。例如青少年對偶像的模仿，小女孩學媽媽擦口紅、穿高跟鞋。「東施效顰」、「狐假虎威」。其他如女兒雖不滿母親的作風，卻學到母親的大吼大叫，稱為「**反感性仿同**」。流氓的兒子卻有優異的表現是屬於「**負向仿同**」。有些病人因所愛的人去世，為減輕罪惡感與悲痛而仿同其行動和病態症狀。也是仿同作用的例子。

在兒童於性蕾期學習性別角色認同時，常會使用到內射和仿同作用。

內射作用

內射作用（Introjection）是在不知不覺中，把外界事物毫無選擇的吸收到自己內心裡，變成自己人格的一部份，稱爲「內射作用」。是人格早期形成超我、良心很重要的機轉，所謂「近朱者赤、近墨者黑」，就是這個作用的結果。其它如「吃聖餐」、「吃肝補肝」、「孟母三遷」也是很好的例子。戀愛中的女子很容易把男友的人格思想內射成自己的，認爲男友什麼都是最好的。憂鬱症的病人常過份使用內射作用，容易怪罪自己，而形成過份嚴苛的超我。

反向作用

反向作用（Reaction formation）此種防衛機轉是以相反的方式或態度來表達內心不爲人接受的衝動、慾望、觀念、情緒或行爲。因爲表現出來會有不良後果，所以拼命控制不敢表現，反而用相反方向去表現，即稱之爲「反向作用」。又稱爲**過度補償作用**（over-compensation），其實就是我們常說的「矯枉過正」或「欲蓋彌彰」。這是一種潛意識中所表現出來的保護措施，可用以預防痛苦或不願接受的態度出現。

比如最常見的例子就是繼母對子女表面上的過份寵愛，可

能是由於內心仇視與外在道德的壓力，而出現這樣反向作用的表現。另外像幼稚依賴的男性→表現反社會行為，覺得自己很了不起，來掩飾內心的無能；原本攻擊性的個性→表現過分慈悲，如蟑螂亦不可打死；同性戀、性無能的人→表現出十分風流的樣子；自卑感的人常會過分挑剔別人，或是過份炫耀自己。一個人的言行表現過份誇張、很不自然，即有可能是反向作用的表現。其他如「此地無銀三百兩」、「滿口仁義道德，一肚子男盜女娼」、「愛呷假細意」都是屬於反向作用的表現。

在精神疾病中，以躁鬱症、強迫症、恐懼症或妄想症病人常見此類防衛機轉的使用。

退化作用

退化作用（Regression）是當人們遇到挫折時，會放棄原來已學會較成熟的適應技巧或方式，而恢復使用較幼稚且不合乎其年齡的方法去應付事情，或滿足自己的慾望，這就是「退化作用」。任何撤退至一種依賴他人的狀態，以避免面對尖銳的問題都可稱為是「退化」。

常見的例子像：5歲大的小孩在弟弟出生之後又常有隨地大小便的行為；夫妻吵架，太太以哭鬧不休、自殺來要脅先生；小學生怕上學而經常以身體不適來逃避等皆是屬於此類防衛機轉。一般夫妻、情侶、朋友之間偶然的撒嬌笑鬧，暫時退化一番，倒是可以增進彼此的情趣。

在精神疾病中，以精神分裂症、轉化症、憂鬱症病人較常使用此類防衛機轉。

幻想作用

　　幻想作用（Fantasy）是當一個人遇到現實環境無法處理的問題或困難時，往往會運用許多幻想的方式，來逃避這種不愉快的情境，以得到內心的滿足，稱之「幻想作用」。

　　常見的例子像：一個受盡後母欺負的女孩，想像自己有一天會遇到一位英俊瀟灑的白馬王子，來拯救她脫離苦海，這就是「灰姑娘」式的幻想；還有譬如一個男孩覺得處處受到同學的欺侮，就會幻想自己是「無敵鐵金剛」；受到老師及同學歧視的小女生，幻想有一天會出現有錢的爺爺來認她等，都是屬於此類防衛機轉。事實上對能力弱小的孩子來說，以幻想的方式來處理其心理問題，是正常的現象。有些精神病人，因不滿自己的家庭或父母的對待方式，可能常常幻想自己不是父母親生的，若是過份堅持相信沒有事實根據的事件，便形成所謂的妄想症狀了。

象徵作用

　　象徵作用（Symbolism）是以一種符號或觀念來代替許多相關的思想及感覺。符號（symbol）是潛意識的語言，可在夢中或幻想中出現，經由不同的儀式或強迫性行為表現出來。也就是將內在隱藏的意念，藉由外在的事物來表達。

　　常見符號代表某種意義的例子有：看到十字架會想到基督捨己的愛。看到旗幟會想到代表某些國家的精神。情人節、母

親節會想到送玫瑰花。一些常用的標語、成語等皆是。小孩子、原始人、精神病人常廣泛的使用此機轉。

固定作用

固定作用（固著作用，Fixation）係指一個人的人格發展仍停滯在早期的某一階段，而不再成熟者稱之。當遇到問題時，他會一再以幼稚固定的方式來處理。在成長過程中受到過度溺愛的人，常見此種防衛機轉出現。例如若一個人在發展階段中的口腔期未獲得滿足，人格發展固著在此一時期，他成年後可能會以酗酒或強迫性大量進食來獲取需求的滿足。憂鬱症病人的個性特質通常固定在口腔自虐階段，強迫症則是固定在肛門期階段，通常是大小便訓練的過度嚴苛所致。

幽默作用

幽默作用（Humor）是當一個人處境尷尬或遇到困難時，以無傷大雅的、幽默的說詞來化險為夷，傳達潛意識的意思和處理問題稱之。

例如哲學家蘇格拉底，老婆是出了名的兇悍，有一天蘇格拉底在和朋友談話時，夫人突然跑進來大罵蘇格拉底，接著拿一桶水往他身上潑，把他全身都弄濕了，此時蘇格拉底笑著對朋友說：「我就知道打雷過後，一定會下大雨的！」原本是難為情的場面，經他這麼一幽默，便把事情化小了。這種防衛機

轉的使用是正常而成熟的。萍萍在過年時，右眼被表弟玩耍的鞭炮灼傷了，她為了安慰著急的母親及親人，而說：「你們不要擔心了！現在的社會流行睜一隻眼閉一隻眼。」頓時減緩不少周圍親人的擔憂。通常擁有比較成熟人格的人，會懂得在某些場合，使用適宜的幽默感，可以把原來是困難的情況轉變為「大事化小，小事化無」，可說是較成功的適應方法之一。

取代作用

取代作用（substitution）將沒有獲得滿足的衝動或慾望，加以改變轉換為比較可以接受的方式來表現。殺人、打人是不被社會許可的，容易觸犯法律，但是若是罵人、諷刺人較不致引起嚴重的後果。一個與男友分手的女孩子，草率地與他人結婚。小朋友吃奶嘴會被笑，會改以咬手指頭來獲得滿足，長大後可能會咬筆尖或抽菸、嚼口香糖來替代。在心理治療的過程中，病人常會把治療者視為其生命中重要人物的取代者，這個人往往是使她失敗或受挫的人物。

結語

　　心理防衛機轉的種類雖然繁多，但是很少單獨使用，通常
會多種同時重複使用。而且一個心理現象，往往可以使用不同
的心理防衛機轉來綜合解釋和了解。有些例子，若不是相當典
型的話，很容易使初學者產生混淆現象，此時就需要選擇較具
有代表性的機轉了。一般人會依個人的心理成熟度或調適的情
形，使用不同的防衛機轉。總之，心理防衛機轉是每一個人經
常使用的潛意識心理措施，對於受挫的情緒具有緩衝及自我安
慰的作用，但實際上不見得能解決所遭遇的問題，唯有勇敢的
面對問題，分析事件的前因後果、利害得失，尋找適當的因應
方法，才是良好的調適、解決問題的根本之道。從臨床的觀點
來說，懂得心理防衛機轉的運用原理，有助於深入了解病人症
狀背後的意義與心理癥結，對於心理治療的過程將會有相當的
助益。

參考資料

⑴Brugess, A. W. (1990). *Psychiatric nursing in the hospital and the community.*
　　(5th.ed.) California: Appleton & Lange.
⑵Stuart, G. W., & Sundeen, S. J. (1987). *Principles and practice of psy-
　　chiatric nursing.* (3 rd. ed.) St. Louis: C.V. Mosby.

(3)Varcarolis, E. M. (1990). *Foundations of psychiatric mental health nursing.*
   Philadelphia: W. B. Saunders.

(4)曾文星、徐靜著，（1995），《現代精神醫學》。台北：水牛。

(5)朱敬先著（1992），《健康心理學》。台北：五南。

(6)林彥妤、郭利百加等譯（1996），《心理衛生》。台北：桂冠。

(7)沈楚文等著（1989），《新編精神醫學》。台北：永大。

第 4 章

賴倩瑜

壓力調適

前言

　　「壓力」這個名詞，普遍存在於現今社會中，過去常說兒童的天眞無邪；青少年的不識愁滋味，總認爲壓力、挫折與憂愁是成年人的成長代價，但事實不然，根據學者們的各項研究顯示，各個年齡層皆有其所面臨的生活壓力，即使是嬰幼兒，也有來自適應母親或褓姆的壓力；幼童處於**陌生環境的焦慮感**（stranger anxiety），或與親人的**分離焦慮**（separative anxiety）；學齡期兒童在學校適應、競爭與學習的壓力；青少年第二性徵的發育、**性觀念的發展與成熟**（sex maturation），以及個人發展健康正向的**自我概念**（self concept）及**性別角色認同**（role identification）的過程，亟欲脫離家庭尋求獨立自主所面臨的壓力；身處在社會生產尖端的成年人，負擔著個人事業發展的壓力、婚姻家庭及家中經濟的重任；老年人也須面對身體功能的退化及社會變遷的壓力。由此可見，壓力之於生活，可說是如影隨形。

　　壓力多來自於人爲因素，而非自然現象所造成，可能是外界或自我的期待、要求，自然環境所造成的壓力，多屬人力無法抵抗，較可以自我合理化的解釋，透過此防衛機轉的心理歷程，可將自我的心理狀態調整至適應的情況。

壓力調適的重要性

　　壓力，是個體與外界環境互動時，所產生會使個體感到某種程度不適的緊張狀態或現象，它可能是負向生活事件所引發的生理反應，也可能是個體在外界環境的刺激中，為維持平衡所表現出來的負向知覺感受，它是一種主觀的感覺，會因個人的認知或耐受性，而有程度上的差別。與壓力有關的因素包括：個體對壓力事件的認知、問題解決的能力，以及個體在環境中的支持系統是否健全等。

　　隨著個人體質、壓力忍受度或生活環境的不同，每個人對所面臨的壓力，總有不同的生理及心理反應，嚴重時可能讓人失去健康，喪失生存的動力；而較輕微的身體症狀，如腹瀉、頭暈、頭痛等，也會令人感到不適，壓力之於現實生活中，總是無所不在的，它會以各種形式存在於我們的生活中，影響著我們的生活品質及個人健康，故成功地調適所面臨的壓力，即成了每個人必須學習，也是不可或缺的生活課題。

壓力的來源

(一)他人對自己的期待

　　常常有人活著總是為了別人，尤其家族觀念重者、自尊及自信心較低者，總是需要他人不斷的肯定，才能向未來勇往直

前，繼續努力，然而這些人常因他人對自己的期待，而背負著無可數計的無形壓力負擔，或許一句讚揚的話，會使得個人投入「只能成功，不許失敗」莫名的迷思中；而他人對自己的一個批評，亦極可能將自己推入「我是注定的失敗者」之萬丈深淵中，因此有些人總是為了他人的期望而努力，深怕自己疏忽、做錯了什麼事，或他人所期待的優良表現落空，因此使自己長久身陷於「被期待」的壓力中。

(二)自己對自己的要求

由於人格特質的影響或成長環境的造就，個人自我完美主義的作祟，或者自尊低落、自信心不足，有某些人總是不滿意自己的表現，總認為自己可以再做得更好，然而現實環境的限制或侷限，常是個人無法掌控的，與個人理想化的成就表現，可能有或多或少的差距，故當個人的表現，與理想不符時，便產生了自我要求的內在壓力，個體隨即感到「挫折（frustration）」，因對自我的慾求無法滿足，而感到沮喪、失意及挫敗感；而無論此要求來自於個體本身或是他人，若期待與要求是互相矛盾者，將使個體感到左右為難、內心衝突（conflict），心中糾結著沈重的負荷。所謂「解鈴仍須繫鈴人」，若個人本身對自我的嚴格要求無法合理的調整，無論誰也無法有效地解除其壓力，除非有病識感（insight），願意主動尋求醫療或輔導的協助，藉由長期的分析性心理治療，進行人格的重塑。

(三)社會文化傳統保守的觀念

傳統社會文化對婦女的約束，男尊女卑的觀念，使得許多相當能幹、具有能力的女性，必須背負顛覆革命的罪名；而要命的「男兒有淚不輕彈」使得所有英勇的男士，硬是將委屈及

挫折往肚裡吞，這些社會文化中，較不合時宜與現實的保守迂腐的觀念，總是在無形中造成多數人的壓力。

在現代社會中，亦呈現出新時代的壓力現象，如擁擠的人群、塞車時的煩悶、如鳥籠般的居住環境，以及日新月異充滿競爭性的工作環境等，人們皆再再被重重的壓力威脅著。

四 壓力事件本身（即壓力的程度）

霍姆茲和拉希（Holmes & Rahe, 1967）曾針對人們對於生活壓力事件所感知的壓力程度進行研究及統計，在研究中指出，個人在生活中，只要有任何身心或周遭環境人事物的改變，即使是令人歡喜的事情或悲傷、懊惱的事件，皆會影響個人的生活平靜，亦即對個人的生活而言，皆是壓力來源，而每個生活壓力事件的發生，皆量化爲生活改變單位（Life Change Unit：LCU）的指數，當然生活改變指數越高，表示個人的生活改變壓力越大，生活危機可能也相對提高。研究者針對所統計出來的結果做成下列的「生活再適應量表」（Social Readjustment Rating Scale: SRRS）（Holmes & Holmes, 1970）（詳見表 4-1）。

根據表 4-1 的「生活再適應評估量表」，便可瞭解個人的生活壓力程度，而壓力是具有累積性的，若在短時間之內，個人重複經歷多項的生活壓力事件，身心一再地遭受挫敗或打擊，個體生病（無論是身體或心理的疾病）的機率將大爲提高！該研究便指出，個體在半年內所承受的壓力事件，其生活改變指數（LCU）累積高於 150 以上者，其罹患身心疾病的機率便明顯增高（詳見表 4-2）。

五 個人對壓力的認知及忍受程度

強調認知治療的學者認爲，個人對壓力的感受取決於個人

表 4-1　生活再適應評估量表

順序	生活壓力事件	生活改變指數(LCU)	順序	生活壓力事件	生活改變指數(LCU)
1	配偶死亡	100	23	工作責任改變	29
2	離婚	73	24	子女離家	29
3	分居	65	25	姻親關係的困擾	29
4	入獄坐牢	63	26	個人的傑出成就	28
5	親密的家人死亡	63	27	配偶開始上班或失業	26
6	受傷或生病	53	28	學期開始或結束	26
7	結婚	50	29	生活狀況改變	25
8	被解聘	47	30	個人習慣改變	24
9	夫妻不合的協調	45	31	與上司相處的困擾	23
10	退休	45	32	工作時數或狀況改變	20
11	家人的健康狀況改變	44	33	搬家	20
12	懷孕	40	34	轉學	20
13	性生活發生障礙	39	35	休閒娛樂方式的改變	19
14	工作改變的再適應	39	36	宗教活動改變	19
15	家中增加新成員	39	37	社交活動改變	18
16	生意不順	39	38	抵押貸款低於美金一萬元	17
17	經濟狀況改變	38	39	睡眠習慣改變	16
18	好朋友死亡	37	40	家人聚會次數或成員人數改變	15
19	工作改變	36	41	飲食習慣改變	15
20	與配偶吵架次數改變	35	42	休假	13
21	抵押超過美金一萬元	31	43	聖誕節	12
22	典當、抵押或貸款	30	44	輕度的違法	11

表 4-2　生活改變指數與壓力程度及罹病率之關係
　　　　（以半年時間累積量為準）

生活改變指數	壓力程度	罹病率
0～149	未感到壓力	0%
150～199	輕度壓力	37%
200～299	中度壓力	51%
300以上	重度壓力	79%

對壓力的認知過程及詮釋，此認知會因個人的人格特質及社會
文化因素等影響而有所不同，亦即面臨相同的壓力，每個人的
壓力感知是不同的，例如，大學聯考或經濟的困頓，並非對每
個人皆造成威脅。另外，每個人對壓力的忍受程度亦不同，一
般而言，女性忍受挫折與壓力的程度較男性高，也可能與個人
成長環境的影響有關，在一般的觀念中，從小便生長在貧困家
庭的人，較能吃苦耐勞，而過慣富裕充足或生平一切順遂尚未
遇過人生困頓的人，則較難接受挫折，忍受失敗的壓力。

㈥個人在家庭或社會中的支持（social support）
　　家人以及社會中的同學、朋友、同事等的支持，可以說是
個人在面對環境的任何衝擊或磨練時，所依靠的重要動力，而
且家人或朋友的社會支持足夠，將具有使壓力緩和的作用，反
之，若個人缺乏足夠的社會支持，甚至於遭受家人或朋友的指
責、落井下石，則個體面對壓力的忍受程度便大大地減低，甚
或會強化壓力的程度，致使個體求助無門、孤立無援地遭受環
境壓力的摧殘。

(七) 個人面對壓力的因應能力

個人在成長過程中,若總是在家人安全的過度保護下,缺乏對生活問題的解決能力以及對壓力事件的因應經驗,喪失處理壓力的能力,或受到家人對壓力事件不健康的因應之道所影響,使個人在潛移默化中學到不成熟的調適方法,故個人面對壓力的因應能力越強,則個體所感受到的壓力知覺則越弱。

(八) 無法掌控的身體疾病

若個體本身即體弱多病,或身體正面臨某疾病特定程度的威脅,則個體應付環境中其餘壓力的能力,將隨著個人的虛弱而相對降低。此情況在醫院中常見,如家人總是不希望讓患者知道所罹患的癌症,即深怕患者無法承受疾病所帶來的生命衝擊,更擔心患者會因自己的不治之症,而感到萬念俱灰,失去面對生活的勇氣。

(九) 生命歷程中所遭遇的失落

在生活當中,有著許多無法預期或控制的事件會在任何時間、任何地點或在任何人身上發生,這些事件也許是令人驚喜的好事,也許是使人無法置信的震驚悲劇,當然若是令人歡迎的幸運,自是充滿歡欣,但若是令人無法接受的生活壓力事件,便可能導致某種程度的**失落**(loss),也許是失去了心愛的家人、朋友或物品,或者是代表著權勢的地位或名譽,也可能是某個千載難逢的機會或千辛萬苦所努力得來的理想職務,再諸如失去健康、姣好的面貌或財富等,皆會造成心理上某種程度的沈痛打擊!

所謂失落,亦可分為**急性失落**(Acute loss)及**慢性失落**(Chronic loss)兩種,急性失落如突如其來、無可抗拒的天災或

生活事件：強烈地震、火災、龍捲風、車禍或空難等所造成的親人去世、家破人亡、經濟破產等；而慢性失落則諸如緩慢的喪失健康、長年累月的疾病纏身、日漸嚴重的水患、經濟蕭條導致財富的失落，權勢、地位的喪失或維持不易的情感，如男女朋友感情漸行漸遠而分手等。

感受壓力的影響因素

(一)年齡

一般而言，由於年紀小，所學習的壓力因應技巧較少，所面臨的壓力情境經驗亦較少，故成人的適應能力會較好，且所表現的負面影響應較少，如學齡期兒童對於抽象、不具體的意象，常有誇大或自我解釋的想像，例如怕黑、怕魔鬼、擔心死亡將下地獄等。但雖如此，也可能因年紀輕，所感受的壓力負擔因未能充份理解，對壓力的感受程度低，反而不覺得壓力的威脅，如年幼的兒童，對於經濟蕭條或政治情況的不穩定，少見有壓力反應的表現。

(二)性別

常見於社會現象中，我們會發現女性面對壓力的承受度較男性來得強且較具彈性，一般男性對挫折的忍受度較女性低。

(三)人格特質

不同的人格特質、不同的個性氣質，對相同壓力環境的解

釋與感受程度不同，因此對於壓力的反應會有程度上的差異。

㈣身心健康狀態

個人的身體狀況對環境中壓力的敏感度會有程度上的差異，若個體罹患疾病，其生活焦點多集中於自己的身體狀況，以及試圖減緩疼痛的不適，此時個體所面臨的壓力多半是自我健康的威脅，對於環境中的生活壓力，如事業、課業、夫妻情感、政局的情勢或子女的學校表現等，皆會有相當程度的忽略，但若因經濟拮据，使身體疾病的治療受到阻礙，則常有雪上加霜的雙重壓力存在。

㈤過去的生活經驗

生活中面臨的各種壓力具有累積效應，若在短期內，承受多項生活壓力事件的刺激，對於壓力的忍受程度將會相對降低，帕克（Paykel, 1969）的壓力理論（Stress theory）曾提及，憂鬱症病患在發病之前的半年中，其所遭遇的生活壓力事件約略是一般人的3倍，再者由於一再經歷壓力的磨難，將會強化其負向經驗，欲恢復處理壓力的本能，需要更多的時間；然而有些人在過去經歷類似壓力的經驗中，會學習到因應的技巧與方法，若再遇到相似的壓力事件時，則會在較短時間內，找到有效的解決途徑，降低壓力的威脅，表現較佳的適應能力。

㈥個人善用的因應機制與防衛機轉

個體面對壓力時，慣用較不成熟、不健康的因應機制或防衛機轉，諸如逃避、反向、否認、退化、轉移等（請詳見第三章），這些防衛機制若只是因應一時的壓力暫時使用，無可厚非，但並不能真正解決壓力的問題，亦無法從壓力經驗中學

習、成長，若長期且習慣地使用，反而加強壓力的慘痛經驗。

個體對壓力的生理、心理及行為反應

　　個體對壓力的反應，常因個人對壓力或挫折的忍受度不同而有差異。壓力忍受度低者，容易感受到壓力，即使輕微的挫折或不如意，便可能使其遭受到打擊，但壓力忍受度高者，則較不易受影響，輕微的壓力反倒會成為其克服困境的動力與毅力。至於我們自己目前所承受的壓力狀況如何，可藉由「PSTRI（Psycho-Somatic Tension Relaxation Inventory）壓力測量表」為自己做一個簡單的評估（註1）。

　　個體對壓力的反應，也會受到個人的成長背景、面臨壓力時的身心狀況、所處情境、時間以及個人過去處理壓力的經驗而影響，若個人在身心狀況不佳的情況下，再度面臨心力交瘁的壓力時，真可謂是「屋漏偏逢連夜雨」！任誰都無法在短期之內平撫身體或心靈的創傷或挫折。

壓力對個體生理的影響

　　根據沙利耶（Selye）的說法，一般身體在面對壓力時，會有一些共通反應，稱為「**一般適應症候群（General Adaptation Syndrome；GAS）**」（Robinson, 1990），包含三個時期：**警報反應**

表 4-3 一般適應症候群

壓力反應分期	反應表現
警報反應期 (Stage of alarm reaction)	◎個體在面臨壓力的當時，身體在潛意識中即開始運用防衛機轉，刺激下視丘，誘發神經—荷爾蒙的調節機制，腎上腺素急速的分泌，引發一連串心跳加快、血壓增高、呼吸急促等生理反應。
抵抗期 (Stage of resistance)	◎體內荷爾蒙分泌活躍，以維持個體生理的平衡，身體在此階段會克服壓力，達適應狀態。
衰竭期 (Stage of exhaustion)	◎若長期處於壓力下，將造成體內適應資源的消耗殆盡，使個體出現身體失衡的現象，而引發身、心疾病的產生。

期（Stage of alarm reaction）、**抵抗期**（Stage of resistance）、**衰竭期**（Stage of exhaustion）（詳見**表 4-3**）。

　　精神壓力與個體的身體生理反應息息相關，個體在面臨壓力的狀況下，可能會出現各種不同程度或形式的生理反應，諸如在**心臟血管系統**：心跳加快（心悸）、血壓增高；**自主神經系統**：緊張、瞳孔放大、血糖濃度增加、指溫下降、手心冒汗、失眠或睡眠當中的磨牙；**泌尿道排泄系統**：冒冷汗、頻尿，較年幼的兒童面對壓力時亦可能出現尿床的退化現象；**腸胃道系統**：兒童對壓力的反應較常呈現於此系統，如口乾、消化不良、噁心嘔吐、腸胃蠕動減慢或增加造成的腹瀉、消化性潰瘍；**呼吸系統**：呼吸頻率增加（呼吸急促）；**生殖系統**：陽萎、月經遲滯或不規則；**肌肉骨骼系統**：長期處於壓力狀態，

有大多數的人皆表現於此系統，如頸肩部僵硬、腰背酸痛等，皆是因某部位肌肉長期處於一緊張繃緊的狀態；更嚴重者會出現身體僵硬、不自主的搓手、焦急地來回踱步、顯得慌張、發抖，說話結巴、斷續而不連貫等，最主要是自主神經系統（交感及副交感神經）及內分泌系統的影響，可藉以增加身體應付壓力的能量，並使個體保持在必要的警覺狀態；值得注意的是，壓力對身體的摧殘，可能從破壞個體免疫系統的功能開始，使個體生病（如流行性感冒）的機會大增。

身體對壓力的表現，與個人的性格亦有某種程度的關係，有許多研究發現偏頭痛、氣喘、胃潰瘍、或冠狀動脈心臟病（Coronary Heart Disease: CHD）等，可能與個性有關，尤其是弗里德曼及羅斯曼（Friedman & Roseman）曾研究發現，冠狀動脈心臟病與 A 型生活行為特質有明顯的相關性，他們針對三千位原本健康的中年人，進行八年半的追蹤調查，發現有 A 型生活行為特質者罹患冠狀動脈心臟病約是 B 型生活行為特質者的 2 倍（註 2）（段秀玲，1995）。

壓力對個體心理的影響

個體對各種程度的壓力，會呈現不同的反應且因人而異，諸如焦慮、害怕、悲傷、憂鬱、生氣、憤怒、激動等不穩定的情緒表現，有些人也可能會出現精神官能性的身心症狀，如慮病現象、轉化症狀，甚至於出現類似精神病的症狀，如幻覺或妄想等。以下針對一般人較可能會出現的各種心理情緒反應，做進一步說明。

㈠挫折感（Frustration）

個體在面對壓力時，若感到解決能力不足或無法調適，便會產生挫敗感，對於自我解決壓力的能力感到挫折。

㈡自尊心降低（Low self-esteem）

若個體因壓力的挫折，被迫接受自己無能的一面，不僅自信心受到威脅，也會造成自尊低落的情形。

㈢罪惡感（guilty feeling）增加

面對壓力時，可能因為自己對壓力的無能為力，或者因此而無法保護家人或朋友，對於壓力情境的無力感，可能會使其罪惡感增加。

㈣焦慮（Anxiety）

所謂焦慮，是一種主觀的、模糊不安的感覺，並沒有特定對象，但會使人感到某種程度的不適感。焦慮一般又可分為輕度焦慮（Mild anxiety）、中度焦慮（Moderate anxiety）、重度焦慮（Severe anxiety）及極度焦慮或恐慌（Panic）（詳見**表 4-4**）。

㈤憂鬱（Depression）

當個體面臨自身無法解決的壓力時，會有無助或無力感，自信心低落而產生憂鬱現象，在情緒上表現頹喪、消極、情感表達淡漠，沈默寡言、發呆、對任何事情皆無動力完成，對過去的任何興趣亦皆提不起勁，毫無動機，對未來感到一片黑暗、無望；在自我的思想方面呈現消極負面的想法，如無價值感或因罪惡感而自責等。

若憂鬱的狀況持續未改善而一再惡化，可能會出現長期食慾不振所造成的營養不良或缺乏，甚至於厭食或暴飲暴食；也可能會有長期睡眠問題的失眠現象，生活作息混亂，致發生日常生活功能障礙，甚至於出現厭世的念頭，而有自殺行為。

表 4-4　焦慮程度與反應

焦慮程度	反　應
輕度焦慮 (Mild anxiety)	◎具有正面意義，可使個體較專注於眼前的事件，處事具有能量及動力，可以促進學習能力與效率，並激發個人的創造力。
中度焦慮 (Moderate anxiety)	◎會呈現交感神經興奮、瞳孔輕微擴大、脈搏及呼吸速率增加、血壓上升，且會輕微出汗，會只注意特定的外在刺激，逐漸失去耐心、易怒、脾氣暴躁，說話速度不自主地加快，聲調亦相對提高，如參加演講比賽。
重度焦慮 (Severe anxiety)	◎會呈現較嚴重的交感神經興奮現象，如腎上腺素分泌增加、心悸、血糖上升、換氣過度或冒冷汗等，對於環境中的人、事、物可能會有忽略的現象，只在意其所注意的事情，知覺範圍明顯變小，注意力無法集中，亦可能出現對時間或地方的定向感障礙。
恐慌 (Panic) （極度焦慮）	◎已到達極度焦慮的情形，可能呈現頭痛、頭暈或臉色蒼白，對外在刺激無動於衷，無法對事件做出適當的思考及處理，缺乏臨場的解決問題能力，情緒的表現可能會尖叫、哭泣、退縮或目光呆滯等。

壓力對個體行為的影響

(一)記憶力變差

因個體所感知的壓力,使其感到沈重的負擔,大腦常爲忙於應付周遭的壓力事件,使記憶功能降低,故有些人在面臨壓力時,常會感覺記憶力變差,須花費加倍的時間回憶思考或重複作某些行爲,而更加懊惱!

(二)注意力無法集中

受到壓力時,中度以上焦慮表現的影響,個體因過度專注於某些事件的細微末節,反倒對其他事情的心不在焉,顯現注意力渙散,無法集中於當下所進行的事件上,例如有些同學忙於準備大考,在考前 10 分鐘,根本無法參與家人聚餐地點的討論;或者有些人因忙於婚姻大事的張羅,在該期間的工作效率,可能會因此而大打折扣!

(三)脾氣暴躁、憤怒的衝動或攻擊行爲

當個體在面對自己無法處理的壓力時,在潛意識中即會出現個體反抗的自然本能,表現出性格暴躁或憤怒的衝動行爲,例如用力的摔擲物品、大聲摔門、攻擊行爲或大聲的叫囂等。

(四)逃避、退化反應及行爲

當壓力來臨時,直覺地逃避,不願面對現實,十足的「鴕鳥心態」,或是以退化的行爲反應,看似合理的懦弱表現,目的是脫去必須自己承擔壓力責任的外衣,例如:夫妻吵架,太太一氣之下便跑回娘家訴苦,期望家人爲她出口氣。

㈤消極的妥協或宿命

消極的宿命論，相信命運的安排，無奈而一味地告訴自己必須接受事實的考驗，勸慰自己須與現實的環境妥協，忍耐一切困扼所帶來的壓力痛苦。

㈥刻意的忽略、不理睬

慣用否定的防衛機轉，面對眼前的壓力事件，採刻意忽略、不理睬的反應，認為「眼不見為淨」，此類表現易導致所謂的「轉化症狀」，表面上對該壓力事件似乎已不為所動，但內在身體的反應卻忠實地表現出無法維持正常功能的運作。

㈦人際關係障礙

壓力的影響，所帶來個體的各種心理反應或不適切行為的表現，如焦慮、低自尊、自責或憤怒的衝動行為、對人際間刻意的不理睬等，皆會影響到人際關係的維持，更加引發人際關係緊張、衝突的壓力。

與身心壓力相關的疾病

非精神相關疾病	精神相關疾病
消化性潰瘍	焦慮症
偏頭痛	失眠症
氣喘	強迫症
冠狀動脈心臟病	畏懼症
皮膚過敏（蕁麻疹）	慮病症
高血壓	轉化症
背痛	創傷後壓力疾患

（註：與身心壓力有關的精神相關疾病，詳見於第十章。）

調適的定義

　　當個體面臨壓力時，能以自我的方式去調整因壓力所帶來的焦慮、不安，使不穩的情緒平靜下來，甚至可以較客觀、積極的心態面對並接受眼前的事件壓力，是謂**調適**（Adaptation），當接受了壓力的存在，能以更積極的態度，鎮靜地思考壓力的來源，並能應用自我或周遭的資源或力量，去解決問題，減輕壓力所帶來的影響，是謂**因應**（Coping）。

　　故在壓力當前時，積極正向的壓力處理方式是先平撫因壓

力所附帶的不當情緒反應，有效地自我抒發、管理情緒，以平穩的態度，冷靜地察覺壓力的來源及程度，瞭解壓力的性質，並進一步思考具有建設性的解決方法，運用自身周遭的有效資源或力量，以解決壓力所帶給個人的威脅或傷害。

　　若個人對壓力有足夠的因應能力、堅強的支持系統，便可增加解決問題的能力，從挫敗經驗或壓力中學習成長，而不當的調適策略亦可能造成反效果，致使個體的身心症狀更加複雜或嚴重（駱重鳴，1983）。

有效調適壓力的方法

㈠保持身體的健康

　　健康無虞的身體狀況，才可能使個人發揮自我能力的滿足，也才有機會滿足靈性的需求，強化對生活壓力的調適因應能力，故應定期作身體健檢，注意平常的生活、飲食習慣，積極良好的養生之道，亦是減除壓力的基本要件。

㈡瞭解自我

　　健全而正向的自我概念，瞭解自己的優、缺點，瞭解自己，誠實面對自己的感受，不給自己超乎本身能力的期望與要求，對自己有深刻且切合實際的瞭解，便不會高估或低估自己，使自我價值能達到適當的發揮，可減少許多因不切實際的期望所產生的挫折；因好勝心強及要求完美的個性，常使個人不自覺地陷入無止盡的內在壓力中，故應懂得在壓力中隨著自

己的能力，有效地調適自己。

㈢適當的情緒管理

兒童常藉遊戲、活動的機會發洩情緒及內心感受，相對感到壓力的機會便減少，故我們也應把握表達自己想法、感受或情緒的機會，將內心的憤恨、不滿或委屈，適度地以各種健康正向的方式宣洩出去。

㈣肌肉放鬆療法

深呼吸（take a deep breath）是處於緊急的緊張狀態時，一個在短時間立即有效暫緩壓力或焦慮的方法，當個體感到壓力煩悶時，可以自我暗示的方法，試著將全身繃緊的肌肉放輕鬆，並配合深呼吸的技巧，隨時抬頭挺胸，可暫時有效地排除因壓力所引致的緊張感覺。

㈤生理回饋療法

當個體對環境中的刺激，在體內可能早已有微妙的生理變化，但由於個體對自我身體的生理反應欠缺敏銳的自感能力，故生理回饋療法便是藉由生理回饋儀器，隨時監測個體的生理現象，當個體的身體受到環境影響而出現生理變化時，生理回饋儀便會將此變化以量化的方式呈現，甚至進一步轉化為在螢幕上可以看見的視聽訊息，使個體明瞭自我正處於焦慮緊張狀態，例如：心跳加快、血壓上升或指溫下降等，個體在明白自己的身體反應之後，便可應用治療者的指導語，學習以自我暗示的肌肉放鬆技巧，來控制自我的身體，使自己在緊張焦慮的狀態下自我解放，避免身體再度承受因壓力焦慮所引起的痛苦煎熬。

(六)冥想靜坐

　　靜坐是近年來被廣為流行的一種身心放鬆技巧，它是藉由集中注意力於心靈的活動，來阻斷個體對外界環境所感受的壓力，其目的不外乎使個體能完全掌握自己的注意力，使自我不受外界環境的刺激影響，其最高境界，甚至可達無思、無慾的情境，將所承受的壓力予以隔離，以達到一定時間的放鬆狀態。而冥想則是運用自我假想的技巧，想像能使個體輕鬆、愉快的情境或感覺，諸如將自己想像成一隻遨遊天空的小鳥，或悠游於海邊自在清爽的微風等，目的無非是讓心情駐足片刻，使自己能在短暫的時間或空間中獲得抒解及放鬆。

(七)合理的認知

　　任何事件對每個人來說，可以由於個人的生活成長經驗，對事件不同的看法、認知，而有不同的感受，當然對壓力的感知程度便有差異，例如青少年最常遇到的考試，就不見得每個人皆會感到壓力！故認知理論主張個人的情緒、行為困擾是來自於個人不合理的想法及非理性的思考習慣而引致壓力的產生，故若可以導正合乎理性的思考習慣，擁有合理的想法、認知，便可減輕壓力所帶來的情緒、行為困擾，此即為「理情治療法（Rational Emotive Theory; RET）」。

(八)肯定訓練（自主訓練）以提升自尊

　　藉由肯定訓練，強化對自我的信心，給自己勇氣能以開放、自然、直接的方式與周遭人坦然且適當的溝通，不僅誠懇地面視自己的感受，適度地表達自我，也能真誠的尊重他人。

(九)培養幽默感

對於所面臨的事件,能以不同的方向,有創造性思考,用較輕鬆、自然、包容的態度面對,經常保持心情愉快、微笑,有時可以巧妙地逆轉焦慮不安的情緒,一天三大笑,可以延年益壽呢!

(十)積極參與有意義且具建設性的社交活動或運動

各縣市政府或公益慈善、宗教團體常會舉辦以愛為出發點或對個人、大眾具有人生意義的活動,積極參與不僅可以擴大社交生活圈,藉由對團體所產生的團體凝聚力及向心力,可使個人在團體中具有歸屬感,能發揮一己之長,對社會大眾有所貢獻,可以減緩或消除許多生活壓力,亦可謂是社會支持的一種。

而個人積極適量的運動,可以藉由肢體的大動作,流汗、活絡筋骨,使身體感到通體舒暢、肌肉徹底放鬆的感覺,全神貫注地將自我意識專注於體能運動上,有助於運動的效能,亦相對減低對壓力事件的憂慮,且藉著耗費體力的活動,使身體感到疲勞,將有助於有效的休息及睡眠,使自己自壓力中解放;在運動當中亦可同時達到發洩情緒的效果,如用力打球、做拳擊練習等,養成運動的習慣,對於長期習慣性的壓力,可使壓力承受度增加,有效地抵抗壓力。

(土)充足的休息和睡眠

獲得充足的休息和睡眠之後,可使個體在身體上感到充滿活力,精神上也會顯得精神奕奕!

㈡開發或尋找社會支持

　　有效的家庭或社會性支持，能使個人的不滿情緒得以宣洩，同時獲得支持，使心靈得到慰藉，相對壓力的威脅便隨之降低。

㈢增進問題解決的能力

　　學習冷靜思考，找出事件壓力的源頭，沈靜安排事情的輕重緩急及處理的先後順序，按部就班，積極處理，必要時適時尋求有力的資源與協助力量，解決問題並提高工作效率。

㈣向專業輔導人員尋求諮商或輔導

　　若自感無法調適壓力，則應轉而尋找信任的親人或朋友協助，若仍求助無門，可主動尋求其他專業輔導機構，由專業的輔導人員提供諮商服務與輔導協助。

評值壓力調適方法的有效性

1. 因壓力所造成的生理反應，如血壓增高、心跳加快、或呼吸急促等，是否有達到適當的緩解？
2. 情緒表現是否趨於穩定？是否能有效地管理自我的情緒？
3. 生活形態是否回歸以往，恢復日常生活的功能？甚至是否建立更積極正向、健康的生活方式？
4. 問題解決的能力是否增加？

結語

　　近年來心理輔導機構如雨後春筍般的接連成立，各大醫院的精神科醫療照護內容，也逐漸呈多樣化的服務，舉凡自我成長團體、壓力調適團體，以及各種身心障礙的壓力抒解治療，已不僅僅侷限於精神病患的醫療與復健，可喜的是國人已逐漸看到壓力對個人、家庭、社會的嚴重影響，為了減緩精神疾患的發生或疾病復發，也願意花時間及精力正視各種壓力的來源、壓力的影響因素，真誠面對因壓力所導致的各種身、心及行為上的不適反應，而能進一步以有效的方法解決壓力的問題，期待國人的壓力調適能力增加，以減少心理、精神狀態偏差或導致疾病傷害的負擔。

案例討論

　　張先生，長久以來總是頭痛得厲害，雖然已實施健保數年，但他總是對中小型診所沒有信心，到離家較近的某大醫院求診，當醫師為他做完詳細的全身檢查，包括各類的抽血以及儀器檢驗，檢查結果是完全正常，並無任何病理的發現，但張先生仍然每天遭受頭痛之苦，認為醫師一定檢查失誤，因此又不死心地轉往其他更負盛名的多家醫學中心，尋求更精確的檢

查，但結果皆相同，於是他花了將近兩年的時間，遍尋名醫（Dr. Shopping），服盡各路藥方及朋友介紹的秘方草藥，甚至嘗試尋求民俗療法，張先生對於自己的病，感到束手無策，甚至認為自己所罹患的疾病是醫學的死角，可能目前任何的儀器與醫術，都無法查出正確的病因，更因此對於醫療體系感到憤怒與失望，幾乎到瀕臨精神崩潰的邊緣，在家庭醫師的建議下，轉診至精神科。

在精神科經過醫護人員的悉心評估與會談，瞭解到張先生正面臨著多項自己似乎也不太清楚的壓力：結婚六年了，妻子一直沒有懷孕，每天總是要面對母親的焦急與抱孫子的期盼；無法減緩的業績壓力，隨著經濟的蕭條，更加重自己必須養家的負擔，沒有自信的張先生經常擔心自己有一天可能會被列入裁員的名單中。

案例分析

㈠根據評估，張先生這幾年來正面臨著哪些壓力？

1. 身體不適的壓力。
2. 疾病求診及身體檢查的挫敗感。
3. 不孕，無法傳宗接代。
4. 家人的殷切期盼，無法對母親交代。
5. 外界環境經濟發展受到限制，工作負擔沈重。
6. 家庭經濟的壓力。

㈡張先生個人對壓力不自覺的感受及身心反應為何？

　　1.以身體症狀—頭痛的方式表現
　　2.因求醫無效而引致挫折、焦慮、無力及無望感
　　3.自尊低落

㈢你認為張先生有可能受到何種精神方面疾病的威脅？

　　慮病症。

㈣在面對張先生時，我們可以提供哪些建議或協助呢？

　　1.**疾病求醫部分**
　　　⑴建議做完一般性身體檢查之後，若結果正常，應坦然
　　　　接受並釋懷，無須汲汲於尋求太多更進一步的檢查。
　　　⑵頭痛部分可依醫師的醫囑指示，做症狀治療以獲得緩
　　　　解。
　　　⑶不孕的部分，建議兩夫妻共同接受婦產科的檢查及治
　　　　療。

　　2.**壓力調適部分**
　　　⑴瞭解自我的能力、現實環境的限制，以及所面臨的壓
　　　　力事件。
　　　⑵瞭解並接受生活壓力事件與本身身體症狀—頭痛的關
　　　　係。
　　　⑶運用深呼吸、肌肉放鬆技巧，使自己在遭受頭痛之苦
　　　　時，能適時減輕焦慮及緊張感。
　　　⑷感到挫折時，應有適當的情緒宣洩及管理。
　　　⑸充足的休息和睡眠，盡量將身體的狀況維持在最佳的

健康狀態。

(6)應用肯定訓練，提升自我的信心及自尊。

(7)增進問題解決的能力，例如：如何使自己不在裁員名
單之中，或以開源節流的方式減輕家庭經濟負擔等。

(8)尋求家人及社會的支持，讓母親瞭解自己所面臨的困
境，尋求母親、妻子以及朋友們的支持。

(9)必要時，可向專業醫療或輔導機構尋求諮商或輔導。

備註

【註1】：PSTRI壓力測量表

題號	題　　　目	從未	很少	有時	經常	總是
1	我受背痛之苦。					
2	我的睡眠不定，且睡不安穩。					
3	我有頭痛的毛病。					
4	我頸部疼痛。					
5	若須等候，我會不安。					
6	我的後頸感到疼痛。					
7	我比多數人更神經緊張。					
8	我很難入睡。					
9	我的頭感到緊或痛。					

題號	題　目	從未	很少	有時	經常	總是
10	我的胃有毛病。					
11	我對自己沒有信心。					
12	我會對自己說話。					
13	我憂慮財務問題。					
14	與人見面時，我會窘怯。					
15	我怕發生可怕的事情。					
16	白天我覺得累。					
17	我感到喉嚨痛，但並非因感冒引起。					
18	我心情不安，無法靜坐。					
19	我感到非常口乾。					
20	我有心臟方面的毛病。					
21	我覺得自己不是很有用。					
22	我吸煙。					
23	我肚子不舒服。					
24	我覺得不快樂。					
25	我流汗。					
26	我喝酒。					
27	我有自覺性。					
28	我覺得自己像是已四分五裂。					
29	我的眼睛又酸又累。					
30	我的腿或腳抽筋。					
31	我的心跳快速。					

題號	題 目	從未	很少	有時	經常	總是
32	我怕認識人。					
33	我手腳冰冷。					
34	我有便秘。					
35	我會未經醫師指示，使用各種藥物。					
36	我發現自己很容易哭。					
37	我消化不良。					
38	我咬指甲。					
39	我耳中有嗡嗡聲。					
40	我小便頻繁。					
41	我有胃潰瘍的毛病。					
42	我有皮膚方面的毛病。					
43	我的咽喉很緊。					
44	我有十二指腸潰瘍的毛病。					
45	我擔心我的工作。					
46	我口腔潰爛。					
47	我為瑣事憂慮。					
48	我呼吸淺促。					
49	我覺得胸悶、胸部緊迫。					
50	我發現很難做決定。					

從不：0分　很少：1分　有時：2分　經常：3分　總是：4分

得分結果

總　分	測　量　結　果
93以上	◎表示你確實正以極度的壓力反應在傷害你自己的健康。你需要接受專業心理治療，以幫助你消減你對於壓力的知覺，並幫助你改良生活的品質。
82~92	◎表示你正經歷太多的壓力，這正在損害你的健康，並令你的人際關係也發生問題。你的行為會傷害自己，也可能會影響其他人。因此，對你來說，學習如何減除自己的壓力反應是非常重要的，你可能必須花許多時間做練習，學習控制壓力，也可以尋求專業的幫助。
71~81	◎顯示你的壓力程度中等，可能正開始對健康不利。你可以仔細反省自己對壓力如何作出反應，並學習在壓力出現時，控制自己的肌肉緊張，以消除生理激活反應，此時可尋求信任的老師進行輔導或選用適合的肌肉鬆弛錄音帶。
60~70	◎指出你生活中的興奮與壓力量也許是相當適中的，偶而會有一段時間壓力太多，但你也許有能力去享受壓力，並且很快地回到平靜的狀態，因此對你的健康並不會造成威脅；但做一些放鬆的練習仍是有益的。
49~59	◎表示你能夠控制你自己的壓力反應，你是一個相當放鬆的人。也許你對於所遇到的各種壓力，並沒有將它們解釋為威脅，所以你很容易與人相處，可以毫無懼怕地勝任工作，也沒有失去自信。
38~48	◎表示你對於所遭遇的壓力不受影響，甚至是不當一回事，好像並沒有發生過一樣。這對你的健康不會有甚麼負面的影響，但你的生活缺乏適度的興奮，因此趣味也就有限。
27~37	◎表示你的生活可能是相當沉悶的，即使發生了刺激或有趣的事情，你也很少作反應。可能你必須參與更多的社會活動或娛樂活動，以增加你的壓力激活反應。
16~26	◎如果你的分數只落在這個範圍內，也許意味著你在生活中所經歷的壓力經驗不夠，或是你並沒有正確地分析自己。你最好更主動些，在工作、社交、娛樂等活動上多尋求些刺激。

若你的分數介於 43 ～ 65 之間，顯示你的壓力是適中的，無須尋求生活型態的改變；但若分數低於 43 或高於 65 者，即表示你可能需要調整原有的生活型態。低分者需要更多的刺激，而高分者顯示個人感受的壓力過大，需要更好的壓力管理（J.M. Wallace, 1993）。

【註2】：A型生活行為特質是指，個人的性格顯得較緊張、容易因小事而焦慮，無論說話、走路或做事情，常顯得慌慌張張，競爭性強，常會在同一時間同時做多項事情，只因為不願意浪費時間，且深怕自己時間不足以完成工作任務，又對自我有完美的要求，故總是無法放輕鬆，去過休閒的生活，對他人沒有耐心，有時甚至會有攻擊性出現。

B型生活行為特質是指，個人的性格較為悠閒、對生活或工作的壓力忍受度較高，對他人或自己不會過份要求，具有耐心，凡事輕鬆以對。

※你是屬於哪一種生活行為特質呢？

題號	題　目	從不	很少	有時	經常	總是
1	我會試著在同一時間內做多件事情。					
2	我常打斷別人的談話或急著接別人的話。					
3	我發現我不能忍受別人做事情慢吞吞、沒效率。					
4	當別人和我說話時，我常想到別的事情上去。					
5	當我沒事時，我會覺得不舒服。					
6	當別人繞圈子說話時，我會有挫折感。					

題號	題　目	從不	很少	有時	經常	總是
7	我做任何事都喜歡快一點（如走路、吃飯或講話）。					
8	當事情進行得很緩慢時，我會非常沒有耐心（如塞車、排長隊）。					
9	我發現放鬆或不做任何事對我來說很困難。					
10	我常會為自己安排時間表或限定期限。					
11	當我玩遊戲時（如玩牌或下棋），我覺得輸贏比娛樂更重要。					
12	當我在強調某論點時，我會變得緊張並提高我的聲量。					
13	我喜歡我周遭的人做事盡可能快且有效率。					
14	當我講話時，我會強調關鍵字眼。					
15	我是一個努力且有競爭心的人，注重成就及成功。					

從不：1分　很少：2分　有時：3分　經常：4分　總是：5分

　　作完後請將 15 題的得分相加，總分應介於 15～75 之間。若你的得分在 60 或 60 分以上，表示你的生活行為特質傾向於 A 型行為特質；若得分低於 30 分，則表示你的生活行為特質較傾向於 B 型特質；若得分在 30～60 之間，表示你的生活行為特質傾向介於 A 型與 B 型之間。（羅惠筠、劉秀珍，1992）

※　你是屬於冠狀動脈心臟病的危險群嗎？
作答說明：每題皆有 0～10 分，分別代表不同程度的差異，請你依平常的表現，將各題的自評結果在該分數上劃圈，最後將 20 個分數相加，總分最高為 200 分。

題號	自 我 評 量		
1	正常上下班	012345678910	經常自動加班
2	耐心的等待	012345678910	對於等待不耐煩
3	很少將生命量化	012345678910	常將生命量化
4	沒有競爭性	012345678910	強烈的競爭性
5	適度的責任感	012345678910	責任感很重
6	從容不迫的赴約	012345678910	急急忙忙的赴約
7	個性很溫和	012345678910	個性很急躁
8	生活中擁有很多的嗜好	012345678910	生活中唯有工作第一
9	對自己感滿意	012345678910	常需要他人的增強
10	不拘小節	012345678910	小心翼翼
11	可以隨時放下手邊的工作	012345678910	不易放下做了一半的工作
12	享受工作中的樂趣	012345678910	為工作而工作
13	耐心傾聽別人說話	012345678910	常打斷別人的話語
14	隨遇而安	012345678910	難被說服
15	慢工出細活	012345678910	工作講求速度
16	一次進行一件事	012345678910	同時進行好幾件事
17	很少生氣	012345678910	很容易發脾氣
18	說話速度慢	012345678910	說話速度很快
19	善於表達情感	012345678910	拙於表達情感
20	很少自我設限	012345678910	常常自我設限

結果說明

1. 如果你的總分在 160～200 分之間，再加上你已超過 40 歲而且有抽煙的習慣，你可能是罹患冠狀動脈心臟病的高危險群。

2. 如果你的總分在 135～159 分之間，你有罹患冠狀動脈心臟病的傾向。

3. 如果你的總分在 100～134 分之間，你的生活型態介於 A 型和 B 型之間，不過你還是要盡量避免有 A 型行為特質的出現。

4. 如果你的總分少於 100 分，你是一位能放鬆自己的人，相信你不易罹患冠狀動脈心臟病，你可能就是 B 型生活行為特質的人。（段秀玲，1995）

參考資料

(1) Kiser, L.J., Ostoja, E., Pruitt, D.B., (1998). Dealing with stress and trauma in families. *Child & Adolescent Psychiatric Clinics of North America*. 17 (1), 87-103.

(2) De Anda, D., (1998). The evaluation of a stress management program for middle school adolescent. *Child & Adolescent social Work Journal*.15 (1), 73-85.

(3) Robinson L., (1990). Stress and Anxiety. *Nursing Clinics of North America*. 25 (4): 935-943.

(4) Holmes, T.S. & Holmes, T.H., (1970). Short-term intrusions into the lifestyle routine. *Journal of Psychosomatic Research*. 14, 121-132.

(5) Paykel E.S., Myers J.K., Dienelt M.N., Klerman G.L., Lindenthal J.J., Pepper M.P., (1969). Life events and depression. A controlled study. *Arch Gen Psychiatry*. 21 (6): 753-60.

(6) Holmes, T.H. & Rahe, R., (1967). The Social Readjustment Rating Scale. *Journal of Psychosomatic Research*. 11, 26.

(7) 毛萬儀、高慧芬、張毓幸、蘇邦婕等（1998），《心理學》。台北：永大。

(8) 劉若蘭（1996），《心理衛生概要》。台北：匯華。

(9) 博正山（1996），《紓解壓力》。台北：浩園。

(10) 俞筱鈞譯（1996），《適應與心理衛生—人生週期之常態適應》。台北：揚智文化。

(11) 孔繁鐘、孔繁錦（1996），《DSM-Ⅳ精神疾病診斷準則手冊》。台北：合記。

(12) Greenberg J. S. 著，潘正德譯（1995），《壓力管理》。台北：心理。

(13) 段秀玲（1995），《壓力管理》。台北：天馬。

(14) 李淑琦等（1994），《心理學與心理衛生》。台北：華杏。

(15) 馮觀富（1994），《壓力‧失落的危機處理》。台北：心理。

(16) J.M. Wallace 著，翁文彬、陳淑娟譯（1993），《如何減輕壓力—八至十週自助減壓法》。台北：台灣商務印書館。

(17) 曾文星、徐靜（1993），《瞭解你自己》。台北：水牛。

(18) 羅惠筠、劉秀珍（1992），《現代心理學—生活適應與人生成長》。台北：美亞。

(19) 駱重鳴（1983），《生活壓力、適應方式與身心健康》。國立台灣大學心理學研究所碩士論文。

第 5 章

吳佳珍

自我概念

前言

　　「我是誰？」、「我是怎樣的人？」，你想過這個問題嗎？每個人對自己都有不同的知覺及評價，而這些評價就是「自我概念」，換句話說，所謂自我概念（self-concept），是指個體對自己的看法。它雖然很抽象，卻如影隨形的跟著我們，影響我們的各種行為。有正向自我概念的人，能夠坦然面對外界，與他人維持良好人際關係，勇於嘗試新行為及經驗，有較好的社會適應，能獲得滿意的生活；相反的，持負向自我概念的人，常預期自己的失敗而退縮，不敢勇往直前，容易焦慮、自責，進而出現人際關係障礙、低自尊、認同混淆等問題，甚至產生精神症狀等不適應的反應。因此了解自我並調整自己，培養正向積極的自我概念，在生命過程中是很重要的一環。

自我概念的定義與特質

　　指個體在某一特定時間內，對自己所持的一種主觀看法、體驗、評價及態度（黃，1993），包括對自己身、心、社會等各層面的感受，例如我們認為自己是可愛的、善解人意的，或認為自己是過胖的、缺乏能力的，所以一切與自己有關的描述都是自我概念的內容。

自我概念具有下列特性：

1. 自我概念是有組織的，它包含了身體心像、個人認同、
   角色完成及自尊等部份，每一部份都環環相扣、相互影
   響。
2. 自我概念是藉由人們在成長過程中與外界互動而慢慢形
   成的，它會影響個人的行為，也會受到外界的反應而有
   所改變，所以是個持續發展的動態過程。

自我概念的相關理論

對於自我的研究，自十八世紀初就有許多學者對自我提出
不同的看法，並作科學性的研究，以下就這些學者所提出的看
法作簡略的介紹。

詹姆斯（James, 1982）：認為自我包含兩個部份，一為「**知
者的主體我**」（self as knower），即 the "I"，是對於外界具感
知能力的我，為能經驗、想像、知覺和計畫的主體，是決策和
適應外界的行動體：另一為「**被認識的客體我**」（self as
known），是經驗和意識的客體，指個體呈現於外的身體、財
物、名譽、工作或心理等能力，這個客體我可分為下列三部份：

1. **物質我**（the material self）

   以個體所擁有的身體為中心，其他尚包括家庭、物
   品等外在事物。

2. 社會我（the social self）

指他人所評價的自我，個體由他人的反應中修正自己，成為社會我的內涵，一個人被多少的社會團體認同，個人就具備多少種的社會我，在不同的場所扮演不同的角色，是個人努力適應環境的過程。

3. 精神我（the spiritual self）

指個人內在主觀的部份，如思想、感受、價值觀、心理傾向等，例如：愛情和金錢何項重要，個人認定不同。

此三種自我有層次高低之別，物質我為最低層次，其次為社會我，精神我則為最高層次，統御全體的活動。

柯萊（Cooley, 1902）：強調個人與社會的依附關係，提出「社會自我」的概念，每個人從共同生活的社會中抽取出理念或價值系統成為自己內在的一部份。他認為每個人都是一面鏡子，反映出他人所表現的事物，相對的，個體透過與他人的互動中所反映出的自己，瞭解到社會中他人對自己的認識與評價，就好像站在鏡子前面看到自己的容貌儀表一樣，藉以反觀省思自己，漸漸形成自我概念，此為「鏡中自我」（looking-glass self）的觀念。柯氏認為有三個因素會影響到自我：

1. 想像自己在他人心目中的形象。
2. 想像他人對此形象的評價。
3. 由此形象產生的情感反應，例如：得意、自卑、驕傲…等。

也就是說若一個人認為自己是很幽默的人，而且引以為

榮，乃是因為他知覺到別人對他的反應：別人認為他是幽默的人，而且覺得這是很好的特質。

米德（Mead, 1934）：認為個體是將他人的想法內化形成自我概念。自我的雛形是先經由某特定的他人或團體對自己的態度所形成，此特定團體即所謂的「參照團體」（reference group），而後再由許多他人及所屬的許多團體之共同態度來形成自我，此為「概括化他人」（generalized other）。因此一個人在與他人互動時會去迎合他人，讓自己符合社會或參照團體的需求。

沙利文（Sullivan, 1953）：認為自我概念是社交互動過程中所形成的產物，尤其受有意義他人的影響最大。這位有意義他人會提供懲罰或讚美，個體從獎懲中的互動經驗中反映出對自己的評價，也就是說從與有意義他人的互動過程中形成自己的價值體系。例如：父親認為他的兒子不夠勇敢、很儒弱，則將來這個孩子也會以這樣的觀點看待自己。

羅傑茲（Rogers, 1951）：認為自我概念乃自我印象，係個人自兒時起與重要他人互動之經驗所形成的。當兒童開始有了自我意識，便自然發展出被接納與關注的需求，父母若對子女的接納與關注有其一貫原則，兒童便吸收此價值條件成為自我概念。如果一個人為了獲得他人的喜歡與接受，便會不斷修正自己的形象及信念，以符合他人的需求，這種外在的價值判斷會漸漸內化成個人內在價值判斷體系。個體的自我概念與其價值判斷傾向間的差距所造成之緊張，是不良適應的主要來源，當兩者差距過大或不符合則將阻礙成長。

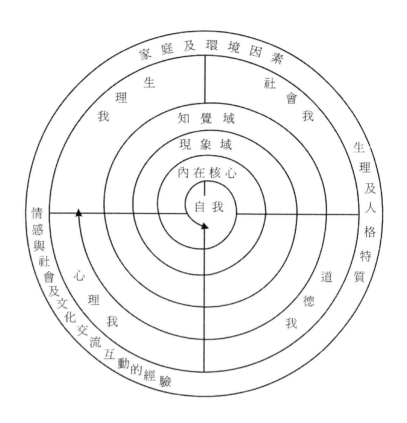

圖 5-1　自我概念的概念模式

（資料來源：鍾信心、周照芳總校閱（民 85）。精神科護理學。台北：華杏。）

　　康姆與史尼格（Combs & Snygg）：強調自我概念為一種知覺，認為個體經過不斷的嘗試以發展出合宜的自我概念，自我概念可劃分為三個部份（見**圖 5-1**）：

1. **內在核心**（inner core of the self-concept）

　　個人認為最重要、有意義、最基本的知覺，例如：我是一個好媽媽。

2. 現象我（phenomenal self）

較不如內在核心重要的其他特質，例如：我很守時。但這一部份具有相當的穩定性。

3. 知覺域（perceptual field）

一切在自我之外的感受情境。

此為一開放的模式經由持續的發展向內至外雙向擴展。在外圍，將自我概念的結構分為四部份：

1. 生理我（corporal self）

指個體對自己的身體功能及生理需求的看法，如：身體心像。

2. 心理我（psychological self）

指個體對某些特定價值觀、信念的認定，包括個人認同與自尊。

3. 社會我（social self）

指個體對於自己在社會中所扮演各種角色的看法，如：角色的完成。

4. 道德我（moral self）

包括個人靈性及價值觀。

最外圍為會影響自我概念的各項變數，如家庭環境因素、情感與社會及文化交流互動的經驗、生理及人格特質。這些因素經過複雜多重的關係影響自我概念的形成。

自我概念的發展與影響因素

自我概念的發展過程

　　自我概念並非與生俱來的，它是經過與外界互動，不斷學習、修正的持續過程而形成的。其發展可分為三個階段：

(一)生理自我（Physical self）

　　嬰兒出生後處於自閉的狀態，尚無法區分外界與自己，直至七、八月後才開始有了「我」的觀念。在三歲以前，個體以身體功能的發展為主，所以自我概念也著重在發展軀體我，經由身體經驗來探索環境、達到適應。例如：嬰兒將手指頭放入嘴巴咬，覺得痛了，才學習到手指頭是自己的一部份；又嬰兒用單手想將球拿起來，結果失敗了，再嘗試用雙手，便很輕易得將書拿起來，這樣嬰兒就學到了用雙手才能拿起球。嬰兒於1歲7個月左右聽到別人喊自己的名字會知道是叫自己，約2歲能認出照片中的自己，達到軀體我的基本成熟。自8個月到3歲左右，嬰兒所表現的行為都是以自我為中心，認為一切都是為他存在、以他為中心，所以為「唯我中心期」（egocentric stage）。

(二)社會自我（social self）

　　自三歲到青春期，個體的軀體我仍然繼續發展，而社會化則開始萌芽。透過社會體驗、團體經驗、性別角色認同等，開

始學習男生、女生的行為規範，學習與人相處，藉此建立個體的價值觀和信念，發展出「社會我」的自我概念，為客觀化期（objectified stage）。例如：自小阿華就被教導：男生要勇敢，不可以哭。因此他就較不會用哭來表達難過或不快樂的情緒。家庭角色在此階段中完成，父慈子孝、兄友弟恭等家庭倫理清楚界定了個人在家庭中的角色界限。學校中的社會化也是重要階段，在學校團體中師長對學生一視同仁，個人體認到自己身為班上的一份子，不再如在家中唯我獨尊，凡事以自己為主。在學校要盡義務與責任，從遊戲與競爭活動中逐漸形成社會我，在就學過程中教師的獎懲，讓學生有了動機不斷要求自己以實現社會自我，使自己的行為符合社會需求。

(三)心理自我（psychological self）

自青春期至成年期前 10 年，由於心智各方面的漸趨成熟，個體開始以主觀的看法對外界事物加以分析、解釋，進而建立個人的價值體系，此為主觀化期（subjectified stage），有下列特徵（《健康心理學——心理衛生》）：

1. 透過自我意識去認識外在世界

此階段個人不再盲目附和他人，將個體從客觀化期中於社會吸收到的態度理念等加以綜合並發展成自己的自我體系，做為評價外界事物的依據。

2. 個人價值體系形成與發展的階段

個人欣賞自己的特質，並強調此獨特特質的重要性，從而建立自尊。

3. 表現自我理想

追求自己認為最重要的生活目標。

4. 抽象思考的發展

此時期個人的智力趨於成熟，超脫了具體情境，進入抽象思考的領域，追求心靈層面的認定。此階段為個人價值體系的發展階段，並在此階段中追求個人的生活目標。當此階段完成表示個人身心的成熟，也成為一個真正獨立的個體。

自我概念的影響因素

(一)父母角色

父母多表達愛與接納，例如常給予擁抱、讚美，則小孩會認為自己是有價值、值得被愛的，若父母多以嘲笑、責備、批評及疏離的方式對待小孩，則小孩容易產生出不被愛、沒有價值的感受，對其發展具有相當的傷害性，會讓小孩對自己產生負面的看法。黃氏（1997）的研究中指出父母所採用的管教方式類型不同，則其子女的自我概念也會有顯著差異，如開明的管教方式較專制權威及忽視冷漠的管教方式能教養出較正向之自我概念的子女。父母正向表達的方式如果出現頻繁，則兒童會認為自己是有價值的。

(二)社會文化

社會文化所認同的價值觀，會影響個人自我概念的發展。

例如在傳統的中國文化中，講究犧牲小我、完成大我，事事以大局為先，但西方則強調果斷、積極爭取自己想要的東西，在如此文化的差異下，傳統的中國人認為理想的自我應做到忍讓、順從，若發現自己不符合此原則，便會認為是自己的不好或無法適應社會，但此態度於西方社會中則會讓人覺得沒有主見、擔當，將得到負面的評價。

(三) 其他

　　參考團體，例如師長、同儕的態度也會影響自我的發展，如果被重要他人接納或尊重，則對自我概念會產生正向效果，如果不被接受則有負面影響。情境對自我概念也有影響，但當個體的自我概念穩定後，情境的影響多為短暫的，例如到一個新學校發現每個人都很優秀，此時自己會有些自卑，會用功些，但當發現其他人並不如自己想像的那麼優越時，則自尊會提高，過了一段時間後就恢復我行我素了。

自我概念的影響層面

(一) 自我概念與身心適應

　　具備正向自我概念者，焦慮程度較低，傾向負向自我概念者，則焦慮增高，而焦慮被認為是心理疾病的基礎。黃氏（1997）對國中生所作的研究中指出，自我概念積極的學生其失敗容忍力高於其他學生。劉若蘭（1995）對護專學生進行身心健康調查發現，自尊程度高的學生其焦慮、憂鬱反應較少。因

此自我概念與身心健康確實有其密切關連。

㈡自我概念與歸因模式

自我概念會影響個人對成功或失敗經驗的歸因，當個人面對外在社會的一切挑戰時，須不斷地做決定，決定後的結果可能是失敗，也可能是成功，此時自我概念會開始發揮作用，正向自我概念的人將失敗歸因於外在因素，如時運不濟，而將成功歸於內在因素，如自己的能力好或努力；負向自我概念的人將失敗歸因於自己能力不足等內在因素，對成功則歸於運氣好或他人相助等外在因素。也就是說，具備不同自我概念者會以不同方式處理或解讀訊息。

與自我概念相關的概念

一致性（Consistency）

日常生活中我們接受各種與自己相關的訊息，父母可能對我們關心或冷漠，老師可能對我們讚美或批評，面對這麼多複雜的訊息，我們必須經過過濾使其達成統一協調，此過程主要是基於我們有要求認知訊息能達成一致性的需要。

面對周遭的人事物，我們傾向於接受與自我概念相符合的訊息，而過濾掉不符合的回應，甚至有些人會扭曲外界訊息以達成自我一致性。具有不同自我概念的人，會以不同方式處理

訊息，也以不同的觀點來解釋自己的成功及失敗。對自我有正向評價的人，傾向於過濾負面的的回饋，而對自我有負向評價的人，則傾向於過濾正面的的訊息。例如小英非常滿意自己的能力，當她被老師責罵作業寫的不好時，她會覺得是老師故意挑她的毛病，當同學稱讚她聰明、能力強時，她則欣然接受並更加肯定自己。而小方一直認為自己能力不好，當主管讚賞他並嘉獎他時，他會認為那只是運氣罷了。

理想我、社會我與現實我的一致性

　　理想我（Ideal Self）指每個人心中希望自己達成的理想形象，例如：如果我能更有耐心就好，**社會我**（Social self）是指個人想像他人眼中的自己，而現實我是指個人自認為在現實生活中的自我形態。三者之間應協調一致，若三者之間差距過大，將造成個人適應不良，例如：無法達成理想我，將使個人不滿意現實我，對自己產生負面想法，無法接納自己。而社會我與現實我差異太大時，則會認為沒有人瞭解我，會產生孤寂的感覺。因此健康的個人應該是隨時調整理想我、社會我與現實我三者間的關係，以減少彼此的不一致性，求得良好適應。

身體心像（body image）

　　指個人對自己身體的看法，包括整體的外觀、功能等，為自我概念中最顯而易見的部份。身體心像是個動態的形象，會隨著新的經驗及知覺而改變，可被破壞也可被重建。例如小英覺得自己體弱多病，但因答應和好友一起參加網球社團，便每

日練球，日後參加比賽且得了名次，從此小英再也不覺得自己脆弱了，她的身體心像便改變了。

身體心像的組成包括：

1. **身體結構**（body struture），指身體的完整性及外表。
2. **身體功能**（body fuction），指身體各器官系統所具備的功能。
3. **身體感受**（body sensation），包括全身一般或局部特殊感受，如：疲倦或覺得腰酸背痛。
4. **身體所負擔之社會功能**（social function）：指身體所能從事的社會性角色行爲，如聊天等行爲。

這四個部份會相互影響，如厭食症的病人感覺自己過胖，因此不吃東西，逐漸便會影響身體功能。當個人對自己的身體結構、功能、外觀及限制的原有感受、信念及知識破裂，就產生了身體心像紊亂（周幸生等，1999）。

我們可經由下列線索，瞭解個人是否正面臨身體心像紊亂的問題。

1. 確實失去身體的一部份或功能改變。
2. 說出或以動作表現對身體結構或功能改變的痛苦。
3. 無法接受失去身體部位或身體功能的改變。
4. 對因發展造成的身體改變適應困難。
5. 缺乏自我照顧。
6. 哀傷反應。
7. 無法注視身體的改變部位。
8. 隱藏或過度暴露身體部位。
9. 對以往身體功能及外觀的注重。

10.逃避或拒絕社交接觸。

11.感受到與他人不同或不被同儕接受。

12.改變生活形態。

對於一個身體心像紊亂的個案,我們可以作以下的處置:

1. 滿足個案的生理需求,關心個案因身體功能改變或失去身體部位帶來的不適,維持個案的整潔及舒適。

2. 接受個案面臨改變時的情緒反應,並鼓勵個案表達其看法及感受。個案可能處於憤怒或沮喪的情緒中,允許他們說出來。

3. 鼓勵個案從事目前可進行的活動,藉著與外界的互動增加感官的刺激,而加強對身體的感受及自我控制感。

4. 協助建立支持系統,鼓勵個案的重要他人參與個案重建的過程。

5. 引介成功個案,分享經驗,協助其調適新的身體心像。

6. 協助個案面對自己的改變,並討論未來的生活方向,鼓勵主動參與自己的重建過程。

自尊 (self-esteem)

自尊指個人對自我價值的評價,其涵蓋範圍比自我概念狹隘。自尊的建立與過去成功失敗的經驗、重要他人給予的回饋及對待方式有關。 Coopersmith (1976) 針對一群男孩及其父母的研究發現:若父母本身具備情緒穩定、高自尊的特質並且鼓勵小孩獨立,並能明確定出事情的規範,則其小孩有較高的自

尊，因此可見父母的態度影響個人自尊的發展。 Norris 和 Kunes-Connel（1985）將自尊分爲三種形態：

1. 基本自尊（basic self-esteem）——指經由發展的經驗及有意義他人認同的反應而來的，是屬於穩定的核心部份。
2. 功能性，情境性自尊（functional, situational self-esteem）——隨著每天遭遇的事情而修正。例如：當妳昨天知道了作業成績爲甲等，你一定會覺得自己不錯，但今天的游泳測驗未通過，你又會認爲自己糟透了。
3. 防禦性，假性自尊（defensive, psudo self-esteem）——此爲個體的保護機轉，當理想與現實間差距過大，將威脅到個體時，個體會藉此部份保護自己。如個人極度自卑時，會轉而以自大來掩飾低自尊的徵象。

一個有高自尊的人，能勇於表達自己的意見，也能接納他人不同的觀點，而低自尊的人則自我否認、懷疑、不信任自己，容易產生焦慮。

我們可經由下列線索，瞭解個人是否正面臨面臨低自尊的問題。

1. 食慾改變，厭食或過度進食。
2. 性關係或性慾減少。
3. 缺乏視線接觸、精力、對外觀的注意及解決問題之企圖。
4. 無法負起自我照顧的責任。
5. 膽怯、逃避、悲觀、不果斷，或無法完成任務。
6. 感到絕望、罪惡感、無能、挫折、無價值感、孤立及憂鬱。

7. 否認自己的成功及成就。

8. 感到無能、沒有優點,拒絕接受正向回饋。

9. 認為自己不值得被關愛及原諒。

10. 與重要親友在情感上疏離,不願參與社交互動。

11. 無法接受批評或對批評及敏感。

12. 恐懼處理改變、做決定、冒險、表達憤怒及與他人發生關聯。

13. 傷人或自傷行為。

對於低自尊的個案可以做下列的處置:

1. 認知的控制

　　當個案出現負向評價的言辭時,應立即以正向的言語澄清其不合理的認知形態。

2. 增加個案自我肯定

　　增加個案了解自己的能力及優點並接受他人給予的讚美及正向回饋,並考慮自己的現況,訂出較實際的目標。

3. 善用人際關係

　　運用互信互諒及尊重之關係的建立,從重要他人的關係中獲得正向回饋及肯定價值。

促進健康自我概念的原則

健康的自我

㈠ Arkoff 認為所謂健康的自我包含下列五點

1. 自知之明（self-insight）

能以客觀的態度評價本身的優缺點，不妄自菲薄，也不過分誇大。有了自知之明才能坦然面對現實環境，減少不必要的挫敗及壓力。

2. 自我認同（self-identity）

能瞭解自己並清楚掌握自己的特質，如此才能不輕易受外界人、事、物的影響而動搖，在行動處事上也較具信心。

3. 自我接受（self-acceptance）

對自己抱持正向且喜好的態度，不管美、醜、好、壞都能欣然接受。唯有先接受自己，才能接納他人。

4. 自尊自重（self-esteem）

肯定自己的價值及意義，才不會自暴自棄，生活才有目標、衝勁。

5. 自我開放（self-disclosure）

樂於與別人互動，分享經驗，讓他人瞭解自己，也

能坦然接受他人對自己的評價。

(二) Jahoda 認為評定健康自我概念時須注意下列六點
　　1.個人對自我所採取的態度，包括對自我的接受度、自我
　　　概念的正確性等。
　　2.成長或發展的程度與個別性。
　　3.人格的統整性。
　　4.自發自主的能力。
　　5.在現實知覺上的圓滿性。
　　6.對環境的控制力。

(三) 增加正向自我概念的原則
　　1.增加成就感。
　　2.達成自我實現的目標。
　　3.建立自我價值體系。
　　4.增進自我調適機轉。
　　5.保持喜樂的心。

結語

　　你關心自己嗎？現在就拿起筆，將你認為的自己寫下來
吧。先透過自我的省察，瞭解自己，為自己定下目標，讓自己
的人生旅途走的更有信心。

附錄

　　目前國內常採用之自我概念量表爲 Fitts（1965）所發展，林氏（民 75）翻譯編訂的田納西自我概念量表（Tennessee self concept scale）。此量表共有 70 題，包含生理自我、道德倫理自我、心理自我、家庭自我、社會自我、自我認同、自我滿意、自我行動、自我批評及整體自我等部份。得分數越高，表示該層面的自我概念越正向。

　　上述各層面的定義如下：

生理自我：個體對其身體、健康狀態、外觀、技能及性方面的感覺。

道德倫理自我：個體對其道德價值、宗教信仰及好壞人的看法。

心理自我：個體對其個人價值及能力等的評價。

家庭自我：個體對其做爲家中一份子的勝任感及價值感。

社會自我：個體對其在與他人交往中的勝任感及價值感。

自我認同：個體對對自我現況的描述。

自我滿意：個體對對自我現況的滿意或接納程度。

自我行動：個體接納自己或拒絕自己後實際所採取的應對行爲或表現在外的行爲。

自我批評：個體自我防禦與自我批評的程度。

整體自我：表示個體對整體自我的看法，即個人喜歡、信任及認爲自己是有價值的人之程度。

題號	題 目
1	我的身體健康。
2	我喜歡經常保持儀表整潔大方。
3	我舉止端正，行為規矩。
4	我的品德好。
5	我是個沒有出息的人。
6	我經常心情愉快。
7	我的家庭幸福美滿。
8	我的家人並不愛我。
9	我厭惡這個世界。
10	我待人親切友善。
11	偶爾我會想一些不可告人的壞事。
12	我有時候會說謊。
13	我的身體有病。
14	我全身都是病痛。
15	我為人誠實。
16	我的道德不堅強，有時想做壞事。
17	我的心情平靜，不憂不愁。
18	我經常心懷恨意。
19	我覺得家人並不信任我。
20	我的家人、朋友對我很器重。
21	我很受別人的歡迎。
22	我很難交到朋友。

題號	題　目
23	有時候我覺得很想罵人。
24	我偶爾會因為身體不舒服，脾氣變得有點暴躁。
25	我的身材既不高，也不太矮。
26	我對自己的外貌感到滿意。
27	我覺得我不太值得別人信任。
28	我經常覺得良心不安。
29	我瞧不起我自己。
30	我對我自己現在的情形感到滿意。
31	我已盡力去孝順我的父母。
32	我覺得我對家人不夠信任。
33	我對我自己的社交能力感到滿意。
34	我對自己待人的方式感到滿意。
35	偶爾我會在背後說些別人的閒話。
36	比賽時，我總是希望贏而不輸。
37	我覺得身體不太舒服。
38	我對自己身體的某些部位不太滿意。
39	我覺得我的行為合乎自己的良心。
40	我對自己的道德行為感到滿意。
41	我覺得我這個人還不錯。
42	我對自己感到不滿意。
43	我不太喜歡我的家人。
44	我對目前與家人保持的良好關係，我感到滿意。

題號	題　目
45	我覺得我在社交方面很差。
46	我覺得我和他人處得不太理想。
47	聽到黃色的笑話，我有時會忍不住笑出來。
48	我有時會把當天該做的事拖延到第二天。
49	我的動作時常顯得很笨拙。
50	我很少感到身體不舒服。
51	我在日常生活中常憑著良心做事。
52	為了勝過別人，有時候我會使用不正當的手段。
53	在任何情況下，我都能夠照顧自己。
54	我經常不敢面對難題。
55	我常和家人發生爭吵。
56	我的行為常無法滿足家人的期望。
57	和陌生人談話，我覺得有些困難。
58	我盡量去瞭解別人對事物的看法。
59	我偶爾會發脾氣。
60	我很會照顧自己的身體。
61	我常常睡得不好。
62	我很少做不正當的事。
63	對我而言，做正當的事或表現良好的行為是有困難的。
64	我時常沒有經過事先考慮就貿然行事。
65	我遭遇到困難時，都能輕而易舉地加以解決。
66	我很關心我的家人。

題號	題　　目
67	我盡量公平合理地對待朋友與家人。
68	我和別人在一起時，常覺得不自在。
69	我和別人相處的很好。
70	對於我所認識的人，我並非每個都喜歡。

（資料來源：林邦傑（民 75）田納西自我概念量表指導手冊。台北：
正昇教育科學社。）

參考資料

⑴DesRosiers, F.S. & Busch-Rossnagel, N.A. (1997). "Self-concept in Toddlers", *Infant and Young Children*, 10 (1), 15-26.

⑵Gormly, A.V. (1997). *Lifespan Human Development* (6th). Forth Worth: Harcourt Brace College Publisher.

⑶王懋雯編譯 (1995)，《羅氏護理適應模式》。台北：華杏。

⑷李引玉等合著 (1995)，《精神科護理學》。台北：華杏。

⑸林彥好、郭利百加譯，《心理衛生――現代生活的適應模式》。台北：桂冠。

⑹周幸生等合譯 (1999)，《新臨床護理診斷》。台北：華杏。

⑺黃拓榮 (1997)，〈從自我概念談現代化中國式的學校管理〉，《教育資料文摘》，39 (6)，137-144 頁。

⑻黃拓榮 (1997)，〈國中生父母管教方式、自我概念、失敗容忍力與偏差行為關係之研究〉，《教育資料文摘》，40 (6)，114-134 頁。

⑼廖張京棣總校閱 (1998)，《護理學》。台北：高立。

⑽劉若蘭 (1996)，《心理衛生概要》。台北：匯華。

⑾賴保禎、簡仁育（1989），《心理衛生》。台北：五南。

⑿林邦傑（1986）〈田納西自我概念量表之修訂〉，《中國測驗學會測驗年刊》，27，71-78。

⒀林邦傑（1986）《田納西自我概念量表指導手冊》。台北：正昇教育科學社。

⒁陳明珠、張德聰（1996）〈台灣中部地區醫事專科學校「自我概念」常模建立之研究〉，《空大生活科學學報》，2，91-131。

第 6 章

陳 瑞 蘭

治療性溝通與人際關係

前言

　　溝通就像是一門藝術，是人與人之間微妙的互動感覺，也可以說是一種能力。溝通是相當複雜的過程，它包含了人和環境等因素的影響，溝通的結果也經常會產生極大的變數。有效的溝通是治療性護病關係的基礎，精神科護理人員所面對的是心理有障礙的個案，家屬及團隊工作人員，無一不是需要以溝通技巧來執行護理過程，提供病患家屬必需的資訊，並且和醫療同仁們共同協商討論個案的治療護理方針，俾能達到一致性的共識。所以如何增進治療性（有助益性）的溝通技巧，實是精神科護理人員相當重要的課題之一。除了培養溝通能力之外，筆者認為要注意的乃是要有充份的自知，瞭解自己常用的溝通模式並加以修正，培養同理心，主動的傾聽及作好情緒管理等，都是達成有助益性的溝通不可或缺的重要個人特質。

溝通的定義、要素與模式

溝通的定義

　　溝通是指兩個或兩個以上的人，相互分享彼此的訊息、想法、信仰、感覺、態度的持續性動態過程。溝通是人類與生俱

來的本能，藉著訊息的交換與調適，可以促進彼此正向的親密關係。溝通包括語言性的及非語言性的方式，溝通也包含社交性及治療性的溝通，後者是精神科護理人員必須俱備的專業能力。

溝通的要素

溝通包含四個基本要素，即傳訊者（sender）、訊息（message）、收訊者（receiver）、溝通管道（channel）。

溝通的模式

㈠單向溝通模式

如父母師長教訓孩子，新聞媒體宣導某些政策，醫護人員面對沉默不語的個案。若訊息的接受者沒有反應，就難以瞭解其對訊息是否明瞭或接受程度。（參見圖 6-1）

訊息傳遞者 訊息　溝通管道　　　訊息接受者
→　　　　→

圖 6-1　單向溝通模式

㈡雙向溝通模式

1.事件的刺激：個案表現出焦慮、絕望、疼痛等不舒服的訊息等。

2. 訊息傳遞者以清楚、明確且以訊息接受者所熟悉的方式表達訊息。

3. 訊息的表達包括語言方面的用詞、聲調、頻率等，及非語言方面如表情、眼神、手勢、身體接觸、彼此的距離等。

4. 溝通管道指聽覺、視覺、觸覺等。

5. 訊息接受者接收到訊息並加以解釋，然後回饋他的反應感覺給訊息傳遞者。由對方的回饋可知此訊息傳遞的過程是否為對方所誤解、扭曲或已被瞭解接受。

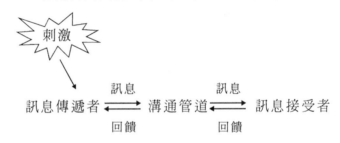

圖 6-2　雙向溝通模式

影響溝通的因素

(一)個人因素

護理人員：表達訊息的主題，內容不夠清晰、知識經驗不足、無法善用語言及非語言的溝通技巧，沒有照對方所能領會的層次來溝通、本身不成熟的人格特質，如：冷漠、情緒不穩或當時身心不適等。

病　　患：生理上的缺陷如重聽，心理方面的障礙如沉迷
　　　　　於妄想、自閉世界中缺乏病識感。知識文化的
　　　　　差距而怯於詢問，無法統整明瞭訊息的意義。
　　　　　疾病、藥物的影響造成情緒不穩，注意力不集
　　　　　中、昏昏欲睡而致遺漏訊息，本身人格特質的
　　　　　偏差，而對訊息斷章取義，以偏概全。

㈡環境的因素

　　周遭環境太吵雜，容易分心、受到干擾，不舒服的感覺或
缺乏隱密性的氣氛。尚未建立互信的護病關係，個案較易出現
拘謹、不安、焦慮，而未能傾吐心中的感受。

溝通理論

㈠治療性溝通（Therapeutic communication）

　　盧休（Reusch）認為治療性溝通是人類與生俱有的本能，
藉著自然的互動表達思想與感情，藉著過去所累積的知識經驗
統合到現實的生活中，它是隨時都有可能發生的有意義的現
象，藉著治療性溝通能增強個人的自尊、獨立自主的個性，修
正偏差的言行，且促進與他人正向的人際關係。

㈡領域論（Territories theory）

　　謝福林（Scheflen）和伯威斯特（Birdwhistle）兩學者認為

「時間」與「距離」是彼此傳遞訊息的重要因素。人類因著時空因素的影響，對於自己的領域（生活、工作範圍）的某些事物表現出喜、惡或親近、疏離的感覺，而這種感覺會隨著不同的距離表現出不同的含義。譬如有些住宿的學生不喜歡同學任意使用她的文具或私人用品或侵犯她的生活單位。有些懷疑心重的病人，對於不熟悉護生的靠近，會表示排斥、不耐煩、甚至產生攻擊行為。

1. 親密距離（Intimate space）：距離在十八吋（約 46 公分）以內。
2. 個人距離（Personal space）：距離在十八吋～四呎（約 46 公分～1.22 公尺）之間。
3. 社交距離（Personal space）：距離在四呎～十二呎（約 1.22～3.66 公尺）之間。
4. 公眾距離（Personal space）：距離在十二呎（約 3.66 公尺）以上。

護理人員可視個案的病情，斟酌與個案保持的距離，一方面尊重個案本身擁有的領域，不任意侵犯他，另一方面則可增進個案的安全感，降低其壓力與不安。

㈢交流互動分析論（Transactional analysis）

伯恩（Eric Berne）將人類不同的自我狀態區分為下列三種：

1. **父母（Parent）自我**：其內容大多由父母、師長、媒體學得的言行態度，多屬於照顧的、權威的溝通方式。
2. **兒童（child）自我**：依據個人原本與生俱來自發性的感受與反應，多屬於幼稚的、草率的、分化不清的情緒

性、動作性的表現。

3. **成人**（adult）**自我**：根據內外現實環境作分析、思考，屬於較為理性、合乎邏輯的層面。

　人類隨著現實生活與環境的刺激，會隨時調整其自我狀態。一般說來，正常人較會以理性克制情緒，而非由父母我或兒童我成為主導的角色，避免產生互相混淆或排斥而導致溝通上的問題與障礙。護理人員宜常審視自己和個案的溝通型態，期能以更成熟的方式達到治療性溝通的目標。

　伯恩將人與人之間的溝通原則分為三種形態，如下：

1. **互補式的溝通**：當訊息的傳遞者與接受者在P-A-C圖中，溝通的方向成平行線時，這樣的溝通方式是可以持續，可以達成目的。

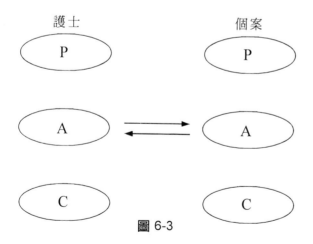

圖 6-3

護士：「請你出來參加生活討論會。」
個案：「我穿好衣服就來！」

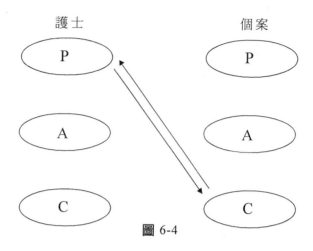

圖 6-4

個案：「我很擔心我媽媽會不會來帶我回家！」哭泣…

護士：「不要哭啦！你可以再打電話問清楚啊！。」

2. **交叉式的溝通**：當溝通的方向發生交叉時，這樣的溝通立即產生障礙無法持續，如口角、衝突等現象。

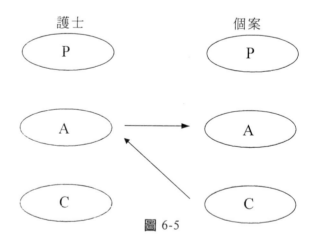

圖 6-5

護士：「早！這是你的藥。」

個案：「我又沒病，為什麼要吃藥？」

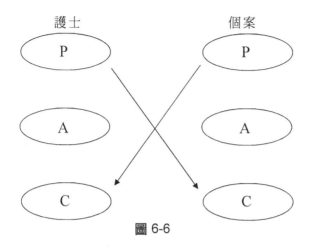

圖 6-6

護士：「床上怎麼亂七八糟的！」

個案：「整理床舖應該是護士的事！」

3.**曖昧的溝通**：溝通的方向呈現多重情況時，就形成此類
的溝通，如：護理人員可能同時和個案採取成人→成人
和父母→兒童，或治療性的和社交性的溝通方式。

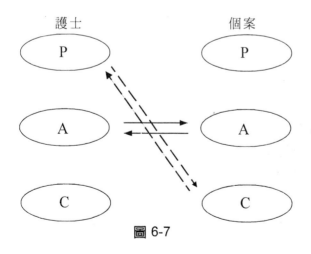

圖 6-7

治療性溝通原則

1. 以個案的需要為主，採用接受的態度。
2. 掌握溝通之目標和方向。
3. 減少使用說理及說教的方式。
4. 重視個案語言與非語言所傳遞的訊息。
5. 儘量使用開放式的問句。
6. 儘快反映處理個案的問題。
7. 正式的方式效果較佳。
8. 提供安全、舒適、溫暖而隱密的溝通環境。

治療性與非治療性的溝通技巧

藉溝通、會談協助個案的目的

1. 確認和探討與他人有關的問題。
2. 發現能滿足情緒需要的健康管道。
3. 經驗到人與人之間滿意的關係。
4. 感覺被瞭解與舒適感。

治療性（有助益性）的溝通技巧

溝通技巧	討論	例子
沉默 (Using silence)	給予個案思考的空間，期望、等待個案的回答並藉此觀察陪伴個案。	安靜的陪伴，提供俱有安全感的氣氛。
接受 (Accepting)	主動的、非批判性的接納個案，並非表示贊同或已經完全了解。	「是的。」、「點點頭」、「嗯！我聽到你所說的。」
提供自己 (Offering self)	表示有興趣了解個案，將自己視為治療性工具，清楚告之所扮演的角色及行蹤。	「我將在這裡陪你一會兒。」、「我是你的護士，有事可以找我。」
提供訊息 (Giving information)	個案剛住院時，主動提供有關工作人員、病友、病房規則、安排活動的內容及治療的情況。有助個案儘早適應及減輕焦慮不安之感覺。	「這是病房的活動時間表。」、「我們在十點鐘開生活討論會，希望你來參加。」
拓寬話題 (Giving broad opening)	允許病人主動思考問題選擇話題。	「我們從那個話題談起？」、「你想說些什麼？」
引導會談的延續 (Offering general leads)	朝著個案或理人員有興趣的方向來談。	「然後呢？」、「譬如說呢？」
將事情依時間或次序排列 (Placing the event in time or in sequence)	瞭解事件發生的因果順序	「你聽到的聲音是發生在跟爸爸吵架之前或之後呢？」
給予認可 (Giving recognition)	指出個案所做的努力或改變，並無好壞、對錯的暗示。可強化正向行為，提升自尊。	「今天換了洋裝，很好看。」、「床舖看起來整齊多了。」

溝通技巧	討論	例子
提出所觀察到的 (Making observation)	指出個案不自覺或引人注意的行為，例如發抖、咬指甲、不安、作態行為。	「你看起來很緊張的樣子？」、「聽到父親死了，你卻是笑笑的。」
鼓勵描述感覺 (Encouraging description)	鼓勵病人描述異常的感受，如焦慮、自殺、妄想幻聽等，可防範傷人傷己的行為。常想藉attention calling獲得secondary gain的個案不適合使用。	「那是一個怎樣的感覺呢？」、「告訴我，你在什麼時候會有自殺的念頭？」
鼓勵作比較	對於重覆出現的人際間的經驗或主題，比較其異同之處。	「你以往有沒有類似的經驗？」、「你認為自己很正常，媽媽卻說你該住院，有什麼不同？」
將重點重述 (Restating)	將病人所表達的主要意思再重複敘述一遍。表示瞭解其意，若有誤解亦可藉此澄清。	「我睡不著，我幾乎整夜都是醒著的。」、「你有失眠的困擾嗎？」
反映或反詰 (Reflecting)	鼓勵個案反省他們自己的想法及感覺，表示個案有權力表示意見或作決定。	「我太太跟人家跑了，我該怎麼辦？」、「妳認為該怎麼做呢？」
集中焦點 (Focusing)	掌握個案問題之癥結討論，適合有意念飛躍的個案，拉回談話的重心。嚴重焦慮時不適用。	「關於這個問題，需要花點時間來討論。」
深入探討 (Exploring)	針對病患的想法、感受或問題的癥結深入瞭解。	「我想了解你的工性質。」、「剛才的衝突事件是怎麼回事？」
尋求澄清 (Seeking clarification)	協助個案澄清自己的想法，達到雙方最大的瞭解程度。	「你的意思是…」、「我的看法是否和你樣？」

溝通技巧	討論	例子
提供現實 (Presenting reality)	並非與個案爭辯、指出其錯誤或輕視其感受，而是客觀的描述真實情況。建立良好的人際關係後使用。	「你的鄰居不在這裡，我是護士小姐。」、「你聽到了那些聲音，但是我沒有聽到。」
將疑問提出來 (Voicing doubt)	將言行不合現實及扭曲之處提出理性懷疑，鼓勵個案修正偏差的言行。	「事情真像你所說的那樣嗎？」、「我的想法與你不同喔！」、「真的嗎？」
面質 (Confronting)	指出病人言行不一致的地方，鼓勵作修正。	「我們看到你跟病友伸手要錢，而不是他們給你的。」、「你先用言語激怒他，他才動手打你的。」
說出隱藏之意 (Verbalizing the implied)	協助個案更明確的表達自己的需要與困難。	「護士小姐，我想回家。」、「怎麼啦！住這裡不習慣？」
鼓勵做評價 (Encouraging evaluation)	個案情況穩定，較有病識感時使用。何種情境對自己最有助益。	「你覺得不按時服藥，對你會有益處嗎？」、「跟先生大吵大鬧能解決問題嗎？」
傳達語句中的感覺 (Attempting to translate into feeling)	協助個案練習表達自己的感覺。	「我快死了。」、「有什麼事令你承擔不了的嗎？」
建議共同合作 (Suggesting collaboration)	並非代替個案解決其問題，可協助、陪伴個案共同分擔、解決困難（如洗衣服、完成工作等）。	「或許我們可以一起做做看會容易些！」
綜合結論 (Summarizing)	將會談重點做結論，並再重述一遍。	「剛才所談的有幾個重點。」
鼓勵訂出活動計劃 (Encouraging formulation of plan action)	針對經常困擾個案的問題（如激動、焦慮、攻擊的傾向）以社會可接受的方式發洩。為日後的生活、工作及休閒訂計畫。	「以後當你很生氣時，你會怎麼做？」、「出院後打算找那種工？」

非治療性（無助益性）的溝通技巧

　　以下的技巧並非絕對不能使用，臨床的醫護人員偶爾亦會採用，但是要注意的是評估它對個案的影響及產生的結果。

溝通技巧	討論	例子
假的保證 (False reassurance)	敷衍搪塞吵鬧不休的個案，會有被欺騙的感覺。	「別擔心，你一定很快可以出院的。」、「一切沒有問題！」
讚美或詆毀 (Giving approval or disapproval)	會增加個案心理負擔，不敢表達自己的感覺和想法。以傳統的道德標準來批判病人，易有受排斥、被處罰感。	「你做得太棒了！」、「很高興你照著我的意思去做。」、「你怎麼可以亂摸女病友呢？」
拒絕 (Rejecting)	拒絕討論某些難以處理的問題（如自慰），會增加病人挫折感。	「我不想再聽你說這些難聽的話題！」
同意或不同意 (Agreeing or disagreeing)	工作人員缺乏主見，個案會自以為原本就沒有問題。假使強行糾正個案脫離現實的言行，會使其更不願表示意見。	「你說得對極了！」、「我完全同意你的看法。」、「那樣做是錯的。」
勸告 (Advising)	像父母、師長般冗長的說教，心中明白卻做不到。	「為什麼你不…如此如此做？」、「我認為你應該…」
調查 (Probing)	個案擔心隱私曝光而產生防衛心理。	「多告訴我一些你在酒吧上班的事…」
挑戰 (Challenging)	強迫個案改變或放棄他錯誤的想法，易產生挫折、敵對關係。	「妳說妳每天都生孩子，孩子在那裡？」
試探 (Testing)	急著想增進個案的病識感，會產生抗拒、不被信任的感覺。	「你知道你住的是那種醫院？」、「你知道你得的是那一種病嗎？」

溝通技巧	討論	例子
辯護、防禦 (Defending)	針對個案的不滿或攻擊 性言詞而極力辯護， 會使個案更加氣憤， 不被瞭解的無助感。 護士可表示自己不舒 服的感覺。	「你怎麼說陳醫師都給你 吃很爛的藥呢？他可是本 院最有經驗的醫師。」
要求解釋 (Requesting and explanation)	像父母、師長咄咄逼人 的訓示意味，卻無實 質助益。鼓勵描述事 情經過即可。	「你為什麼要這麼做 呢？」
歸因於某一具體因素 (Indicating the existence of an external source)	強迫個案朝某一方向去 思考。	「誰叫你這麼做的呢？」 「是不是因為母親走了， 妳才哭個不停？」
將煩惱視為一般性 (Belittling feeling expressed)	暗示其困擾只能算輕微 的，任何人都可能發 生，宜自制才是，會 使病患更覺自責。	「每個人都有這麼不如意 的時候…」
重覆無意義的回答 (Making stereotyped comments)	被敷衍的感覺。	「給你吃這些藥都是為你 好。」、「我很好，你還 好吧！」
只對字面意義予以反 應 (Giving literal responses)	覺得不被瞭解，更加孤 寂。病人是否有被侷 限且脆弱的感覺。	「我是一個蛋。」、「我 覺得你長得不像蛋。」、 「他們把電視機放在我腦 中。」、「那麼我們不要 看電視好了。」
否認 (Using denial)	無法更深入討論及協助 解決個案的困擾。	「我是日本天皇的後 裔。」、「別傻了，別 開玩笑了。」
解析潛意識 (Interpreting)	個案心理尚未準備面對 心靈深處的問題。	「你潛意識中的意思 是…」
轉移話題 (Introducing an unrelated topics)	因自己的不安或不知如 何處理個案的問題而 隨意轉移。	「你們敢給我電療，我用 針刺死你們。」、「別這 樣說嘛！我帶你去唱歌好 了。」

實例分析

護士	個案	分析
「早啊！張先生！」	「妳是誰？你要什麼？我在那裡？我不是在監獄嗎？」困惑的表情，四面環視且頹喪的坐在床沿。	治療性： Giving recognition 護士稱呼個案姓名，把個案視爲獨立性個體，且有被尊重的感覺。
「我是李小姐，我是輔英護專的實習學生。現在你住在慈惠醫院，今天我想花一些時間來和你談談。」	「喔！⋯是！」沉默了兩分鐘，肩膀脫垂地，張先生低著頭，並凝視著地板。	治療性： Giving information Presenting reality Offering self 提供訊息，將眞實情境告訴個案，並將自己當作治療性的工具，把合適的時間及角色交代清楚。
「張先生，你看起來很沮喪的樣子，你在想些什麼？」	「我剛剛想到⋯，我想殺了自己。」個案以很低沉的聲調，似乎對自己說的。	治療性： Making observation Giving broad opening 個案看起來很悲傷的樣子。察覺病人非語言的行爲。拓寬話題，並嘗試瞭解他的感覺。
「喔！張先生，你有很多值得活下去的理由，比方你有一個可愛的家庭，你還年輕力壯啊！。」	「妳知道我過的生活嗎？妳想知道我家中的事情嗎？⋯我的妻子已離我而去，房子又被法院查封了，我已經活不下去了？」以很生氣的表情面對護士，且以高亢的聲調說話。	非治療性： Using denial Defending 否定病人的感覺、問題，強行以自己的價值觀加以辯駁。提出不相關的主題。如此令病人相當生氣，覺得護士不瞭解他。
「喔！很抱歉，我並不知道你實際的情形，對於她的離去一定令你非常地沮喪、煩惱？」		治療性： Reflection 觀察到生氣的聲調和個案提供的訊息，然後回應出個案的感覺。

臨床常見的溝通問題及處理

溝通問題	分析處理
脫離現實的言行，例如妄想、幻聽： 「我耳邊老是有人叫我去做酒家女。」 「我是龍上校，政府退輔會欠我兩千萬元。」	◎瞭解症狀背後的含意，是防衛機轉的過度使用，確認病人的需求如自尊、性方面、自我實現等。 ◎勿陷入爭辯中，運用提供現實、理性懷疑等技巧。 「你說你聽到聲音，但我沒有聽到。」 「真的嗎？」 ◎將注意力放在真實事件，如聽收音機、看電視、與人互動等。勿使症狀干擾日常生活。
突然變更說話主題 「你有孩子嗎？」 「你結婚了嗎？」 「你有男朋友嗎？」	◎個案所關心的事是否有別的含意。「你似乎很關心交男朋友的事！」、「你們夫妻關係如何？」 ◎堅持契約內容或把焦點重新拉回來。「這時間是為著你的。」、「我們剛才談到…」
性方面的騷擾和企圖 「把你的電話地址留給我好嗎？」 「我能親妳一下嗎？為什麼不能？」	◎清楚設限及一再重複護士的角色與彼此間的人際界限。「我是照顧你的護士，有事可以打電話到醫院找我。」、「你這樣碰（親）我，使我覺得很不舒服，我無法繼續留在這兒陪你說話。」 ◎若個案停止，護士可以如此說：「我很驚奇你這樣做是什麼意思呢？」瞭解個案的行為是否因為害怕護士不喜歡他（她）或這就是個案問題的焦點所在。 ◎若個案繼續此行為，護士可以如此說：「如果你再不停止此行為，那麼我必須離開，過些時間等你可以控制自己，我會再回來。」護士離開，給個案一些時間自我控制，但護士要按時回來。

溝通問題	分析處理
無法遵守契約時間（如購物、打電話、抽煙、吃點心、自我照顧、烘衣服） 「我急著要打電話。」、「給我根香煙。」	◎瞭解個案行為的原因，如是否因操縱行為、反抗行為、記憶力、定向力有問題，且要和個案討論。 ◎護士遵循契約內容，能提供個案安全感。 「請你記得，下午二到三點是登記購物的時間。」
哭泣或吵鬧不休的個案 令護士不安、焦慮或手足無措，不知由何處著手來協助個案。	◎陪伴個案予適時發洩情緒，如是較能使其平靜下來。護士可遞衛生紙給個案，拍拍她的肩膀。 「妳已哭了好久，心中是否好過一些？」 「對奶奶的死，妳仍然很悲傷啊！」 「如此大吵大鬧能解決問題嗎？」
個案告訴你，她想傷害自己。	◎可直接與病人討論自殺的問題，表示我們關心她，且已做了預防性措施，如此可以減低病人真正執行的機率。 ◎和個案討論他的情形和感覺，知道這是很嚴重的情況。 「Ｘ小姐，這是非常嚴重的事，我不希望妳受到任何傷害，我必須將此事記錄下來，讓其他工作人員知道。」、「妳準備用什麼方式傷害自己？」

精神科的人際關係

　　人類是屬於群居的社會性動物，在成長過程中，需要不斷的藉著與父母、師長、親友建立良好人際關係中，獲得被愛被尊重的滿足感，此是人類的基本需要。人際關係是指兩個以上

的人們之間的互動歷程，人們時常在不知不覺當中，在各式各
樣的情境中，運用時間空間來進行交往，藉此表明對他人的態
度，發展出短暫的或長久親密的關係，沙利文（Sullivan）最早
提出與人維持適當人際關係能促進心理的健康，逃避或失去有
意義的人際關係，容易產生情緒困擾等偏差行為。精神科護理
相當強調藉著治療性護病關係，協助個案修正偏差言行，學習
生活技能邁向成長成熟，重新過著健康適應的生活。

表 6-1　治療性和社交性關係的比較

項目	治療性關係	社交性關係
目的	清楚界定個案問題並協助解決。	互相滿足友誼或親密的需要。
責任	維持專業責任，運用問題解決法，協助個案發展新的適應技能。	依照關係深淺，有時需負道義性責任。
價值觀	以中立、非批判性態度接納個案，持續性鼓勵其成長。	依照個人喜好觀點，提出自己的價值觀
情感表露	鼓勵個案深入表露，護理人員適當坦露，於病人有所助益。	依據彼此交情深淺而作情感表露。
會談重點	以個案的需要問題為主，鼓勵行為上的修正。	隨興所致自由談論，無特別限制。
互動時間安排	依照個案的步調、治療目標來規劃時間。	按照彼此需要，自由安排互動時間。

佩普洛的人際關係理論

佩普洛（Peplau）認為：「護病是一種有意義的，治療性的人際互種的過程。」而此過程通常是連續的且是互相重疊的情形。護理人員在這其中份演多重的角色：教師、諮詢者、資源提供者、領導者、專業技術員、母親代替者等。護理人員首先要瞭解自己的言行與心態，藉著與個案的互動，運用各種專業的技巧與方法，協助個案解決問題。護理人員與個案皆能經歷到自我成長的機會與環境，可以協助個案重新回到社區，過著更加調適健康與獨立自主的生活。

建立良好人際關係的要素

(一)自知及自我瞭解

	自己知道	自己不知
別人知	開放區	盲目區
別人不知	隱私區	未知區

適度坦露
增加自知
→

開放區	盲目區
隱私區	未知區

圖 6-8　傑哈里窗變化圖

在協助個案的過程中，不斷地審視自己，適當地修正護理措施，瞭解自己言行、感覺（擔心的、期待的）是什麼。

護理人員可以藉著自我坦露的程度與個案回饋來改變區域範圍的大小，如：告訴個案原先所不知道的訊息，會使護士的隱私區縮小，個案的盲目區縮小；藉著護士適當的自我坦露，使個案願意向護理人員敞開，說出他所知道的而護理人員不知道的訊息，會使護士的盲目區縮小，個案的隱私區縮小；如此雙方的開放區愈來愈擴大，未知區愈來愈縮小，有助於建立良好的人際關係。

(二)接納病人的態度：

護理人員對個案所提出來的問題表達關懷，及以中立不批判的態度，來協助處理個案的問題，讓個案也有機會學習接納自己，祛除心理上過份的罪惡感，也學著能夠接納他人等。

(三)同理心的運用：

同理心係以適當，關切的態度站在個案的立場，設身處地去體會他的感受，並將之適當表達出來，如：「我能瞭解你這個時候的心情！」使個案願意將自己真實的感受告訴護理人員。

(四)誠懇、尊重的態度：

有助於減低個案自卑與不敢面對現實的心態而能重視自己，認識自己的優點與長處，培養他的成就感與自尊心。

(五)持續性的關懷照顧：

俗語說：冰凍三尺、非一日之寒，個案的一些言行情緒問

題，幾乎是經年累月堆積起來的障礙，並非短時間即能一蹴可幾的，若能由固定的護理人員長期且持續地提供對個案的照顧，護病之間較能建立良好與互信的人際關係，對個案也較易產生深遠而正向的影響。

㈥一致性的態度：

護理人員不但要表達自己言行的一致性，所做的承諾必須實現，不同護理人員之間對個案的照顧要求與期望，如購物時間、抽煙時間、賞罰原則等，亦必須採取一致性的態度。

㈦有助益的治療性人際關係

首先要確認個案的需要問題，護理人員運用問題解決的方法協助病人，鼓勵個案發展有效的調適方法，並願意修正自己的言行。

治療性人際關係建立的過程

介紹前期

在接觸個案之前，護理人員宜先作自我分析，瞭解自己的專業知識及技術有那些特質可以協助個案，探索自己的感覺、害怕與期待，自己的缺點與限制，希望和個案建立何種程度的人際關係，儘可能收集相關資料，並計劃第一次會談。

※護生容易擔憂的實習情境

1. 擔心是否會受到病人拒絕排斥。
2. 面對精神科的實習情境對象感到焦慮。
3. 過份關心認同病人的情境感受。
4. 容易與病人不知不覺陷入社交性互動。
5. 期望很快找到問題及看到病人的進步。
6. 害怕身體遭到暴力傷害或性騷擾。
7. 無法明確鑑別各種精神症狀。
8. 情緒容易受到傷害，也擔心自己是否對病人造成傷害。
9. 對於扮演護士的角色深感威脅或無法認同。
10. 沒有把握自己能否扮演治療性的角色。

介紹期

　　護理人員與個案開始互相認識，建立人際關係的階段。

(一) 第一步

　　收集資料，由較不敏感的話題談起，主動友善的接觸個案，介紹自己的姓名、稱謂、未來與他互動的角色。

(二) 第二步

　　護理人員的人格成熟度，過去的護理經驗，心中的感覺會影響人際關係的效果。與個案訂定契約：包括個案姓名、護病雙方的角色、責任、期待，人際關係的目的，開會的地點和時間等。

㈢建議互動方式

1. 自閉沈默不語的個案：陪伴、握握手、拍拍肩、簡單問話、觀察反應。
2. 極度焦慮不安、混亂、憂鬱的個案：多次短暫陪伴接觸，重覆會談內容，直到個案瞭解會談內容。
3. 防衛懷疑的個案：不宜太過主動積極或隨意碰觸肢體，應以被動友善、耐心等待，適當時機再接觸個案。

㈣護理目標

1. 發展安全、互相信賴的關係。
2. 鼓勵個案以語言表達感覺、需要。
3. 瞭解個案的優缺點。
4. 確定護理需要及問題。
5. 擬定護理計畫。

㈤個案的情緒反應及處理

1. **焦慮**（anxiety）：由於面對陌生的人事物環境引起，或者個案缺乏病識感，住院的感受很差、害怕失去自由等。護理人員給與安撫情緒，詳細介紹有關的工作人員及環境等，協助個案早日適應。
2. **抗拒**（resistance）：對周遭感恐懼不安、以防衛態度保護自己不受侵犯，表現拒絕談話、避重就輕、攻擊治療者，這是建立人際關係最大的阻力。護理人員宜採取漸進方式接觸病人，以獲得病人的信任。
3. **試探行為**（testing out behavior）：個案表現忽冷忽熱的態度或是有過份的要求，例如：「你去照顧別人好了，

我不需要你來看我。」護理人員宜充分瞭解個案言行之中，真正想要傳遞的訊息，以真誠、不批判、傾聽的態度，仍然定時探視他，儘量滿足個案的需求。

4. **情感轉移**（transference）：個案將自己對生活經驗中某些人的感覺、態度、希望、投射到治療者身上。有位 19 歲男性病人，平日對父親即充滿敵意的態度，住院期間對與父親同是山東腔老芋仔的年長醫生相當不滿，此是「負向情感轉移」的現象。

5. **情感反轉移**（counter-transference）：有些治療者亦會在有意無意間，將自己的期待或衝突轉移到個案身上。李性護士照顧一位年長的女病人，就像自己媽媽一樣地週到，是「正性情感反轉移」的表現。個案的負性情感轉移較會產生對治療者的阻抗、敵意現象，正性轉移較有幫助。反轉移現象宜小心處理，免得失去客觀中立態度，可以在小組中提出討論。

※情感反轉移的徵象

1. 對個案問題感到無法容忍或沒有感覺。
2. 每次要離開個案時感到徬徨不捨。
3. 對個案的人際關係會有吃醋嫉妒感。
4. 針對個案的性方面或攻擊性的幻想。
5. 與病患爭權奪利，加以利用或操縱。
6. 過分界入個案私人及社交情境。
7. 常夢到或想到病人的情況。
8. 常額外幫助與治療目標無關的事物。
9. 習慣於接受病人的依賴及過多的讚美。

10.經常感受到與病人問題有關的焦慮、不適及罪惡感。

工作期

　　護理人員與個案已建立安全、互信的護病關係，個案症狀已趨穩定，能面對及接受院方的治療及限制時，即可進入工作期的互動。

㈠工作期的互動關係
　　護理人員運用已建立好的人際關係，藉著同理心及溝通技巧與個案共同討論其問題所在，讓個案充分瞭解配合治療方針與護理計劃的重要性，建議個案如何找出改善及解決問題的方法，以不致傷害自己或別人，並以社會所能接受的方式來修正自己的角色及言行。

㈡工作期的護理目標

1. 維持適當人際關係，增強其溝通能力。
2. 深入探討個案的資料問題及提供護理處置。
3. 促進個案問題解決能力，增強自我價值感。
4. 增進個案的病識感，改善其行為反應模式。
5. 克服阻抗行為，適當控制情緒的表達。
6. 培養個案的工作能力與習慣。

㈢個案可能出現的情緒反應與處理
　　個案面對治療之不適及限制，必須改變素來習慣的生活方

式，會產生失落、挫折、受傷害、憤怒、退縮等感覺及反應。也有個案不肯將內心的感覺表達出來而有理智化反應，或以幼稚行為引起護理人員的注意等。多瞭解個案背後的動機，真正的需要是什麼，再不斷修正自己的護理計劃與措施，提供個案最適切的解決問題的方法。

※護士可能違反護病關係界限的情形

1. 接受病人邀約外出進餐、看電影、參加舞會等社交情境。
2. 由專業性關係轉換成社交性關係。
3. 經常暴露私人的訊息給病人。
4. 為著社交的需要，病人介紹護士給自己的親人。
5. 病人贈送昂貴的禮物或由自己的工作中分享禮物給護士。
6. 常由病人提供工作性或購買物品的服務。
7. 常規性的擁抱某病人或作其他肢體的不當觸碰。
8. 未經謹慎的治療性鑑定，護士同意且協助病人在醫療系統外就醫。

結束期

㈠結束期的標準

1. 病人症狀問題已經減輕。
2. 病人已有能力執行自我照顧。
3. 病人社交功能已有顯著的進步。

4.病患自我認同感、自尊自信均已增強。

5.治療目標業已達成。

6.病人能運用有效的調適方法處理問題。

7.已無法超越目前護病關係的僵局或限制。

8.治療者或護理人員有所改變時。

㈡結束期的處置

　　最好在護病雙方共同協議、討論之下順利完成。護理人員接觸個案的次數與時間宜逐漸減少，而增加其獨立自處的機會，儘量能在和諧自然的氣氛中結束此次治療性的關係。亦可告知個案日後若遇到困難的問題，可再與醫院中的工作人員聯繫，俾能緩和因分離的痛苦所帶來情緒性的反應。

㈢個案可能出現的情緒反應與處置

1. **憤怒**（anger）：個案向護理人員公然發脾氣，此時護理人員宜運用剩餘的時間和個案討論他的感受，鼓勵個案以建設性、非傷害性的方式發洩情緒，並安排處理其後續所可能產生的問題。

2. **動作化行為**（acting out behavior）：個案以衝動的行為，如：態度惡劣、亂摔東西、作態自殺，要求出院來發洩其不滿的情緒，護理人員宜瞭解其行為背後隱藏的涵意，安撫其情緒，讓個案知道他仍然可以由其他工作人員那裡獲得充分的安全感、支持與協助。

3. **退化行為**（regressive behavior）：個案又再顯出以往的退化行為，希望藉此挽回護理人員的照顧時，護理人員毋需責備個案或表示對他的失望，宜充分瞭解其需要，再轉介給其他的護理人員。

4. **潛抑**（repression）：護生：「我的實習快結束了!只剩下兩天了，妳有什麼感覺？」，個案卻表現淡漠、無所謂的樣子，其實她是運用否定潛抑作用，將分離痛苦埋藏在潛意識中，等護理人員離去後才出現嚴重的情緒反應。宜多次重複與個案談論實習即將結束的事實，個案進步的情形及未來努力的方向，並鼓勵其說出他的想法與感受，表示治療小組將繼續提供必要的協助。

5. **接受**（acceptance）：如：「好可惜喔!我們已相處得不錯了，妳卻要走了！」，個案能接受分離的事實或表示惋惜的感受，表示已由護理人員獲得充分的安全感，接受分離的事實，能繼續接受其他治療者的協助直到痊癒，是最理想的結果。

結語

　　護理人員可運用增進問題解決的技術來和個案一同工作，協助個案學習新的調適行為，經驗到與別人之間更合適更滿意的互動方式。針對一個人內心的需要來說，合適的技巧可能既不是治療性的（有助益的），也不是非治療性的（非助益性的），宜斟酌個案的自我狀態及需要作調適。所以護生及新進護理人員宜學習一些正確的、基本的溝通技巧，時時加以演練修正。進而了解自己的溝通模式，儘可能減少無助益性的溝通技巧，俾能真正達到協助病人的成長，與人建立良好人際關係，促進精神科護理的專業品質。

參考資料

⑴ Berne, E. (1961). *Transactional analysis in psychotherapy.* New York: Grove Press.

⑵ Brugess, A.W. (1990). *Psychiatric nursing in the hospital and the community.* (5th.ed.) California: Appleton & Lange.

⑶ Fortinash, K.M., & Holoday-Worret, P. A. (1996). Principles of communications. *Psychiatric-Mental Health Nursing.* St.Louis: Mosby.

⑷ Grant, C. A., & Hartman, C. R. (1997). Therapeutic communication. *Psychiatric Nursing Promoting Mental Health.* Stamford, CT: Appleton & Lange.

⑸ Stuart, G.W., & Sundeen, S.J. (1987). *Principles and practice of psychiatric nursing.* (3 rd. ed.) St. Louis: C.V. Mosby.

⑹ Varcarolis, E.M. (1990). *Foundations of psychiatric mental health nursing.* Philadelphia: W. B. Saunders.

⑺ 洪志美譯，（1984），《人際溝通的分析》。台北：遠流。

⑻ 王政彥，（1991），《溝通恐懼》。台北：遠流。

⑼ 李引玉等譯，（1989），《精神科護理診斷》。台北：華杏。

⑽ 李引玉等編著，（1999），《精神科護理概論》。台北：永大。

⑾ 成和玲、賴倩瑜、吳佳珍合著，（1999），《精神科個案護理》。台北：偉華。

⑿ 李選編著，（1998），《新編精神科護理學》。台北：永大。

第 7 章

林惠琦

危機處理

前言

　　根據行政院衛生署（1997）衛生統計資料顯示，台灣地區
因意外事故傷害死亡的人數高達 11,297 人，高居台灣地區十大
死亡原因的第三位。其中因交通運輸死亡的 6,646 人（佔 58.
83%）；意外墜落死亡的 1,260 人（佔 11.15%）；意外溺水淹死
的 917 人（佔 8.12%）；意外中毒死亡的 480 人（佔 4.24%）；
火焰意外死亡的 260 人（佔 2.30%）；其他原因意外死亡的 1,734
人（佔 15.34%）。因自殺及自傷死亡的人數亦高達 2,260 人（每
十萬人口中有 10.04 人因此身亡），居台灣地區十大死亡原因的
第十位。其中男性因自殺身亡的有 13.1 人／每 10 萬人口；女性
有 6.9 人／每 10 萬人口。而 15 至 24 歲的年輕朋友因自殺身亡的
有 4.3 人／每 10 萬人口；65 歲以上的老年人更高達 34 人／每 10
萬人口，原因爲何值得我們深思？！

　　此外，我們從報紙及電視媒體中也看到，層出不窮的社會
案件與日俱增，如持刀搶劫、強姦殺人、製造假車禍劫財劫色、
擄人勒贖、撕票或因感情糾紛演變而來的情殺事件等，加上突
如其來的天災人禍頻傳如逛百貨公司遭流彈擊傷、氣爆、火災、
水災、土石流致房屋崩塌事件等，真是令人怵目驚心。而這些
意外常在瞬間奪去個人的生命或財富，甚至造成家園全毀、親
人離散等悲劇，即使倖免於難，也將帶來受難者及其家屬無盡
的傷痛與無奈。

　　當危機事件來臨時，人們常因缺乏危機處理能力與因應方
法或求助無門，導致危機事件的陰影一直籠罩著受難者及其家
屬脆弱的心靈，而過著晦暗的漫長歲月，有些受難者或其家屬

甚至因無法承受長期的痛苦煎熬，終致心理崩潰而出現心理障礙之疾患如心身症、憂鬱症、恐慌症等。而如何預防或減少危機事件帶來之傷害，以及減少因危機處理不當而帶來之個人心理障礙，是社區心理衛生工作中重要的一環，不論是社區心理衛生專業人員或關心社區心理衛生的社會人士皆應致力於此。

　　本文將就危機之意涵、危機理論之歷史背景、危機之種類、危機形成之過程、危機理論模式與平衡因子、危機之三級預防、危機處理原則與危機處理過程等八個小節提出討論，並藉由實際案例之分析討論，提供讀者深入淺出的瞭解危機理論與危機處理的相關概念。

危機之意涵

　　在我們的生活周遭中，常常會聽到人家說，某某人有「經濟危機」、某某人有「婚姻危機」，或者某某人面臨「家庭暴力危機」等，甚至於年輕一代的朋友，還有因當兵而出現感情問題的「兵變危機」。到底什麼是危機？為什麼人人談危機色變？生活中出現危機究竟是好是壞？危機真的都是不好的嗎？以上種種的問題相信都曾經出現在你我的生活周遭或腦海中。以下即針對危機之定義與對個人之意義提出說明。

　　什麼是危機呢？在希臘文中，**危機**（crisis）是指做抉擇的意思。《韋氏字典》對危機之解釋則是指在危險情境中的受難者，迫切需要做某些的抉斷。傑瑞德‧開普藍（Gerald Caplan,

1964）亦曾提到當個人遭逢某些預期與非預期中所產生的逆境，導致其基本需要受威脅與**自我完整性**（integrity）面臨挑戰，或內心的平衡遭受破壞時，個人無法以慣有的因應方式來化解眼前的困境，而出現情緒障礙、驚惶失措或精神失常者統稱「危機」。而在中國文字的釋義中，危的意思即危險（danger），機即轉機（opportunity），此解釋頗能道出危機的真諦實乃包含「正」、「反」兩面，亦即一個能積極面對危機事件，同時能正向處理問題的人，不僅可以化危機為轉機，更可以促進個人的人格成長與成熟。反之，一個悲觀消極的人，一旦遭逢危機事件，只知終日以淚洗面，怨嘆老天不公平，卻不思考問題的來源及其可能的解決之道，如此不僅無法化解所面臨的危機，更別說體驗因危機事件所帶來的個人成長與成熟了。

危機並不可怕，可怕的是我們面對危機事件時的態度，以及對於危機事件的解釋與因應方式是正向的還是負向的。因此，與其終日憂心自己何時會遭逢危機事件，不如多瞭解生命中可能會有哪些危機，以及危機發生時該如何去面對、去處理，對自己會更有幫助，如此才能真正做到「以不變應萬變」，所謂「自助天助」意亦如此吧！！

危機理論的歷史背景

早在 1940 年代，佛洛依德（Freud）即曾倡導與個體危機有關的主張，他在「精神分析論」中強調人類的行為是可被理解

的，它與個體潛意識中的衝動、慾望，以及過去生活中的種種體驗息息相關，同時指出危機反應為個體病態行為中的一種，個體如果能在危機發生後，深入探討、剖析危機發生的原因，以及紓解個體內在的衝突與矛盾，那麼將有助於個體重建其調適功能，並維持其心理健康。

1944 年，艾瑞克‧林德曼（Eric Lindemann）曾針對波士頓椰子林夜總會 101 位大火倖存者與罹難者家屬做追蹤調查，發現有部份人士因該事件的過度驚嚇與悲慟無適當的紓解，而導致出現心身症、人格型態改變、憂鬱與精神失常等心理障礙疾患（李選， 1993）。而 1951 年，泰賀司特（Tyhusrt）也曾追蹤調查一群歷經社區大災難之倖存者，在其將調查結果歸納後，將個體的危機反應分成衝擊期、退縮期及創傷後期三個階段，提供我們對於個體遭逢危機後，可能出現的危機反應歷程有一個初步的認識。

到了 1963 年，艾瑞克森（Erikson）首度將危機理論融入其所倡導的「**發展理論**（Developmental Theory）」中，他相信人的一生中，自我（ego）的發展是歷經八個主要的階段，而每一個階段的發展彼此之間是相關連的，是連續性的而且有其一定的順序，即後一個階段的發展深受前一個階段發展結果的影響，艾瑞克森的這種理念成為後來一些概念發展的基礎，如成熟性危機、情境性危機以及個人對於現存困難環境適應等概念的發展（McCrone, 1991）。

1964 年，傑瑞德‧開普藍（Gerald Caplan）開始有系統的闡述危機理論，其將危機發展分為前奏期、焦慮感增高期、求助期與危機期四個階段。

1970 年，辛司與康貝爾（Hinsie & Campbell）於其合著的《精

神醫學字典》第四版中，將危機理論與危機處理資料列入社區精神醫學工作之一部份，以加強危機處理觀念之推展。

1972 年，脫拉普與脫拉普（Torop & Torop）則強調危機對個體的影響是多方面的，他主張以危機小組（team approach）之方式，將精神科醫師、護理師、心理治療師或社會工作者納入危機治療小組，建議以不同專長的人來探討受難者的問題，以發揮最高的治療效果。

i978 年霍福（Hoff）及 1980 年瑞里（Riley）與 1981 年哈柏（Haber）三人則將危機事件的種類分爲三大類包括成熟性危機、情境性危機與社會性危機等（李選，1991），這個分類使我們對於危機事件的輪廓有一個更清楚的描繪。

1984 年，安吉略拉與麥斯克（Aguilera & Messick）發展出「危機理論架構圖」，說明危機形成的原因及影響危機形成的「抗衡因子（Balancing factors）」。

到了 1986 年，安吉略拉與麥斯克又提出促使危機出現的主要來源。而 1987 年，威廉斯（Williams）又根據安吉略拉與麥斯克的理論架構，發展出壓力觸發事件與平衡力量對危機反應的影響模式，此模式可評估平衡力量的強弱。

危機之種類

究竟哪些事件可能帶來個人的生理、心理與社會或靈性層面的威脅而構成危機事件呢？一般而言，危機事件可分爲下列三大類：

成熟性危機（maturational crisis）

　　亦稱爲**發展上之危機**（developmental crisis），爲漸進性的，凡是在個體成長歷程中，包括出生、大小便訓練、開始上學、青春期、離開家、結婚、爲人父母以及退休等時期，發生於個人自身**內在的自然性改變**（natural internal change），而導致其內在之不平衡、衝突、挑戰與矛盾等情緒困擾者皆稱之。典型的例子是更年期（約 45-55 歲）的婦女，面對更年期賀爾蒙（hormone）的改變，如女性素（estrogen）的分泌減少所帶來的生理改變，如熱潮紅與萎縮性陰道炎致使婦女陰道黏膜變薄、變乾燥，造成夫妻行房時的局部疼痛不適，間接影響婦女性交之慾望，再加上皮膚彈性變差等外觀上的改變，會使部份處於更年期的婦女，感覺自己的生命已經走下坡、青春不再、魅力也遞減，而此生理上的改變，可能帶來更年期婦女出現心理上的改變如沮喪、挫敗與焦慮感等，如果此時先生又忙於事業，加上兒女紛紛離巢（家），忙於學業或工作或另組家庭，不再需要家中老媽，也未給予足夠的關切時，則此更年期婦女之危機即將出現，原因無他，只因其已發展至更年期，正面臨「空巢期」之危機。艾瑞克森曾提及個體在一生當中將經歷八個主要的發展階段，而每個階段皆有其應發展之任務，若個體無法於該發展階段完成其發展之任務，則有可能面臨該發展階段的成熟性危機（如**表 7-1**）。

　　一般而言，成熟性危機對個體導致的衝突與影響，深受下列四項因素的影響，包括：

表 7-1　人類八大發展階段常見的危機種類

成長階段	危機種類
嬰兒期	◎生產時的危機。
幼兒期	◎放棄特定之喜好，如：吮指、任意便溺等。 ◎遵從社會規範、自主性訓練、大小便訓練等。 ◎性別角色的認同。
學齡期	◎與父母分離，進入小學。 ◎與新的權威人物產生互動，如：老師、校長等。 ◎同儕關係之建立。 ◎團體合作性之培養。
青春期	◎身體形象之改變。 ◎心、性之認同。 ◎異性關係之建立 ◎與父母間關係之疏遠。 ◎教育（升學）之需求，因升學而離家。
成年初期	◎工作與事業之準備（謀職）。 ◎婚姻關係之建立。 ◎心性之成熟。 ◎生育子女之準備。
成年期	◎事業目標之追求。 ◎婚姻和諧或觸礁。 ◎性關係之維持。 ◎追求獨立性。 ◎子女之培育。
成年中期	◎子女成長，空巢期。 ◎工作升遷上之壓力。 ◎父母之疾病與死亡。 ◎身體狀況之改變。 ◎婚姻狀況之改變。
老年期	◎身體功能減退。 ◎自我價值感喪失。 ◎身體狀況惡化，慢性疾病之威脅。 ◎喪偶，好友之分離。 ◎經濟問題。 ◎獨立性之消失。

（資料來源：李選(1993)，《新編精神科護理學》。台北：永大。）

(一)個人的身心發展狀況

當個體的身體狀況處於健康之狀態，沒有因某些階段的發展而出現生理上的問題時，如心悸、失眠、頭痛、尿道炎、陰道炎、攝護腺腫大或其他生理上的病痛等，則該發展階段對個體的衝突與影響較少；而個體之心理發展狀況與成熟性危機之關係爲何？葉明華、柯永河、黃光國（1981）之研究指出心理健康與個體之生活壓力成反比，與個體之自我強度成正比，當個人的問題解決能力與刺激忍受力皆弱時，生活壓力與心理健康呈顯著的相關性，即當個體之心理健康狀態與自我強度較佳時，則該發展階段所面臨的問題對個體的衝突與影響亦較少。

(二)有無值得認同或仿效的對象

個體在每一個發展階段的關鍵期中，是否有參照團體或值得學習模仿的對象，對個體的心性發展而言是十分重要的。就人類八大發展階段的學齡前兒童成長來說吧，佛洛依德曾指出與同性父母的認同，可以幫助兒童建立理想的自我。而兒童與父母之間的類似性，我們稱之爲**認同**（identification），這是兒童將他人信念、渴望與價值觀納入己身的過程，學習父母親的特質使兒童得以免於因錯誤行爲所導致的不悅後果，如失去父母親的愛或經驗到遭父母親斥責時的害怕等。同時經由與父母親的接觸、學習，兒童可以獲得下列特質，包括合於其性別的言行舉止、自我的控制、罪惡感與建立評斷他人行爲好壞的標準等（胡月娟、蕭淑貞，1995）。

人類發展過程中所謂的「**性別認同**（gender identity）」乃指個體辨識與接受自己的性別，而性別認同的發展是分成幾個階段進行的，而且是有其關鍵期的，起初兒童能辨識自己的性別，

但不瞭解這是無法改變的，唯有在兒童看到男孩長大成為男人，女孩長大成為女人後才會有**性別恆定觀**（gender constancy）。一般來說，3至6歲是個體性別認同的第一個關鍵時期，通常幼兒期兒童可以意識到性別的差異，而學齡前期兒童開始在一個日漸擴展的社會領域裏，學習和練習扮演一個男性或女性的角色，而且開始瞭解性別如何影響與別人相處的感受與行為，以及如何影響其事業與社會潛力（王瑋等，1991）；而第二個關鍵時期即是在青春期，此期個體對於自己的性別角色，有了更明確的認識，而且也將更穩定的發展下去。

此外，學習自我控制與如何處理挫折和攻擊性，是幼兒和學齡前兒童心理社會發展中重要的課題之一，兒童經由父母所訂定的規矩和所給予的限制中學會自我控制，而此父母自我控制的模式，將會是孩子日後自我控制的模式。而一個能瞭解經由變通的方法或經由磋商的方式可以控制局面的兒童，最後將能發展出與他人協調的成熟因應方式（王瑋等，1991）。

舉例來說，小明，今年3歲，是一個面臨性別認同的小男孩，而小明的父親因職業的關係（船員）需要長期在海上工作，每年才回家一次，而每次回家父親能與小明相處的時間十分短暫，且父親不在身邊時，家中又沒有其他男士可供小明學習模仿，那麼小明終日與母親相依為命，所看到、學習到的都是母親或阿姨們的言行舉止，如此長期下來，小明可能因為在發展「性別認同」的關鍵期中，無適當的男性參照團體，或值得學習模仿的同性對象，而導致其發生性別認同障礙的情形，這也可能造成小明在未來的成長過程中，面臨男性性別角色的認同與執行上的困擾與衝突，而帶來小明在成長過程中的性別認同危機。同樣的，毛毛是一位正值青春發育期的女孩，目前正面

臨著與異性建立關係的困擾，毛毛不僅上課時注意力不集中、晚上常常也因此睡不安穩，甚至因此導致情緒暴躁或上課打瞌睡等，成績也是一落千丈，如果這個時候有一位毛毛的好朋友或同儕團體，能提供類似的經驗與毛毛分享，並教導毛毛如何因應與異性建立關係的問題時，那麼她將比較容易度過這個與異性關係建立、與父母關係疏離的危機時期。由此我們深知在個體的成長過程中，有無值得學習與仿效的對象對個體的影響是多麼的深切。

　　值得注意的是，個體的每一個發展階段，都有其所謂的「**關鍵人物**（ key person ）」存在，如幼兒期的關鍵人物是父母，學齡期的關鍵人物是老師，而青春期的關鍵人物則是同儕團體等…，治療者在處理危機問題時必須清楚個體的關鍵人物是誰？以及關鍵人物對個體的影響為何？是正面的還是負面的？若是正面的，則需充份的掌握與運用，若是負面的，則需針對關鍵人物對個體負面的影響著手，如此才能更有效的處理個體所面臨的危機。

⟨三⟩社會資源的利用

　　一般而言，個體的家人、鄰居、親朋好友與社區中的機構等，都是個體可利用的社會資源，如果個體能運用的社會資源多，而且能有效協助個體解決其所面臨的問題，那麼個體將不會因適應某個發展階段的改變而產生所謂的成熟性危機。舉例來說，君君， 23 歲，結婚後一年，剛生完第一胎，因為完全沒有照顧新生兒的經驗，面對寶寶的哭泣常常不知所措，而對於寶寶軟綿綿的身體要幫其洗澡，也常常不知怎麼拿捏，常常是弄得寶寶哭，君君也哭，而君君的先生也因初為人父而顯得不知所措，對於面臨第一個寶寶來臨的君君夫婦來說，照養第一

個寶寶確實是辛苦且有壓力的。如果這個時候君君的媽媽或阿姨，能夠提供協助，教導君君如何處理寶寶的沐浴與餵奶等問題，甚至能在君君「坐月子」期間來幫寶寶洗澡，或者君君主動求助於醫院的護理人員，進一步瞭解寶寶哭的原因，可能是尿布濕了、肚子餓了或有其他生理上的不舒服等，那麼君君會比較知道只要寶寶哭了，應該先察看寶寶的尿布濕了沒，吃奶時間是不是到了，如果都不是，那麼就應該注意寶寶是否有其他身體上的問題，還是只想讓大人抱一抱、搖一搖。就君君這個例子來說，有了親人或專業人員等社會資源的介入，君君原本所面臨的第一個孩子降臨的成熟性（成年期）危機即可順利解除。反之，君君可能會搞得自己焦頭爛額，叫苦連連啊！！

四 親友的態度與期望

　　同樣地，在面臨成長的過程中，親友的態度與期望，也是構成成熟性危機的一個重要因素。舉例來說，在論及婚嫁的年齡，常常有個案因為所選擇的伴侶不是父母所期望的，或父母堅決反對雙方交往、在一起，而演出親子關係決裂或男女雙雙離家甚至殉情的悲劇。此外，最近的媒體報導中，我們也曾看到幾則國中生或高中生，在面臨課業壓力的情況下，在自覺達不到父母或師長期望下，而選擇走上自殺的絕路。上述兩種情形都不是我們所樂於見到的，我們不禁要問：成長真的要付出這麼沈重的代價嗎？親友的期望與態度固然影響著我們，面臨成長中所出現問題的處理與結果，但筆者以為個人對事件的解讀能力、價值觀與問題解決能力等因應方式，似乎更甚於前者，因為面臨相同問題的個人很多，可是衝不破枷鎖、度不過難關的卻不多，這顯示出多數的人雖面臨青春期與成年初期的成熟性危機，但都安然的度過了，或許這也正說明了個人之身、心

發展狀況、有無值得仿效的對象,以及有無可用的社會資源等因素,與個體是否能度過成熟過程中的種種危機息息相關。

情境性危機 (situational crisis)

　　當個人的基本需要受剝奪,或身陷過多刺激與抉擇,或無法預期的重大事件接踵而來,威脅到個人的身、心與社會的完整性,同時個體慣用的因應技巧無法化解,以致出現情緒障礙、人際關係障礙,或思考、組織力減退時稱之。如:未婚懷孕、經濟破產、婚變、離職等生活壓力事件帶來個人之適應障礙時。例如陳小姐,28歲,無業,結婚八個月(已懷孕二個月),暫居高雄,先生於十多天前突然不告而別,找尋多日皆未尋獲,夫家公婆拒絕告知其夫行蹤,並且不理會其哭訴,娘家自其出嫁後皆未再聯絡,不僅遠在恆春且於數月前因經濟因素宣告破產,據先生同事表示,其夫似乎同其前任女友恢復往來,這突如其來的打擊對陳小姐而言,即為一遭逢「婚變」的「情境性的危機」,或者為一般人所稱的「婚姻危機」。其他可能帶來個體壓力,甚至演變成危機的生活壓力事件,可參考 Holmes 與 Rahe 於 1967 年所發展的「社會再適應量表(Social Readjustment Rating Scale,簡稱為 SRRS)」中所列的生活事件(參見**表 4-1**)。

社會性危機 (social crisis)

　　亦稱**偶發性危機**(adventitious crisis),指意外性的與少見

的危機，如車禍導致殘障或死亡、遭搶劫或強暴、被綁票或親人遭撕票、火災、水災、土石流導致房屋崩塌、空難、地震等各種不可預期的天災人禍皆屬之。理論上社會性危機事件雖然少見，但近來層出不窮的社會性危機事件卻屢有所聞，遠至「千島湖台胞集體於船上遭槍殺焚毀事件」、「白曉燕遭綁架撕票事件」、「林肯大郡房屋崩塌近 80 位住戶無家可歸事件」，近至「香港華航客機側翻著地失火導致 200 多位旅客輕、重傷事件」，「921 集集大地震帶來二千多人死亡，八千多人受傷」，以及每日打開電視映入眼簾的車禍事件、情殺事件，與先生為詐騙高額保險金，製造假車禍撞死老婆等不幸事件，在在提醒我們危機處處，個人遭逢天災人禍之不幸固然可悲，但因此喪失親人的家屬或僥倖存活者，才真是夢魘的開始。

危機形成之過程

開普藍（1964）指出危機的產生為一個**動態的過程**（dynamic process），它對個體的影響層面包含生理、心理、行為、社會與靈性等層面，而其產生的過程分為前奏期、焦慮感增高期、求助期與危機期四個階段進行（如**圖 7-1**），詳述如下：

(一)前奏期

當個人感受到危機事件帶來威脅時，首先會使用過去慣用

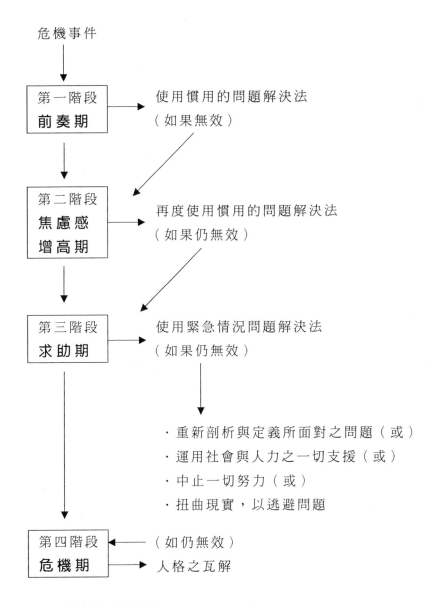

危機事件

第一階段
前 奏 期 → 使用慣用的問題解決法
（如果無效）

第二階段
**焦慮感
增高期** → 再度使用慣用的問題解決法
（如果仍無效）

第三階段
求 助 期 → 使用緊急情況問題解決法
（如果仍無效）

‧重新剖析與定義所面對之問題（或）
‧運用社會與人力之一切支援（或）
‧中止一切努力（或）
‧扭曲現實，以逃避問題

第四階段
危 機 期 ← （如仍無效）
→ 人格之瓦解

圖 7-1　危機形成之過程

（資料來源：李選(1993)，譯自 Caplan, G. (1964). Principles of Preventive Psychiatry,
New York: Boni Books, Inc.）

的問題解決方法，來因應所面臨的威脅，若個人慣用的問題解決方法有效，不再因危機事件感受到威脅時則危機解除。

(二)焦慮感增高期

若個人慣用的問題解決方法無效，危機事件帶來之威脅感未解除，則進入第二階段，此期個人會再度嘗試使用過去慣用的問題解決法因應危機事件，若再度使用的問題解決方法有效，則個體將不再受困於危機事件的威脅。

(三)求助期

若焦慮感增高期個人慣用的題解決方法無效，則進入危機反應的第三個階段，此期個人會採用緊急情況問題解決法，如重新剖析與界定所面對的問題，並且運用所有的社會與人力資源，企圖終止一切或扭曲現實以逃避所面臨的問題，若此緊急情況問題解決法有效，個體不再因危機事件感覺威脅時則危機解除。

(四)危機期

若個人的緊急情況問題解決法無效，則進入危機反應的第四階段，此期個體將經歷危機事件之壓力，同時嚐盡問題一再處理無效之挫敗感，若無其他助力如專業人員介入協助處理，個體將面臨人格的瓦解，而導致**心理障礙**（mental disorder）發生。

一般而言，危機現象的形成不論是正面性或負面性的，皆於危機事件 6 週內逐漸明朗化，但危機反應與其後遺症約可持續 8 至 28 週（Horowitz,1980）。

此外，泰賀司特（Tyhusrt, 1951）追蹤調查一群歷經社區大
災難之倖存者，將危機反應過程分成三個階段：

(一)衝擊期（period of impact）

此期受難者面對突如其來的巨變，顯得驚惶失措、休克、
混亂、自我判斷力驟失或因失去現實感而自殘，約持續數分鐘
至 1 至 2 小時。

(二)退縮期（period of recoil）

此期仍浸潤在壓力中，但逐漸意識到壓力與危機的存在及
對本身所帶來之影響，幻想與期待獲得他人全力的支援與照顧，
且期盼同他人分享恐怖的經驗等。

(三)創傷後期（period of post-traumatic）

受難者逐漸恢復現實意識，警覺到自己所失落的親人財物
等，可能出現激動、焦慮、憂鬱等情緒反應，或思考渙散、曲
解事實等情形，若此危機反應未能於 6 個月內積極改善將影響
及其一生。

而史達特與桑汀（Stuart & Sundeen， 1987）則將人類遭逢
災難的反應分成五個時期來探討，分別為：

(一)衝擊期（phase of impact）

此時期的特色是受難者表現出休克（shock）、恐慌
（panic）或極度的害怕（fear），對於現實狀況的判斷與評估能
力非常的差，甚至可能出現**自我毀滅的行為**（self-destructive
behavior）。

㈡英勇期（phase of heroic）

當受難者的朋友、鄰居與救難小組的成員趕來協助時，透過一些建設性的活動，可協助受難者克服原有的焦慮（anxeity）與憂鬱（depression）的感覺，即受難者會表現其鎮定英勇的一面，但過度的活動可能導致受難者崩潰（burn-out）。

㈢蜜月期（phase of honeymoon）

出現於災難後一週到數個月，受難者接受各種物質、金錢、資源的救助與其他的社會支持等，此期受難者的心理問題與行為問題可能會被忽略。

㈣覺醒期（phase of disillusionment）

約出現在災難後的二個月到一年，此期是一個令人失望、憤恨、挫折與生氣的時期，受難者開始會經常的比較自己和鄰居的情況，可能出現憤恨、嫉妒或對相關人員產生敵意之情形。

㈤重建或重組期（phase of reconstruction and reorganization）

此期至少在災難發生的一年以後，受難者開始認知到他必須恢復並且認真的去處理自己的問題，於是開始重建自己的家園、工作與生活。

上述不管是泰賀司特或史達特與桑汀所提出的個人遭逢重大災難後之反應，在這次的「921集集大地震」中，我們都有深刻的感受。除了看到災民面對突如其來的震災，造成頓失親人與家園等之驚恐、無助、怨嘆、害怕與憤怒等錯縱複雜的情緒轉變外，更看到部份災民因無法面對親人離散與家園全毀之慘痛後果，而選擇以自殺方式來回應此天災地變。專業人員如何協助罹難者親屬走出重大災難之悲情，實在值得我們深思？！

危機理論模式

　　目前運用最普遍的危機理論模式，當推安吉略拉與麥斯克（1984）依開普藍之理念所發展出來的「危機理論架構圖」（如圖7-2），這個模式說明了危機形成的原因及影響危機形成的「**抗衡因子**（Balancing factors）」，包括下列三項：

(一)對壓力觸發事件的理解能力 （perception）

　　知覺是人類思考過程中極為主觀的一部份，對於解釋壓力事件的性質與採取決策上具有決定性的影響力，一旦個體在認知上偏離現實，不僅會影響其判斷力與價值觀，也會導致激烈的情緒反應。因此慌亂中的個體，是難以蒐集資料與運用資源，化解眼前的危機，甚至更增危機事件的複雜性，且加速危機反應的出現（李選，1993）。

　　凱利（Kelly, 1955）在其發展之「個人建構論」中，主張個體是主動的、認知的建構他自己的世界。對於外界發生的所有事情，個體都可以重新予以不同的解釋。這種個人建構指引著個體如何去看外界發生的種種事件，並且影響著我們對於該事件之反應。亦即每個人都有自己的一套建構系統（即信念），決定個人如何去想、去行動、去感覺、並且去定義或解釋所面臨的事件與情境。同時列茲洛斯（Lazarus, 1966）也指出，如果個人能擁有合乎現實的思考模式，必能明確地剖析與評價壓力事件對自身的影響，並且冷靜的分辨壓力事件對情緒反應所構成的威脅，也更能以有效率的方法因應，並且運用資源，平和的解決眼前的威脅與危機。由此可見，危機之所以構成危機，

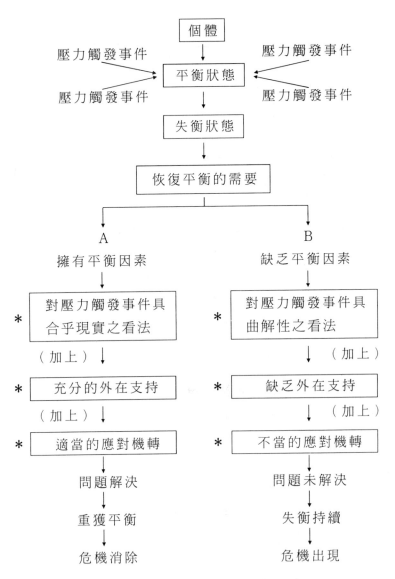

＊代表個體所擁有之平衡因素

圖 7-2　危機理論架構圖

(資料來源：李選(1993)，譯自 Aguilera, D.C. & Messick, J.M. (1989). Crisis Intervention: Theory and Methodology, St. Louis: C.V. Mosby.)

不只是生活事件本身對個人帶來的衝擊，要緊的是，個人在面臨所謂的生活事件發生時，所知覺的事件性質與選擇如何看待事件本身，才是真正左右危機事件對個體影響的關鍵。

如此說來，一位樂天知命者遇到生活事件臨於己身時，如果抱持「該來則來，當去則去」與「既來之則安之」的「自然哲理」，那麼心中便能「如如不動」。心中果能「如如不動」，那麼縱然泰山壓頂，又何足懼？！既無足懼，又何來危機可說？！中國古來之聖賢常能氣定神閒，怡然自得，恐怕亦是參透此禪機之故吧！因此，個人如何扭轉自己對事件的負向認知與解釋，並以正向解釋取代生活事件所帶來的不愉快經驗，是我們每個人都應努力的目標。亦即努力學習將臨於己身的不愉快事物賦予正向意義，如視生活事件的發生為人生過程中的一種磨練，透過磨練將使個人更成熟也更增長智慧，所謂「不經一事，不長一智」不正如此！！

(二)在危難中能獲得充份的情境性支持（situational supports）

親朋好友的支持與相關組織所提供的財力、人力等協助，將有助於個體克服眼前的壓力事件。潘得（Pender，1987）在其〈社會支持與健康〉一文中也曾提及，當家庭成員的結構分裂，如家人死亡，分居或離婚時，個人發生**身體與情緒障礙**（physical and emotional disorders）的危險性將增加。他同時指出如果個人的**情緒支持環境**（emotional support environment）缺乏原始家庭的支持，則個人在未來的成人發展階段中，較易發生**心理層面之問題**（psychological problems）。而家庭成員的支持在壓力對個人的影響部份，最重要的是扮演了一種平衡的角色，亦即當家庭成員所獲得的支持高時，其因應能力將被增強，即使遭逢生活事件，個人所產生的壓力也較低；反之，當家庭成

員所獲得的支持較少時，則其因應能力減少，此時個人若遭逢生活事件，則其所感受到的壓力將較前者為高（如圖 7-3）。

張苙雲（1989）檢視現有的研究結果和西方文獻的整理後，也指出社會支持在生活壓力和健康程度之間扮演著緩衝的角色（如圖 7-4）。亦即個人在遇到生活危機的時候，危機對個人的衝擊，會因足夠的個人支援而減至最少。而摩根等人（Morgan et al., 1985）也指出外在的社會支持具有下列保護的機制：

1. 可以強化個人內在的資源，如個人的自尊。
2. 可以改變重大事件的意義，並降低其對個人的傷害。
3. 可以提供協助以解決個人所面臨的問題。

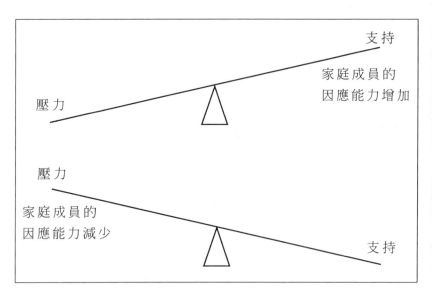

圖 7-3　　家庭支持與壓力因應之關係

（資料來源：Pender, N.J. (1987). Health Promotion in Nursing Practice, Norwalk, Coun: Appleton & Large. p.400.）

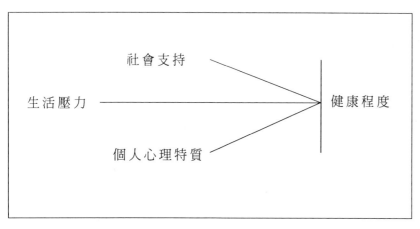

圖 7-4　生活壓力理論架構

（資料來源：張苙雲(1989)，生活壓力研究的回顧與展望，《中央研究院民族學研究所集刊》68, p.204.）

　　許木柱、鄭泰安（1991）針對泰雅族與阿美族之研究結果也顯示，一個缺乏人際互動、缺少社會支持的環境，將使一個人處在危機中的自我較不易受到保護。吳靜吉等人（1986）在「壓力與壓力的處理」一文中，也提及社會支援是一個中介變項，它可以使人免於壓力的影響。如果個人有朋友可以交談，並從他們那裡得到關懷、同情，那麼個人就會較容易處理工作上的壓力、婚姻困擾、疾病衝擊及其他不幸事件。而這也讓我們瞭解到，如果要預防生活壓力事件對個人所帶來的危害，積極建立與擴展個人之社會支持網絡，是有其絕對的重要性與必要性的。

（三）個體本身的因應機轉

　　因應機轉（coping mechanisms）意指個人在遭受困難時所採取之因應措施。有關因應的機轉有各家的說法，於此臚列一二

供讀者參考。在雪耶（Selye）的「壓力與控制模式」中所描述的**因應行為**（coping behavior）指的是單一的概念，例如驅策或逃避，它是基於個體神經內分泌的功能，是個體在壓力情境中的內分泌和身體活動的過程。而有效的因應策略指的是個體的恢復與存活（Hymovich，Hagopian, 1992）；而在佛洛依德「自我分析精神心理學」的模式中，是強調認知的過程，並且認為所謂的「因應」是源自於個體的心理防衛，如使用退化、潛抑、轉移與合理化等心理防衛機轉，可暫時減低受難者內心的壓力與不安，是一種高階的自我成熟的過程，若個體不能達成有效的因應，則個體的自我功能將降至最低，此稱之為自我破裂、自我分解、自我失敗或自我退化（Lazarus & Folkman, 1984）。

　　至於因應對個體來說有何影響？列茲洛斯認為因應有二大功能，其一為處理或改變壓力事件，主要的目的在於解決問題，而其所使用的因應策略，則稱之為「**問題中心因應策略**（problem-focused coping）」；另外一項功能則是控制跟隨事件而來的情緒反應，主要的目的在於處理情緒，所使用的策略稱之為「**情緒中心因應策略**（emotion-focused coping）」（Hymovich, Hagopian, 1992；Lazarus & Folkman, 1984）。而所謂的問題中心因應策略是致力於以主動或直接的行動去分析、探討和解決存在於環境或個人內在的壓力源，在問題解決的過程中，個體試著找出各種用來處理問題的策略，並選擇最有效的方法來增加克服問題的可能性（Lazarus & Folkman, 1984）。一般來說，問題中心因應策略包括：

1.內在因應策略

　　　　即改變個人內在的環境，如改變原本的預期和希望、降低個人內在的困擾程度或學習新技巧。

2.外在因應策略

即改變個人外在的環境，如移除壓力、移除障礙或連結可用的資源等。

3.內、外在併用的因應策略

如忽視問題、以其他感興趣的活動來分散對問題的注意力、尋求並接觸他人或主動尋找相關的資訊等。

而所謂的情緒中心因應策略，是致力於降低或剔除因壓力情境所帶來的情緒反應，目的在於使個人在此壓力情境下能好過一點（Hymovich, Hagopian, 1992），或是尋求情緒的發抒和支持。常見的情緒中心因應策略包括：

1.降低情緒壓力

如迴避問題、貶低問題、告訴自己能勝任此問題、只注意問題中某些容易解決的部分、比較其他事件並擷取其正向的部分、自負面事件中擷取正向的意義和價值等。

2.改變情境的意義

如告訴自己還有其他更重要的事情讓自己煩心、告訴自己還有許多比現在更糟的事等。

3.其他

如利用活動阻止自己去想問題、思索或冥想，或者喝酒、發洩憤怒的情緒、尋求情緒的支持等。

4.反而會增加情緒壓力的策略

如責備自己、處罰或虐待自己（Lazarus & Folkman, 1984）。

通常在壓力之下，人們會同時使用問題中心和情緒中心二種因應策略。一般來說，若是個人評估壓力情境是可改變的，則常採用問題中心因應策略；若評估壓力情境是不可改變的，則偏向於使用情緒中心因應策略。而在因應的過程中，若情緒的因應策略能夠成功，則解決問題的效果會更好，否則高漲的情緒不但會干擾個人對問題的認知，也會減弱其解決問題的能力（Hymovich, Hagopian, 1992: Lazarus & Folkman, 1984；Sherman, 1991）。以下舉出正、反兩面因應的實際案例，供讀者省思個體的因應機序如何影響著個體的生死存亡。

案例一

在 88 年 7 月 18 日，筆者有幸讀到《自由時報》生活新聞版中鄧立青先生的感人報導，現特摘錄於本文與讀者分享。

黃國宴，一位接受國際同濟會表揚的優秀身心障礙青年，也是台中啓明學校的老師，並且考上教育部的公費留學考試，他堅強的信念與勇氣，值得我們大家效法。黃國宴在國中二年級正值青春年少，懷抱理想準備衝刺時，因視神經萎縮導致視力幾乎全盲，原本光明燦爛的天地，頓時變成昏暗模糊的影像。他曾因視力喪失休學兩年，可是他不斷告訴自己，跌倒了一定要再爬起來，他告訴自己：「我雖然看不見了，但是我還可以寫，還可以走，一定還有很多我可以完成的事…。」就這樣他以優異的成績進入師範大學特殊教育系，同時藉由文學寫作獲得許多獎項。而在深感失明者的諸多不適應，國宴準備鼓起勇氣踏上陌生遙遠的國度進修，原本家人因為擔心他隻身在外不放心而反對他出國，但國宴表示：「雖然自己有時候也有點擔心，但還是決定要出去歷練一下，學習獨立…。」

黃國宴先生雖在青春年少時期遭逢失明的不幸，但他選擇

從黑暗中堅強站起來迎向光明的正向因應行為，著實令我們感佩，國宴不僅找到他生命的光和熱，尚且以他活生生的例子給我們上了寶貴的一課。我們祝福他在未來的歲月裏，綻放更燦爛的光和熱，也盼望他的例子給同樣遭逢身體功能喪失的孩子一個希望與啓示。

案例二

　　佳美，一個清秀、內向的女孩，甫從職校畢業後，即進入某家醫院工作，在工作中認識了同為醫療人員的皓然，兩人因近水樓台以及話語投契，漸漸由同事關係發展為男女朋友關係，也偶而談及婚嫁之事，就在交往二年後的一個晚上，因情投意合而發生了超友誼的親密關係。佳美生性靦腆，一向也很矜持，堅守最後防線，但在皓然的濃情密意中佳美不再堅持，因為她深信皓然是一個愛她，而且值得她託付終身的人，之後二人確實也享受了一段甜蜜的時光，然而就在佳美發現自己懷孕的事實後，佳美著急的告訴皓然，並希望兩人能在肚子還沒大起來時趕快結婚，不料皓然卻以還要再進修，以及不承認孩子是他的，殘酷地拒絕同佳美結婚的要求。這個晴天霹靂的打擊，使得原本快樂的佳美，陷入一片愁雲慘霧中，而這個生性內向，在父母親友眼中的乖乖女，如何能把這個不為社會接受的「未婚懷孕」事實告訴父母呢？況且對方竟然不承認孩子是他的，皓然不僅沒有和佳美共同度過這個「未婚懷孕」的危機時期，更是深怕惹麻煩似的躲著佳美，可憐的佳美就在這樣一個孤立無援，與不敢開口向他人求救中，選擇以自殺結束他青春美麗的生命，以因應她遭逢「感情受騙」與「未婚懷孕」的危機。

　　看了佳美的例子，您是否也和筆者一樣為佳美感到惋惜，您是否也在想，感情被騙固然可悲，未婚懷孕而孩子的父親又

不願負責固然令人難堪，但是否必須像佳美一樣付出如此慘痛的代價（一屍二命）？！如果佳美願意找人談一談，或向專業人員求助，事情是否會有轉圜的空間？佳美是否可以選擇不要付出如此慘痛的代價？！提出佳美的例子，不是為了重溫傷痛，而是不忍也不捨看到，同佳美一般花樣的年華，以及正值青春歲月的孩子，因為相同的遭遇而失去生命，畢竟自殺不僅無法解決問題，反而帶來家人無盡的傷痛，實在不值得啊！！如果您身邊也有類似佳美一般的例子，請主動給予關切與協助，以免她重蹈覆轍。

上述正反兩面例子，主要告訴我們當個體遭逢危機時，若能選擇正向因應，不僅可以幫助自己度過傷痛的過程重拾光明的歲月，更可令家人免於因此而煩憂；如果選擇了負向的因應方式，不僅可能喪失自己寶貴的生命，也將把自己的家人推入無盡傷痛的深淵。而不論是正向因應或負向因應，並無所謂的對錯，每個人在危機當下所選擇的因應方式，不論其結果如何，必然都是當事者在當時以為是最適合的因應，於此提出正、反兩面案例只是希望大家明白，問題的解決其實不只一種，「看看別人，想想自己」，個人如何以自己的智慧，幫助自己度過難關或向外求援，其實也是必須學習與累積經驗的！！

危機的三級預防

麥克科隆（McCrone, 1991）在其論著中提及開普藍曾經界定了危機的三級預防，包括：

(一)初級預防（Primary prevention）

　　良好的社交及人際關係有助於社區處理潛在性的危機，如透過社區心理衛生保健座談會之舉辦，教導社區民眾有關危機之概念與因應方式，協助個人建立正向的問題解決法與社交網絡。此外，充實社區之因應資源，如成立守望相助與急難救助等團體也是非常重要的，一旦社區發生災難時便可以立即動員救助，如此當可縮小災難帶來之傷害與對個人或社區的影響。而危機治療（crisis therapy）也是一種初級預防的概念，因為良好的初級預防措施，可促使個人進一步發展出有效的方法，以預防個人因為危機事件所導致的心理障礙。

(二)次級預防（Secondary prevention）

　　主要重點在於透過早期發現、早期治療減少現存的個案數。即當個人遭逢危機事件時能迅速找到個案，協助處理或進行治療，以預防造成進一步的危害，甚至造成個人之心理障礙，如組織專業醫療團隊，主動查訪重大災難後的存活者及受難者家屬，以及評估危機事件所帶來的生理、心理、社會與靈性上的影響為何，同時提供受難者或其家屬所需要的協助，對於可能導致心理障礙者，則轉介心理衛生專業人員做進一步的處理。

(三)三級預防（Tertiary prevention）

　　主要重點為減少因危機事件帶來心理障礙患者治療後的心理殘障率（rate of mental disability），因此良好的復健計畫(rehabilitation program）是有其必要的。個體可參與醫療機構之復健治療計畫，或加入受難者自助團體，或透過經驗分享相互扶持共度難關，或參與相關的心理復健團體，如某精神醫療機構壓力病房出院病患自行籌組之「安心會」（註1）等，都可幫助

個體穩定身、心重新出發。

危機處理之原則

　　當個體遭逢危機而求助專業人員時，危機處理小組成員需謹慎評估並做最有效的協助，而治療者若欲有效地處理危機，應重視下列八項原則（李選，1993）：

　　1. 為了爭取時效，個案應全力配合治療者的治療計畫處理所面臨的危機。
　　2. 危機處理著重評估危機發生之過程、結果，與個人之體驗及社會支持等資料。
　　3. 危機處理的目標主要為協助個案恢復原有之調適功能，切忌因訂立過高的目標而帶來個案更大的壓力。
　　4. 危機處理的技巧須賴臨床磨練累積，缺乏經驗者須接受適當督導才能勝任。
　　5. 個案乃因一時無法承受過重壓力而喪失功能，危機處理人員應視個案為一健康、正常的人，並提供其生理、心理、社會與靈性等層面的治療措施。
　　6. 治療人員應彈性扮演各種角色以發揮最大的療效，如諮商者、老師、護士或提供資源者。
　　7. 當遭遇無法處理之問題時應儘速求助於專精者，以免延誤個案問題處理的時效。
　　8. 當危機反應消除後應儘速安排個案接受其他正規之治療。

危機處理之過程

　　麥克科隆（1991）指出一般危機處理的過程包括評估、診斷、計畫、處理與評值等五大步驟，詳述如下：

(一)評估（assessment）

　　評估個案所面臨的危機及處理之方法，可由下列四方面進行初步評估：

1.危機事件是突發的嗎？

　　　　此突發事件是否威脅到個案的生理功能、性角色的自主性、自尊與依賴性等需求滿足？發作時之症狀為何？與過去所經歷的事件是否相關連？

2.個案對此危機事件的看法

　　　　危機事件對個人的意義是正向的或負向的？有無帶來失落感？或即將造成失落？

3.個案所擁有之外在支持

　　　　如生活的安排、緊密的人際關係、親戚的支持與其他的社會支持網絡等。

4.個案本身具備之因應技巧

　　　　如過去生活中危機事件為何？　所使用的處理方式為何？是情緒導向的處理方式，如逃離情境、哭泣、抱怨、憤怒、自傷或傷人等？或是問題導向的處理方式，如面對問題、尋求親友或專業人員協助等。

另李選（1993）於其論著《新編精神科護理學》中也提及危機處理中個案問題之評估，可由身體、情緒、認知、社會與靈性等五個層面著手（如**表** 7-2）。

㈡診斷（diagnosis）

所謂診斷即是確立個案危機事件的種類是成熟性危機、情境性危機還是社會性危機，及造成危機事件的原因與個案之因應方式是正向或負向（如個案是否出現以自傷或自殺之行為來尋求解脫），以及能否有效因應此危機事件，個案之家庭及其他社會支持系統是否足夠、能否有效協助個案度過危機或適得其反，以及危機事件可能帶來個案的其他相關問題等。一般來說，診斷可以包括醫學診斷、護理診斷或其他專業的診斷，治療者可依自己的專業背景，評估並確立個案的問題以利危機的處理。舉例來說，常見於危機個案的醫學診斷有「急性壓力反應」、「創傷後障礙症」、「焦慮症」、「憂鬱症」、以及「適應障礙症」等，而常見於危機個案的護理診斷有「焦慮」、「個人因應能力失調」、「家庭因應能力失調」、「家庭動力過程改變」、「健康維護能力改變」以及「社交隔離」、「潛在危險性自我殘害」與「強暴創傷症候群」（詳見**表** 7-3）等，如果危機處理小組能確立個案的真正問題，那麼就有可能協助個案度過難關，使其免於受到危機事件的侵害或造成創傷後的種種問題產生。

㈢計畫（planning）

透過審慎的評估與問題的確立後，治療者接下來要進行的就是與個案討論，研擬可行的處理方案，並按問題之優先順序，排定短期、中期或長期的治療目標，然後按步就班的執行所擬

表 7-2　危機處置評估指引

身體層面	◎外觀與儀容。 ◎食慾與體重。 ◎睡眠狀況。 ◎疾病與傷害。 ◎神色不定。 ◎藥物／酒精之使用。
情緒層面	◎近日生活中發生的重大改變，例如：近親喪亡、失業、疾病、意外喪失晉升機會等。 ◎面對以上改變所產生之情緒反應，例如：恐懼、焦慮、憂慮、悲痛、震驚等。 ◎是否具有傷害自己的念頭？ ◎對於向他人求助的看法？
認知層面	◎危機事件對其代表的含義？ ◎此次危機事件是否直接影響其未來？ ◎當面對類似事件以往所採取的措施為何？ ◎準備如何處理當前的危機情況？ ◎何以其認為以往的方式無法紓解此次之困境？ ◎如何才能讓其感覺好過一些？
社會層面	◎與哪些人同住？ ◎列舉與其交往較密切的朋友彼此關係如何？ ◎與朋友交往的頻繁度？ ◎認為哪些朋友會相助？ ◎與鄰居同事教友間的關係如何？
靈性層面	◎是否有宗教信仰？ ◎當心情不佳時哪些宗教活動對其有益？ ◎每隔多久會參加宗教活動？ ◎對命運的看法為何？

（資料來源：李選(1993)，《新編精神科護理學》。台北：永大。）

表 7-3　危機個案常見的醫學診斷與護理診斷

醫學診斷 (Medical Diagnosis)	護理診斷 (Nursing Diagnosis)
◎焦慮症 (Anxiety Disorder)	◎調適障礙 (Adjustment, impaired)
◎恐慌症 (Panic Disorder)	◎焦慮 (Anxiety)
◎強迫症 (Obsessive-Compulsive Disorder)	◎身體心像紊亂 (Body image disturbance)
◎急性壓力反應 (Acute Stress Reaction)	◎家庭因應能力失調：妥協性(Coping, ineffective family : Compromised)
◎創傷後障礙症 (Post-Traumatic Stress Disorder)	◎家庭因應能力失調：危害性 (Coping, ineffective family: Disabling)
◎適應障礙症 (Adjustment Disorder)	◎家庭運作過程改變 (Family process, altered)
◎短期憂鬱反應 (Brief Depressive Reaction)	◎個人因應能力失調 (Coping, ineffective individual)
◎長期憂鬱反應 (Prolonged Depressive Reaction)	◎抉擇衝突特定的 (Decisional Conflict , specify)
◎焦慮與憂鬱混合反應 (Mixed Anxiety and Depressive Reaction)	◎恐懼 (Fear)
◎其他嚴重壓力之反應與適應障礙症 (Other Reactions to Severe Stress)	◎哀傷功能失常 (Grieving, dysfunctional)
◎未分類嚴重壓力之反應與適應障礙症 (Reaction to Severe Stress, unspecified)	◎健康維護能力改變 (Health maintenance, altered)
◎慮病症 (Hypochondriacal Disorder)	◎潛在危險性自我殘害 (Self-mutilation, risk for)
◎身體化症 (Somatizatic Disorder)	◎創傷後反應 (Post-trauma response)
	◎無力感 (Powerlessness)
	◎強暴創傷症候群 (Rape-trauma syndrome)
	◎自尊紊亂 (Self-esteem, disturbance)
	◎社交隔離 (Social isolation)
	◎無望感 (Hopelessness)

(附註：1. 本表醫學診斷之名稱係參照胡海國、林信男 (1996) 編譯之《ICD-10 精神與行為障礙之分類：診斷指引》之診斷名稱。2. 本表護理診斷之名稱係參照高紀惠總校閱 (1997) 出版之《新護理診斷手冊》之診斷名稱。)

定的治療方案，以協助個案處理其困擾的問題。治療者在進行計畫的過程中很重要的一件事是，必須引導個案共同參與治療目標與計畫的擬定。對於沒有能力做決定的個案，若有家屬，則治療者必須與家屬共同來討論研擬個案的治療目標與計畫。此外，如果個案的問題牽涉到家屬，或者問題的處理必須家屬配合時，那麼在擬定計畫之初亦應邀請家屬共同參與討論，再研擬彼此都能接受的具體方案，如此在未來的問題處理上才能較順利，也較有成效。

㈣處理（intervention）

麥克科隆（1991）指出危機處理的型式包括個別性的處理、家庭式的處理、團體式的處理與危機專線處理等四種，其特色分述如下：

1. 個別性的處理

顧名思義即針對個案之問題，一對一的進行相關的危機處理措施，如個別性之會談或個別性之心理治療等。一般來說，個別性的處理效果較顯著，因為治療者完全可以依照個案的問題逐一處理，不過較費時費力，就成本效益的觀點來看，是比較高成本的。

2. 家庭式的處理

主要包括個案及其家庭成員，通常用在個案危機事件之問題來自家庭時，如婚姻暴力危機或兒童被虐待危機，或子女被父母性侵害或因父母的離婚造成子女的心理創傷等。總之，當治療者需要家庭成員共同來協助個案度過危機時，即可運用家庭式的處理，不過勞師動眾不一定真正能如願以償，特別是當問題來自家中某一成

員時，當事人常常會逃避此治療之安排不願配合。

3.團體式的處理

團體式的處理與個別性的處理大同小異，所不同的只是治療者一次處理的個案不只一人，通常用在大災難或同時有多人面臨相同的危機事件時，為爭取時效，治療者可同時面談多位受難者或進行團體式的治療，當然其成效不及個別性的處理來得好，但成本較低。

4.危機專線處理

成立危機專線可供受難者申訴，或查詢相關法令與保護措施，較省時與省力。當然多數個案之危機處理是無法以危機專線來替代，但對於受婚姻暴力或受虐兒童等受害者所面臨的家庭暴力危機，或遭逢強暴等社會性危機之受害者，提供危機專線是一個實際而重要的申訴管道，而治療者也可以透過危機專線繼續追蹤個案的情況，一舉兩得。目前社會上所成立的危機專線，有救國團辦理的生命線、張老師，勵馨基金會的保護雛妓專線，兒童福利聯盟之受虐兒保護專線，以及為保護婚姻暴力下的婦女所設立的專線。（台灣省兒童婦女保護專線：080422110）。

上述所列之危機處理型式，雖有不同但各有其功效及適用點，治療者應視個案當時情況，選擇適合個案的處理方式給予最適當的處理，因此治療者在做計畫時，便應該確定將使用何種危機處理的型式，以期有效率的處理危機個案的問題。同時治療者在處理個案問題時，應充分發揮下列各項之治療技巧，以期有效的處理個案之問題，包括：

1. 澄清

　　治療者需善用澄清技巧，瞭解個案真正的問題與困擾，以及個案期望的協助是什麼，才能真正協助個案處理所遭逢的問題，以減少危機帶來之影響。

2. 抒發情緒

　　在危機處理過程中，治療者引導個案抒發情緒是非常重要的，治療者應佈置一個安全與具隱私性的環境，提供個案抒發其潰決的情緒。治療者除了陪伴在側傳達關懷與接受之情外，更必須在個案情緒抒發後給予安撫，如給予適當的撫觸（緊握其手、拍撫其肩或給予一個擁抱等，不過必須注意文化差異及性別間的問題，以免帶來性騷擾之困擾），以撫平個案原本潰決的情緒，同時也可免於個案因情緒氾濫而無法冷靜下來，同治療者共同討論進一步的解決方法。

3. 建議與探索解決之道

　　情緒抒發後，治療者應該引導個案共謀問題解決之道，治療者可引導個案透過討論與分析理出頭緒，並試著找出可能的解決方法，必要時治療者可配合個案需求，提供意見給個案參考。

4. 外界的安排與正向行為的加強

　　除了治療者與個案的努力外，社會資源的妥善安排與應用也是非常重要的，治療者必須知道外界有哪些資源可利用，並善用這些資源以協助個案復原，如個案的家人有哪些可提供支持，或社區中有哪些機構是可協助個案的。佈置一個具治療性的支持性環境，並且給予個

案正向行為的認同與鼓勵，將可協助個案療傷，幫助其
儘快復原。

5. 支持原本使用有效之防衛機轉

前面曾談及個人的自我防衛機轉，也是個體遭逢生
活壓力的一種因應方法，因此只要是能有效幫助個案緩
解壓力的防衛機轉，治療者當可給予支持，以鼓勵個案
善用自己的潛能幫助自己，藉此也可強化個案之自我強
度，使其更有信心自己能克服難關。而此亦是處理過程
中治療者需特別留心之處，因為真正的問題處理是引導
個案的自助與獨立，治療者不可陶醉於自己的專業能
力，一頭栽入熱誠處理，以為個案的問題是必須靠專業
人員給予全力支持與協助才能解決，而忘了其實每個人
都是有能力處理自己的問題的。治療者不僅必須相信此
點，更必須引導個案相信自己，同時引導個案開發他自
己的潛能，如此治療者才算真正處理了個案的問題，如
果治療結束後，個案仍無法自我茁壯，仍須依賴治療
者，那就表示治療並未真正成功，只有當個案透過治療
後能獨自面對自己的問題，並清楚問題處理的適當性，
那才是成功的治療。

6. 提升自尊

如果治療者能做到讓個案獨立面對問題、解決問
題，必然能強化個案的自我概念，提升其自尊，而此也
才是危機處理的終極目標。

薛爾德司（Shields, 1975）更依照上述技巧的難易程度擬定
了四項處理危機的方針，包括環境上的處理、一般性的支持、

獲得曾有類似遭遇者之相互支持以及個別治療等。配合薛爾德司的治療方針治療者可以提供哪些處理措施呢？

1.環境上的處理

環境可包括所有與個案接觸的人、事、物，如果個案的壓力來自於其所處的環境，或者該環境會令個案觸景傷情，或者個案的環境中缺乏足以支持個案的人、事、物，那麼治療者必須就個案環境中的種種問題加以處理。

例如：小莉，12歲，長期以來飽受父親性暴力的侵害，終於逃離父親的魔掌而向警政單位求助，治療者在接獲轉介後，應審慎評估小莉的情況與問題，一旦確定父親的性侵害事實，便應立即將小莉與父親隔離，以免小莉再度受到父親的性侵犯，此即環境上的隔離處理，對於受到暴力侵害的個體，不論是婚姻暴力，家庭暴力（如兒童虐待）或家人遭受精神病患暴力攻擊時，有關單位與治療者適時的將加害者與被害者隔離，是有其必要性的。

另一例為李太太，65歲，與李先生結婚40年來鶼鰈情深恩愛逾恆，老來兩人更是相依為命，因為一雙兒女，一在國外，一在他鄉。一年前李先生因病過世，從此李太太臉上不再出現光采，終日以淚洗面，每每看到李先生的照片，便睹物思人，傷心欲絕，曾想以自殺了斷殘生，隨李先生而去，終因鄰居勸阻而作罷，近日更出現茶不思飯不想，整日望著窗外失神，偶有喃喃自語的現象，女兒來探望時覺得不對勁故而求助專業人員，經治療者評估後決定改變李太太的環境，請其女兒將李

太太接去同住，一來避免李太太觸景傷情，二來增加環境中的支持力量（女兒、女婿、孫子等），另外配合藥物與心理治療，李太太終於度過了這個「老年喪偶的危機」。上述案例提醒我們適度的調整個案的環境，有時對於情境因素帶來的生活危機，是有實質的成效的。

2.一般性的支持

包括以接納、體諒、尊重與愛心提供支持與協助，減低其孤獨無依與自暴自棄，切忌使用含道德性與批判性之言詞評論、指責其行為，致其因自卑、自責與內疚，而無法紓發內心的衝突與不安。

3.獲得曾有類似遭遇者之相互支持

治療者對於有類似遭遇者可協助籌組自助團體，並協助個案善用自助團體之資源，藉由團體成員間的經驗分享與彼此間的支持，分擔個案的負面情緒。

4.個別治療

配合個案的問題與需求，提供其相關的治療措施如：

(1)增強體力與健康狀況。
(2)增進個體對自己的認識。
(3)增進對周遭環境的認識。
(4)儘量提供有關克服危機之知識。

(五)評值（evaluation）

通常危機處理後治療者必須就危機處理過程中的種種事項做一番評值，包括個案對危機事件的解釋是否由負向的解釋轉

為正向的解釋、個案的問題處理能力是否提昇、個案的社會支持系統有無發揮實際效用、個案對於治療者的建議是否接受並願意去做、個案是否滿意整個危機的處理過程、有無帶來個案的二次傷害等等。如果有家屬參與處理過程的，也必須瞭解家屬的感受與對危機處理的評價，試著找出危機處理過程中的問題，可幫助治療者在面對類似問題個案之危機處理時，有更適切的處理方針，因此評值是危機處理過程中頗為重要的環節。

危機處理之實際應用

於此筆者將以遭逢「情境性危機—婚變」的陳小姐作為危機處理實際應用之案例，詳述其於精神科急診求助之過程，與筆者同值班醫師協助處理其危機事件之過程，為了幫助大家記憶於此再重述陳小姐的情況：陳小姐，28歲，結婚八個月（已懷孕二個月），暫居高雄，先生於十多天前不告而別，找尋多日皆未尋獲，夫家公婆拒絕告知其夫行蹤，並且不理會其哭訴。娘家自出嫁後皆未聯絡且遠在恆春，於數月前因經濟因素宣告破產。據先生同事表示，其夫似乎同前任女友恢復往來。陳小姐自先生離家後整日以淚洗面、食慾不振、夜眠欠佳，有時想至夫家頂樓跳樓自殺報復，讓鄰居知道夫家之無情無義，及讓其夫一輩子良心不安，以消心頭之恨，但又怕鑄成大錯。此次來精神科醫院急診係因三天來未曾闔眼、人疲累難受、心情鬱悶、一個人不敢待在家又不知去那裡求助，故來院掛急診，於

急診觀察室等候治療醫師時，陳小姐低著頭不說話且兩眼紅腫泣不成聲。治療者面對此「情境性危機－婚變」的個案應當如何來理清頭緒，運用危機理論協助個案問題之分析與處理？！

1. 首先治療者需先與陳小姐建立信任關係

治療者先做自我介紹，再選擇坐於陳小姐旁邊的椅子上陪伴，視其需要遞給其面紙拭淚，緊握住陳小姐靠近治療者（女性）的手給其力量，並且拍拍她的肩安撫之。

2. 進一步蒐集下列相關資料

(1)詢問陳小姐對於先生不告而別的看法及對於此時又懷孕的看法。

(2)瞭解陳小姐所擁有之外在支持包括哪些？

(3)瞭解陳小姐本身擁有之因應技巧及慣用的因應方式為何？

3. 確立問題或診斷

治療者綜合上述相關資料後，需進一步的確立陳小姐的問題所在，以及危機處理的優先順序為何？治療者根據陳小姐所提供的資料，發現陳小姐正面臨「家庭動力過程改變」、「個人因應能力失調」、「潛在危險性自我殘害」以及「睡眠型態紊亂」等健康問題，並且擬定個案問題處理的優先順序如下：

(1)潛在危險性自我殘害：無論何種危機處理，保住個案的生命是最重要也是最需要優先處理的項目，因為沒有了生命則其他問題也無處理的餘地，因此面對有自

殺意念的陳小姐，如何消除其自殺意念仍是需迫切處
理的。

⑵睡眠型態紊亂：陳小姐因受困於先生的不告而別，又
無其他支持資源而顯得焦慮不安、不知所措，因此三
天皆未闔眼，由其憔悴的臉龐、紅腫的雙眼與泛黑的
眼眶，很明顯的可以看到此時好好睡一覺對她來說是
多麼的重要。

⑶個人因應能力失調：陳小姐雖遭逢婚變危機之傷痛，
但選擇以「自殺報復」之方式解決此問題，顯見其個
人因應能力有失調之情形。

⑷家庭動力過程改變：原本夫妻組織的小家庭，因婚變
而支離破碎，尤其先生的離去與不知去向，更帶來明
顯之家庭動力改變。

4. 計畫

針對陳小姐於急診當時之情況治療者擬定下列短程
的治療目標：

⑴認識危機導因並建立合乎現實的看法。
⑵建立正向之因應行為。
⑶建立自尊自信。
⑷適當發洩內在的無助與無望感。
⑸增強利用社會資源之能力。

5. 處理

配合薛爾德司的危機處理原則，治療者提供陳小姐
下列四項處理措施：

⑴環境上的處理：建議個案暫時搬回娘家住，以尋求父母的支持，同時藉此離開令其傷痛的情境。

⑵一般性支持：引導個案表達並且傾聽其哭訴、同理其感受，以及接受她對先生與公婆的抱怨等。

⑶提供類似經驗者之經驗分享與支持：適逢值班女醫師剛處理完自己的婚姻危機，而且願意與個案分享自己走過的心路歷程，著實對個案幫助不少。

⑷提供下列四項個別性的治療：

①增強體力與健康狀態：治療者按醫師處方給予個案幫助睡眠及抗憂鬱的藥物，以改善其睡眠紊亂與情緒困擾的情形，同時提供個案鮮奶與開水補充其體力。

②增進個案對自我的認識與信心：如肯定個案能主動來院，尋求專業人員協助的正向因應行為，讚美個案的外表清秀可人，與具有會計的職業才能等。

③認知重構：引導個案建立正向之自我概念，如肯定自己的能力，同時引導個案檢視自己負向認知的原因，以及分析想自殺的真正動機、意義及其可能的後果等。

④增進對周遭環境的認識：建議個案善用本身所擁有的支持資源，或尋求輔導機構專業人員的協助以度過眼前的難關及未來的困境。

6. **評值**

　　因為陳小姐是於晚上來精神科急診求助，在短短2小時的等待與處理後，陳小姐能暫時平復其原本傷心欲絕與激動不安的情緒，不再哭泣，並在治療者的陪伴下至

藥房領藥，服下一包藥後即拿著剩餘的藥回家，表示心情已較安定些，準備接受建議回恆春娘家尋求支援，治療者曾留電話給陳小姐以備其需要時求助，但未再接獲陳小姐的求助電話，也未在急診室看見陳小姐的身影，衷心期盼陳小姐已度過婚姻危機的黑暗期，重新找回屬於自己的天空。

結語

所謂「天有不測風雲、人有旦夕禍福」，由危機理論中，我們瞭解危機事件不管是在我們的成長過程中，或是在我們的生活周遭中都有可能隨時會發生，既然危機事件的發生是無法避免的，那麼如何調整自己或健全自己以因應危機來臨時的衝擊是非常重要的。甚至平時多建立正常而豐富的社交網絡，儲備自己的社會支持資糧都有助於我們遭逢危機時的因應，特別是家庭中親人的支持與關鍵人物的支持，對於個體是否能順利度過危機密切相關，因此我們應與家人建立良好而密切的人際關係，同時拓展自己的社交圈，「廣結善緣」以備不時之需。

更重要的是危機事件發生時，如果自己無力處理也無適當的社會支持可協助，應該馬上尋求心理衛生專業人員協助處理，以掌握危機處理之時效，千萬不要意氣用事，企圖以毀滅自己來報復別人，切記「危機即轉機」，一時的苦難或許帶來無盡的傷痛，卻也可能帶來生命成長與堅韌的曙光。因此，何

不給自己一個成長的機會呢？「看看別人、想想自己」，只要您細心觀察，您會發現自己其實是非常的幸運，因為您已被挑選為接受磨難的人，古云：「天將降大任於斯人也，必先苦其心智，勞其筋骨，餓其體膚，困乏其身…。」思及此您是否也感受到自己的重要與上蒼的用心呢？有的時候轉個彎換個角度看看，您或許會覺得「世界雖不美好卻也真切平實，苦難雖多卻也不失樂趣」，一個人如果能學習以正向的觀點來看待自己所面臨的苦難，則苦難已遠矣！這不是天方夜譚，也不是自我安慰，不信您試試看，相信您會看到那屬於自己智慧的光正照耀著自己？！

最後提醒大家，危機處理首重時效性及有效性，危機處理小組成員必須搶得危機處理的先機，儘速處理個案的問題，並將個人之生命安全列為第一優先處理之。同時在整個危機處理過程中，治療者必須引導個案參與討論，以擬定符合個案所需的治療措施，並且設法讓個案相信自己是可以度過難關的，治療者也將會一路陪伴其走過危機關卡，給予其自信與安全感在危機處理是非常重要的，切記！切記！

問題討論

1. 何謂危機？
2. 一般來說危機事件包括哪三大類？
3. 危機的形成過程包括哪些階段？

4. 危機處理中治療者的角色功能為何？
5. 面對層出不窮的社會事件中，受難者家屬的抗議、陳情、索賠未獲合理的回應時，心理衛生專業人員當如何發揮社會責任為受難者代言？
6. 心理衛生專業人員面對個案危機問題處理時，應當把握哪些處理原則？

註釋

【註1】：安心會，成立於88年1月30日，成立宗旨為服務遭受身心壓力的朋友，協助其解脫壓力的束縛，教導各種減壓的方法與知識，並達到「自助助人、互相扶持」的目標。服務對象為受到精神官能症（心身症）困擾的朋友。業務範圍包括：

1. 成立熱線電話供病友諮詢、傾訴。
2. 定期出版刊物。
3. 舉辦專題講座。
4. 行為治療旅遊。
5. 舉辦聯誼大會。
6. 協助團療運作。
7. 志工培訓講習。

會址：高雄長庚兒童醫院11樓精神科門診區。
電話：（07）731-7123 轉 8786。

參考資料

(1)Aguilera, D. C. & Messick, J.M. (1989). *Crisis Intervention: Theory and Methodology*, St. Louis: C.V. Mosby.

(2)Caplan, G. (1964). *Principles of Preventive Psychiatry*, New York: Boni Books, Inc.

(3)Erikson, E. (1963). *Childhood and Society*, New York: W.W.Norton & Co., Inc.Publishers.

(4)Hoff, L. A. (1978). *People in Crisis: Understanding and Helping*, California: Addison-Wesley.

(5)Holmes, T. H., & Rahe, R. H. (1967). The Social Readjustment Rating Scale, *Journal of Psychosomatic Research*, 11: 213-218.

(6)Hymovich, D. P., & Hagopian, G. A. (1992). *Coping Strategies*. In D. P. Hymovich & G. A. Hagopian (Eds.), *Chronic Illness in Children and Adults* (pp. 170-197),W. B. Saunders Company.

(7)Kelly, G. (1955), *The Psychology of Personal Constructs*, New York: Norton.

(8)Lindemann, E. (1944). Symptomatology and Management of Acute Grief, *American Journal of Psychiatry*, 101:101.

(9)Lazarus, R. S., & Folkman, S. (1984). *The Concept of Coping*. In R. S. Lazarus & S. Folkman (Eds.), *Stress, Appraisal, and Coping*, New York: Springer.

(10)Morgan, M. et al. (1985). *Sociological Approachs to Medicine*, New Hempshire: Croom Helm.

(11)McCrone, S. (1991). *Crisis*. In J. L. Creasia & B. Parker (Eds.), *Conceptual Foundations of Professional Nursing Practice*, St .Louis: Mosby Year Book, Inc.

(12)Pender, N. J. (1987). *Health Promotion in Nursing Practice*, Norwalk, Conn: Appleton & Lange.

(13)Sherman, J. E. (1991). *Coping*. In J. L. Creasia & B. Parker (Eds.), *Conceptual Foundations of Prefessional Nursing Practice*, St .Louis: Mosby Year Book, Inc.

(14)Staurt, G. and Sundeen, S. (1987). *Principles and Practice of Nursing*, (3rd. ed.), St. Louis: C. V. Mosby Co.

(15)Williams, F. (1971). Intervention in Maturational Crisis, *Perspective Psychiatric Care*, 9:240. Nov-Dec.

(16)王瑋等合譯（1991），《人類發展學》。台北：華杏出版公司。

(17)行政院衛生署（1997），〈台灣地區歷年事故傷害與自殺死亡概況〉，《中華民國八十六年衛生統計》。台北：行政院衛生署。

(18)李選編著（1993），《新編精神科護理學》。台北：永大書局。

(19)吳靜吉等編著（1986），〈壓力與壓力處理〉，《心理學》。台北：國立空中大學。

(20)胡海國、林信男（1996），《ICD-10精神與行為障礙之分類：診斷指引》。台北：中華民國精神醫學會。

(21)胡月娟、蕭淑貞（1995），《實用人類發展學》。台北：華杏出版公司。

(22)高紀惠總校閱（1997），《新護理診斷手冊》。台北：華杏出版公司。

(23)許木柱、鄭泰安（1991），〈社會文化因素與輕型精神症狀——泰雅和阿美兩族的比較研究〉，《中華研究院民族學研究所集刊》，71，133-160。

(24)張苙雲（1989），〈生活壓力研究的回顧與展望〉，《中華研究院民族學研究所集刊》，68，189-226。

(25)葉明華、柯永河、黃光國（1981），〈生活壓力因素對心理健康的影響〉，《中央研究院民族學研究所集刊》，52，173-210。

第 8 章

賴倩瑜

人格與行爲

前言

　　社會上常見有些人的特殊性格，往往會造成周遭人際關係的緊張，甚至可能造成職業功能的障礙，人格的健康、個性對環境適應與否，會影響個人的行為表現，若人格發展不夠健全或發生障礙，勢必形成無法適應社會環境的不適應行為，諸如逃避、誇大、挑釁、破壞，甚至自我毀壞等，進而嚴重地影響其人際關係。本章將介紹人格的形成與發展，影響人格及行為發展的因素，各種偏差人格會出現常有的行為反應，以及該如何處理及面對有人格障礙的病患。

人格的定義與形成

　　每個人在生活環境當中，隨著所處情境的不同，會出現不同的行為表現，以因應現實環境的實際要求。而此行為表現則隨著個人不同的性格又會有不同的呈現，這種個人在面對生活中的人、事、物，甚至在適應現實環境時，所表現的獨特個性，即稱為「人格（personality）」。在坊間常見的一般個性分類，不外乎外向（Extroverts）與內向（Introverts）兩種，前者活潑、好動、善交際、易與人接觸交朋友，熱衷於參與社交或團體活動；而後者則害羞、沈默、退縮、不善於表達情感、喜歡獨處等，如進一步探討便知，此兩分法是過於簡化了！我們常

會發現，有些所謂「八面玲瓏」的人，有時沈靜如處子，但有時卻積極活潑，動如脫兔，似乎無法以絕對的二分法一言以貫之，這就與個人人格形成的發展有相當的關係了。而人格的形成，會受到遺傳、學習、生活環境、以及個人的成熟度所影響，個人在人格的表現中，面對當時的情境時，會有不同的表現特徵，而這些特徵隨著時間的長期粹練，具有其特定的統整性以及持久性，即所謂的「**人格特質**（personality traits）」。

一般而言，人格的發展，打從初生幼兒時期即開始，其發展過程，包括五個時期：人格雛形期、人格構成期、人格發展期、人格塑造期以及人格固定期。（詳見**表** 8-1）

人格發展的影響因素

生物－生理因素

㈠遺傳因素

在目前的研究當中，多屬於間接性的研究，並未有直接的研究結果證實人格與遺傳的相關性，亦即在人格的形成與發展中，遺傳的因素並無直接的證據，仍有待進一步探討。

㈡體格因素

德國 Kretschmer（1936）曾針對體格與人格的相關性，有以

表 8-1　人格發展過程

人格發展時期	年　齡	內　　容
人格雛形期	0~4歲	◎從出生至幼兒時期，開始形成對環境事物的興趣與動機、發展，以及行爲表現的態度。
人格構成期	5~11歲	◎此爲兒童進入幼兒教育的幼稚園及小學時期，所接觸的社會互動增加，在環境中所學習的自我意識、興趣、動機及態度等，開始變得多樣化。
人格發展期	12~18歲	◎此爲青少年時期，個體著第二性徵發展，生理狀態的改變，個人的動機、興趣乃至於情緒等，皆會受影響而隨之改變，而人格特質亦爲適應生理及生活環境，而有所改變。
人格塑造期	19~30歲	◎此時期即進入青年期，個體所接觸到的社會環境較之前複雜許多，此時將會面臨到許多社會壓力，如升學、就業、感情、婚姻或經濟等問題，在解決這些壓力問題的過程中，難免會出現衝突與挫折，而影響情緒的穩定，便易導致原有人格的調整與改變。
人格固定期	30歲以上	◎成年期以後，人格的發展大概已達到固定的情況，對於生活環境已有一定的適應程度，且人格已趨於穩定。

下的研究結果：Kretschmer 將人類的體格大致分爲三種，分別是瘦長型、健壯型、矮胖型。瘦長型者其人格較屬於分裂型；矮胖型者則較屬於情緒不穩定型。而在美國 Sheldon（1940）的研究則顯示出肥胖型的人傾向於享受舒適的輕鬆生活；瘦長型者則傾向於壓抑性格，控制性較強；而健壯型者頗具能量且較具有果決力。然而以上的研究結果並無直接的證據，足以證實體格與人格之間的相關性，多是研究者經由一般性的測量結果所做的個人主觀性判斷，故近年來，此類的研究已較不被接受。

㈢精神疾病的影響

　　臨床上常發現，有某些精神疾患，在長時期的患病過程中，可能導致病態的人格發展，如兒童或青春期曾是注意力欠缺過動症候群（Attention-deficit / Hyperactivity Disorder；ADHD），即俗稱的**過動兒**，或是**行為障礙者**（Conduct disorder），日後較容易導致反社會型人格異常。而某些特殊的人格特質，由於長期對社會生活的不適應，亦有可能出現某些精神方面的疾病，例如具有自戀型人格者，有可能導致輕度或重度憂鬱症，或短期的精神病反應症狀。

㈣身體因素

　　Jacobs 等人，於 1965 年曾有研究結果發現：個體的染色體中，其性染色體若呈現 XYY 的異常現象，可能是引發不正常攻擊行為的原因之一。有多位學者亦曾研究發現，腦部發育延遲、腦部病變、癲癇（Epilepsy）或腦部損傷等，皆可能出現異常的攻擊行為，更甚者可能會出現習慣性的攻擊行為，而其影響因素還可能有腦膜炎或不適量的服用鎮靜劑所引發的神經系統性病變。

心理－社會－文化因素

㈠人格發展相關理論

　　1. 佛洛依德（Freud）──人格結構理論

　　　　佛洛依德主張個人的心理狀態分為意識、下意識和潛意識三個層次（詳見第二章）；而人格的結構則分成

原我（id）或稱本我、自我（ego）及超我（superego），由於佛洛依德強調人格的形成與發展最主要在出生至六歲以內進行，故特別強調自出生至六歲之間，個人的發展對於人格是否有偏差異常現象，具有重要的關鍵性，他主張人格的發展從五個階段的心性發展可一窺究竟，心性發展的五個階段包括：口腔期、肛門期、性蕾期、潛伏期、生殖期等，每個時期的人格發展狀況，將可能影響個人的一生（詳見第二章），而原我、自我、超我不同程度的表現及運用，則顯示出個人不同的人格特質，且此三者在正常情況下，應該是隨時互相調節以因應社會環境的。（詳見**表 8-2**）

　　原我的行為特徵，顯得自私、非理性、不道德、對於生理或心理的需求會要求立刻的滿足，例如嬰幼兒時期，對於飢餓總是無法忍耐，需要即刻予以滿足；或者如某些精神病患，對於生理的需求較高，且無視於社會規範的存在。而**自我**的行為特徵，則較符合現實社會的要求，瞭解原我的需求及衝動，在社會環境的限制之下，不能全數表現，而須有所控制，能充分與所處環境接觸，並適當解決所面臨的問題，至於**超我**的行為特徵，則顯得嚴謹 有規範，遵守社會環境的一般禮儀，對於制度及規章表現出嚴格遵守的行為，並藉此評斷個人行為的是非及好壞程度。

　　例如：當有個學生在放學途中，飢腸轆轆，在行經便利商店時，突然想吃包子以填飽肚子，隨即進入該便利商店，然而在原我的驅使之下，該生可能直接打開商店中保溫箱的包子，便大口大口地吃了起來；此時其自我會本能地察覺，此行為所可能帶來的麻煩，再受到超我的

功能發揮，在超我的主宰之下，認為此行為是不適當的，便會由自我表現出符合社會規範的行為，亦即在包子未入口前，便趕緊控制住自己想吃的行為，而以正常的交易手續，買下包子再吃。

時下流行的通俗小說《西遊記》裡，其中的主要故事人物，如：豬八戒好色、貪吃、好逸惡勞的性格，即是原我的寫照；而孫悟空的負責盡職、隨時克制自己的慾求、適時地解決所面臨的困難與衝突，即是自我的寫照；至於唐三藏的高尚道德表現，則是超我的意境。由精彩的故事敘述中，便鮮活地表現出此三種人格結構的特性。若個人的原我、自我及超我的發展不良，也許過或不及，皆可能導致某些人格發展的障礙，甚至會演變成人格的異常（詳見**表 8-4**）。

表 8-2　佛洛依德的人格結構理論

特性＼人格結構	原我 (id)	自我 (ego)	超我 (super ego)
發展時期	0~1歲	6個月~3歲	3~6歲
遵循原則	享樂原則	現實原則	道德原則
思考模式	原發性思考	續發性思考	
意識活動層次	◎潛意識。	◎多數是在意識層面，少數在潛意識層面。	◎多數在潛意識層面，少數在意識層面。
心理活動特色	◎不符合現實的要求，沒有時間觀念	◎具有合理的邏輯思考，可區辨出所處環境人事物的不同。	◎能評斷個人之思想與行為的是非對錯。

2. 艾瑞克森（Erikson）——心理社會發展理論

　　艾瑞克森將個人的心理社會發展分成八大階段：嬰兒期（出生至一歲半）、兒童早期（一歲半至三歲）、兒童晚期（三至五歲）、學齡期（六至十二歲）、青春期（十二至十八歲）、成人早期（十八至二十五歲）、成人期（二十五歲至六十五歲）、老年期（六十五歲直到死亡）（詳見第二章），在理論中強調，人格的發展會隨著年齡的增長有不同的成長，並無限制於某個年齡層有特別的人格發展，而是無終止地持續發展直到老年期至死亡為止。

3. 容格（Jung）——人格理論

　　容格主張人格系統包括：自我（ego）、人格面具（persona）、內在意念（shadow）、個人潛意識（personal unconscious），以及集體潛意識（collective unconscious）（詳見**表 8-3**），容格認為人格的表現是由此五者互相影響而形成。

表 8-3　容格的人格系統理論

人格系統	內容
自我	◎個人在意識層面中，所表現的思考、記憶、知覺與感受等。
人格面具	◎個人在不同情境中，所扮演的各種不同角色，彷彿是帶著各種不同的面具。
內在意念	◎存在於個人內心深處，不為人知且可能不被社會接受的非理性想法。
個人潛意識	◎個人不為人知的慾望或衝動，被潛抑於潛意識中。
集體潛意識	◎某些民族或人類所共有的人格特質，而個人並無覺知。

(二)家庭因素

家庭是社會的最基本單位，促使家庭成員社會化是家庭功能中很重要的一部份，因此家庭是否健全，以及家庭成員在家庭中社會化的過程是否完整，對於家庭成員的人格發展具有相當大的影響。家庭中父母對子女的教養態度及方式，也會深深影響子女的人格發展健全與否，在西方有多位學者研究發現：父母持有溫暖、接納、愛護的態度，其子女多能自我接納、愉快且情緒穩定；而若父母持有的態度是拒絕、冷酷及控制，則將造成子女自卑、焦慮、退縮、過份順從、無安全感、攻擊性強且有反社會性行為（Armentrout & Burger, 1972; Baudura & Walters, 1959; Medinnus, 1961; Symond, 1949）。在國內的研究中，亦有類似的發現：若父母持有溫暖、關懷、獎勵和民主等積極的教育態度，子女多能自我接納、獨立自主、情緒穩定且個人和社會適應良好；相反的，父母持有拒絕、懲罰、控制、忽視或敵視等消極態度者，其子女多表現退縮、焦慮、自卑、缺乏安全感、攻擊及反社會傾向（陳淑惠，1981；錢幼蘭，1983）。

從臨床的眾多案例中，可以發現家庭功能不良者，其家庭成員的人格發展有某部份的缺失，可能會促使個人人格異常的現象，例如依據多位學者的研究結果發現，反社會型人格異常、強迫型人格異常以及邊緣型人格異常，可能與某些因素有關（詳見表 8-4）。

(三)社會文化因素

隨著各地區生活環境文化的影響，可能也會造就出地域性文化的人格特質出來，例如在大陸便有「北方人豪爽、乾脆，南方人則斟酌、細膩」的說法，在台灣亦有此一說「南部人熱情、直爽，北部人則理性、有禮」等。

而現今時代隨著科技生活的發明與發展，一些傳統而良好的社會觀、人生觀或價值觀，皆隨著拜金或功利主義的潮流而逐漸消弭，由於消費文化的衝擊，人與人之間的關係也顯得疏離而陌生，人際關係似乎也構築於金錢與權勢之上，當然，人們的價值觀或道德觀皆會受影響而改變。再加上社會壓力的無形增加，家庭成員的社會化發展當然亦隨之影響，個人傾向於

表 8-4　人格異常的可能導因

人格異常	可能導因
反社會型人格異常	◎父母教養方式不當（如過於放任，疏於管教缺乏關懷，或過於嚴格的打罵教育等）。 ◎來自於貧困家庭。 ◎性蕾期時缺乏對父母良好的性別認同。 ◎原我需求強烈，符合社會化的超我卻很微弱、發展不全，又無法對自我認同，故無法控制自己免於說謊、偷竊或違法之反社會性行為。 ◎自幼患有「注意力欠缺過動症候群 (ADHD)」，俗稱「過動兒」，或有行為障礙者。 ◎個案父親亦屬於反社會型人格異常者（可能與遺傳或環境的影響有關）。
強迫型人格異常	◎超我的發展過度，使個案對自我有過於完美的要求，且成為沈重的負擔，常因達不到自己所訂定的理想道德標準，感到罪惡與羞愧。 ◎依據佛洛依德的心性發展，正值肛門期的幼兒，剛開始接受大小便訓練，若訓練過程過於嚴格、不順利或不愉快，將可能導致對自我過份要求的強迫型人格異常，故又稱肛門型人格。
邊緣型人格異常	◎幼年發展經驗中與母親分離個別化的過程，經歷到負面不愉快的經驗。

原始慾求的追逐，自我的迷失，以及道德超我的淪喪等，將可能導致人格異常的發展。

心理健康的人格特質

1. 知道自己的優點與缺點，並接受之。
2. 充分瞭解現實的存在，以及實際環境的限制。
3. 有足夠的自主性，能夠對自我及環境有一定的控制。
4. 能獨立思考和行動，以解決問題。
5. 具有積極、一致及統整性的人生觀。

行為發展的影響因素

(一)生理遺傳

　　從母體的受精卵開始，來自父親與母親的特質基因，便經由巧妙複雜的交錯組合，將某些先天的基本特徵傳給了子女，曾經有雙胞胎的兩個兄弟，分別由不同的人家收養，兩人在長大後久別重逢，才竟然發現兩人走路的姿態相似，就連思考時的搔頭動作都幾乎如出一轍，使人不得不驚呼雙胞胎過人的絕妙默契！也由此可知，有些特別的行為動作習慣，可能有其先天遺傳之處。

㈡發展成熟度

常聽一些有經驗媽媽說道：「小朋友在一歲以前的發育是七坐八爬九生牙，約滿周歲時便開始學走路。」事實上在幼兒的生長發展過程中，一些有意義的行為可能在其成長中經由感官的刺激學習，或看或聽便一點一滴地記憶入腦中，但總是要等待生理器官各方面的功能發展完全，才能「有所作為」！我們常見有些因生理的發展遲緩或不完全，導致各種程度及行為能力上的殘障，故生理機能發展的成熟度會影響個體行為的表現，可說是個體行為表現的基本要件。

㈢成長環境與行為的學習

嬰兒自離開母體之後，成長過程中，生活環境裡的所有人事物，皆是其學習的對象，如「孟母三遷」，便是有名的例子，孟母因不想讓環境的惡習影響孟子的成長，不惜幾度搬遷，只希望孟子有個健康成長的環境，轉而看現今的父母親，不也是為了給子女有個健康、豐富的學習環境，不惜遷移戶口讓子女在較信賴的學校就讀。然而除卻家庭或學校的環境，所處環境的文化風俗、生活方式或習慣，也都與個體的行為學習有著密不可分的關係！

㈣父母教養方式

家庭環境的健全與否，與該家庭父母對子女的教養方式息息相關，而子女各種行為的養成，小至瑣碎生活習慣的培養，大至對周遭事件的判斷或處理，也受到父母教養方式的深刻影響，無論是言教或身教，會不經意地營造出各個家庭其成員間，不同的互動模式與溝通型態，也在潛移默化當中，逐漸養成子女們獨特的人格特質與行為模式。

然而，如何才是較適當的教養態度呢？不外乎用真心關懷、寬容的態度與愛，面對正在學習中的子女，即使處罰其不當行為，亦應耐心說明其原因，並教導正當行為，切勿使子女誤以為，父母是因為討厭他才懲罰他的！另外，父母之間教養態度的一致性也很重要，本身的言教與身教亦不可偏離，以免使子女在行為學習過程中感到無所適從。

(五)自我認同歷程

對於自我的認同，在嬰幼兒時期，便可發現其在生活中悄悄學習父親或母親的一舉手、一投足，認為父母是世界上最偉大的人！到了兒童時期，對老師的崇拜幾乎到了字字珠璣，諄諄教誨無一不從的地步，然而到了青少年時期，同儕、朋友，乃至於偶像的一言一行，似乎時刻牽動著青少年的心，這一連串的成長過程，便是個人在尋找自我定位、肯定自我的歷程。因此一歷程的時間演進需要很長的一段時間，個人的行為特徵、自我概念及人格，也在當中不知不覺地成形。

(六)道德觀念的建立

每個人皆來自於各個不同的家庭，就如同先前所言，各家庭中的溝通型態、互動模式，父母的教養態度及家庭氣氛，在成長過程中，皆會影響到個人某些觀念的形成，如價值觀、道德觀或人生觀，進而決定個人的行為模式；而道德觀念的建立，更是個人從家庭步入社會，一個非常重要的行為準則與基石！我們常會發現，社會事件中的許多人物，皆因道德觀念的薄弱，而做出社會不容，甚至人神共憤的犯罪行為，但可悲的是，該罪犯自己卻一副蠻不在乎或是無辜的模樣！

人格與行為的關係

　　個人所表現出來的外顯行為，與其思想、動機與需求息息相關，而個人的思想、動機與需求卻緊密地與個人人格特質的控制相互影響著，心理學家馬瑞（Murray）曾提及個人內在的基本性生理需求、心理性次級需求以及外在環境的反應需求，將促使行動的產生及行為的表現，意即個人的行為表現，與其內、外在環境的情境反應有關，例如王大頭肚子餓了，打開便當隨即狼吞虎嚥；或黃美眉在學校被男同學惡作劇欺負，因感委屈而大聲哭了起來；或張小傑在郊外被一群來路不明的狗窮追猛吠，他情急之下可能會翻牆逃離現場，人稱「狗急跳牆」。因此所處環境所發生的事件情境，會影響個體當時的行為反應。

　　馬斯洛（Maslow）亦曾提出人類五種與生俱來的需求層次——生理需求（包括食物、水和性）、安全需求（包括安全、秩序和穩定）、愛與歸屬需求、尊重需求（包括自我及他人）以及自我實現的需求，他認為這些需求將可激發並導引人類的行為，促使人類的成長、發展及實現。又如知名的心理分析學家佛洛依德曾提及的人類原始的慾望─性與攻擊等，隨著人格的成長，會有不同的行為表現出來。

　　例如：有些人的控制慾望很強，認為環境中的人事物皆應在其掌控之中，若失去控制便會感到不安或懊惱而沒有安全感，這便是支配及安全感的需求所引導，而此需求便受到所謂**強迫型人格**所影響；有些毫無主見的人，對社會環境中的威權總是一味的順從聽命，絲毫不敢表達出個人的意見或看法，深

怕遭受責罵或遺棄，這也是歸屬感需求之引導，受到**依賴型人格**之影響；又如有些人易怒、好戰、對不合他意之事便隨即抱怨，展開言語甚至肢體的攻擊，愛逞兇鬥狠，無視於社會道德規範之存在，此種攻擊的原慾，在不良的人格發展之下，便形成了**反社會型人格**，故由個人的外顯行為表現，又可略窺其性格，反映出其特有的人格特質。

然而，有哪些因素可能會造成人格的改變或發展偏差呢？例如，不良的成長環境：有暴力或虐待的家庭，子女在驚恐、不安、沒有安全感，甚至於充斥著報復心態的環境下長大，或是外在多方文化衝擊的環境，使個人的人格與行為發展逐漸偏離正道，以較不健康，甚至幾近變態的手段、途徑，自私地滿足個人的慾望而不自知；另外，各種物質的濫用，無論是酒精或鎮靜安眠的處方藥物，甚至於非法的毒品，若吸食過量，可能在中毒或戒斷過程會出現道德淪喪、人格改變的情況，更嚴重者可能會引發精神疾病的症狀；再者，頭部外傷所導致的腦部挫傷或腦部結構病變，皆有可能引致個人人格或行為的偏差。

而偏差性人格常會出現不少令人感到困擾，甚至厭煩的行為，例如依賴行為、強迫行為或是操縱行為等，其中操縱行為常使周圍的人，甚至於醫院中的醫護人員感到棘手、困難而難以處理，至於操縱行為的表現有哪些？又該如何避免被操縱呢？簡單說明如下：

操縱性行為（Manipulative behavior）

㈠有目的的討好者

在與他人建立人際關係初期，個案會表現得順從、合作，假象地表現隨和熱心的一面，甚至於主動誇讚他人，以企圖博取他人的好感，待與他人建立良好的關係之後，便自認為具特殊身份而開始出現要求特權或優惠的行為，若其要求被許可，則會變本加厲，不合理的要求行為會不斷出現，使人不堪其擾，但若其行為一旦被拒絕，則個案會開始出現拒絕、不合作、破壞或慫恿別人共同抗議等令人頭痛的激烈行為。

㈡直接挑釁者

個案先對環境作詳細的觀察，瞭解周遭每個人可能的弱點，在有利害關係出現時，便主動出擊，毫不客氣地針對對方的弱點加以攻擊，例如，某人身材矮小，很忌諱他人以此取笑之，但若與個案有不愉快的相處經驗時，個案便會直接以言語攻擊之，更甚而會到處傳播，吆喝他人一齊展開批評，使某人有受傷的感覺，心裡非常不舒服卻又無法辯駁，而感到非常委屈難過。

㈢挑撥離間者

個案會在醫院或工作等所處環境中，觀察人際互動，以不實的言論，製造環境中人際間的衝突混亂，例如，個案主動對A君表示：「我聽B君說，你是一個很小氣、愛貪小便宜的人，我怎麼看你也不像呀？」，隨後又在A君背後對B君說：「我常聽A君在抱怨你，他認為你是個奸詐狡猾的人，說你喜歡打

小報告呢！但是我不覺得啊！」，個案會以類似此方式對環境中的人進行挑撥離間，使被挑撥者互相積怨，破壞其彼此間的情感及關係，而個案則顯得得意洋洋，認為自己是當中最聰明者，可將他人玩弄於股掌之間。

㈣無助的弱者

當個案必須面對一些他所不願意承擔的責任或事情時，便會表現出一副無助、無力且楚楚可憐的樣子，甚至不惜用哭泣、責備或者自我傷害來處罰自己，來博取他人對他的同情與疼惜，藉以喚取他人對他的注意，並主動照顧或幫助他，而使幫助他的人忽略了他該承擔的責任或須完成的任務。

預防被操縱的原則

㈠鼓勵以適當的方式表達情緒

個案出現操縱行為時，以穩定鎮靜的情緒面對，鼓勵個案以言語表達其不滿或抱怨，將不悅的情緒以理性傳達，予耐心傾聽，提供同理心，接受個案的想法及感受，但並不一定表示贊同個案的操縱行為。

㈡訂定行為規範

先觀察個案的操縱行為類型，與個案明訂確切的行為規範，讓個案清楚其行為底限，告知若出現不合理的要求或攻擊（包括語言或非語言）行為，將予適時的處罰。

(三)一致性的態度

　　面對個案的操縱行為時，應冷靜相對，切勿自亂陣腳，自己先亂了方寸，須與環境中的其他人有共識，以一致性的態度處理時，勿讓個案有討價還價的機會。

(四)誠懇而堅定地執行處罰原則

　　當個案違反行為規則時，應以明確、誠懇客氣的態度，堅定地執行處罰原則，並在執行前，明白告知其不適宜的態度或行為，亦即對其施予處罰的原因。

(五)不輕易更改行為規範

　　針對個案所訂定的行為規範，應適時評值其執行時的有效性，若因實際的狀況而有需要更改時，也需參與的工作人員一同討論獲得共識後，方可改變原來的計畫。

人格異常（Personality Disorder）的定義

　　個人在生活環境中，行為呈現固定且長期性的異常表現，影響到個人心理健康的發展，造成人際關係不良，社會適應困難，甚而出現職業功能障礙的情形，稱為**人格異常**。人格異常的現象，常在人格尚未發展完全的兒童晚期或青少年期開始出現，由於此階段人格仍未固定，故人格異常的診斷，必須在**滿十八歲**之後才能確定。但若某人格異常的現象出現於十八歲以下，而其症狀表現非常明顯，且異常行為症狀持續至少一年以

上，仍可下該診斷，但唯一例外者是「反社會型人格異常」，必須在十八歲以後才能確立診斷。然而，若人格異常的表現始於中年人格固定期之後，就須先考慮是否有生理上的障礙，如腦部受傷、內分泌的不協調，抑或是因物質濫用所引發。

　　事實上，大部份的人皆難以分辨人格異常與正常人之間的差別，亦即人格的異常與否，並沒有明確的界線，有些人的行徑總有些與常人不太一樣的地方，但只要其人際關係或職業（學業）功能未有明顯的障礙，生活適應尚好，即使有人格上的偏差，我們也只能說此人有某種人格障礙傾向或他具有某種人格特質罷了！如具有**反社會性人格傾向**的人，可能在青春期便有違反學校紀律的不良行為，對挫折忍受度低，愛逞兇鬥狠，但若其行為尚未達嚴重的犯法，或不至造成家人朋友、自己的困擾，亦不影響生活或學業、工作的表現，則不能說他有反社會型人格異常；一位從小便很愛乾淨，非常小心翼翼整理自己玩具的小朋友，長大後對自己的生活舉止非常嚴謹，謹言慎行，在生活中也可以看到其一板一眼的生活態度，如此的人格特質可以說是其優點，亦可能是其缺點，此人可能會因其不敷衍苟且的個性而感到壓力，但周遭人可能會因其謹慎行事而予嘉勉，此人格特質只能說有**強迫型人格傾向**，而未達有人格異常的狀態！

　　然而在醫學的診斷上，僅能以各種人格異常的症狀行為之特性，作為觀念上的區分。根據美國精神醫學會所訂定第四版「精神疾病診斷統計手冊」（DSM- IV），將人格異常大概區分為三大群：**第一群**個案行為表現顯得奇異、古怪，無法以常理或合理的邏輯解釋其行為，包括妄想型、類分裂型，以及分裂病型人格異常；**第二群**個案之情緒表達豐富，但不穩定，常使

人感到其心情是「晴時多雲偶陣雨」，使周遭的人常無法消受！包括歇斯底里型（又稱戲劇型）、自戀型、反社會型、邊緣型人格異常；**第三群**個案較屬於敏感性格，凡是皆顯得容易焦慮、緊張或害怕，包括逃避型、依賴型、強迫型，以及被動攻擊型人格異常。可以發現的是，所有的人格異常患者，皆有類似或相同的特徵如下：

1. 對挫折忍受度低，個性缺乏彈性，對壓力的適應不良。
2. 面對挫折或困難的問題時，常會推卸責任或嫁禍於他人。
3. 在職業功能或人際關係上出現嚴重的障礙，且通常較精神官能症患者嚴重。
4. 當生活中出現壓力時，便會出現強烈異於常人的舉止或言行，即所謂人格異常的反應。

人格異常的種類、症狀特性與行為特徵

種　　類	症狀特性與行為特徵
妄想型人格異常 (Paranoid personality disorder)	◎多疑，不信任他人，易把他人的善意扭曲，毫無理由地懷疑朋友的忠誠度，處處防備，深怕他人會算計、打擊、傷害自己。 ◎過於敏感，善嫉妒，易將小事渲染成大問題。 ◎過於在意、關心或懷疑事件背後所可能潛藏的特殊意義或動機。

種　類	症狀特性與行爲特徵
妄想型人格異常 (Paranoid personality disorder)	◎善於使用外射(projection)的防衛機轉，對不如意的事情，總是將自己的錯誤怪罪於他人，易與人起衝突。 ◎無法接受批評，對他人總是心存偏見、吹毛求疵，與他人有意見相左時，總是好爭辯不認輸。 ◎行事常顯得緊張，難以放輕鬆，當發現自己受威脅時會立即予以反擊。 ◎主觀地認爲自己是冷靜理性而客觀的，且以此而自豪。 ◎人際互動時，缺乏幽默感，表情常顯得嚴肅而淡漠。 ◎欠缺溫和及感性的情感表現。 ◎以男性居多。
類分裂型人格異常 (Schizoid personality disorder)	◎個性內向孤僻，但尚無奇怪的思想及言行。 ◎情感表現顯得淡漠，對他人漠不關心，不在乎他人對自己的批評或看法，也無法體會他人的感受，人際關係疏離，少有親密朋友。 ◎對社交性活動不感興趣，多專注於無生命的物質或儀器等，能享受孤寂與單調的環境，如：音樂家、畫家等藝術工作者可能伴有此傾向。
分裂病型人格異常 (Schizotypal personality disorder)	◎對社交活動顯得過份緊張焦慮，導致人際關係疏離，少有朋友，常有職業或社會功能的障礙。 ◎多疑，表情常顯淡漠，常有不合宜的情感表現。 ◎常有古怪的思想、抽象的言談或知覺感受，外觀裝扮亦顯得奇異，行爲表現怪異，諸如過於迷信的想法或行爲、自認爲有超乎第三空間的心電感應或第六感等，但尚無聯想鬆弛的現象產生。（詳見**表8-5**）

種　類	症狀特性與行為特徵
反社會型人格異常 (Antisocial personality disorder)	◎青少年時期即可能出現不適當行為，諸如：逃學、逃家、說謊、逞兇鬥狠、打架或聚眾吸毒等，甚而具破壞性，偷竊或加入幫派從事非法行為，成年後，對於社會道德規範有漠視之現象，甚至會做出重大犯法的勾當。 ◎常有小聰明，但學業成績常不如預期的佳。 ◎易怒且具有攻擊性，家人中稍有不合他意，便有毆打家人的情形，如對配偶施以婚姻暴力或虐待子女。 ◎為人自私，行事魯莽衝動，做事缺乏計畫且不負責任，故其工作常不固定。 ◎常使用外射或合理化的自我防衛機轉，將個人的錯誤無理地歸咎於他人並責怪之，對於自己的錯則編理由辯解。 ◎缺乏羞恥心及罪惡感，對於其非法或不適當的行為缺乏悔意。 ◎因人際關係惡劣，會感到痛苦，相信他人對自己總是懷有敵意，此皆其個性使然，故無論是家人或朋友，乃至於親密的性伴侶，大多無法維持良好且持久的關係。 ◎常見於較低社經階層之男性。
邊緣型人格異常 (Borderline personality disorder)	◎情緒不穩定，常因生活瑣事而導致情緒起伏變化大，因此人際關係較顯緊張而不穩定，常會出現依賴、渴望友誼，但卻對朋友出現具敵意的行為，如：不客氣的批評或指責，故常會出現在一夕之間，便翻臉不認人的情況，可以從昨天非常親密要好、無話不談的好朋友，在今天變成勢不兩立、強烈憤恨的仇人，這一切只因該友人沒有滿足其所求無度且經常帶給人威脅壓力的性格。

種　　類	症狀特性與行為特徵
邊緣型人格異常 (Borderline personality disorder)	◎其人際關係的建立約略分為三個時期：從冷眼旁觀的觀察期→有所目的的親密友誼期→情感或物質需求未獲滿足時的自我毀滅期（常以自我破壞行為做為人際關係聯繫的威脅）。 ◎常因周遭一時的不合己意，便會出現誇張、強烈的憤怒，對自己的氣憤情緒無法控制，常會出現不適當的衝動行為，如：大吃大喝、四處亂花錢、性濫交、濫用物質或不當喝酒。 ◎對於自己的慾求，會利用自我殘害或自殺作為威脅的手段，如：刻意在親人面前拿小刀自戕或出現跳樓等「作態性自殺」，以達成其願望。 ◎自我概念模糊，對自我的認同亦不確定。 ◎不願意承擔因自己的失敗所造成的後果責任，習慣以外射的防衛機轉，反而以冠冕堂皇的說詞或聽似合理的藉口，強調自己是一個受害者。 ◎由於人際關係不佳，少有貼心朋友，家人亦常敬而遠之，故生活常感到空虛、寂寞或厭煩。 ◎可能因壓力會出現短暫的身心症狀或精神病症狀，甚而會出現嚴重的人格解離現象，其症狀特性介乎精神官能症與精神病之間。 ◎社會生活及職業功能皆會受到極大的影響。 ◎此人格異常較普遍，且大多見於女性。
歇斯底里型人格異常 （戲劇型人格異常） (Histrionic personality disorder)	◎行為表現幼稚，常以身體外在的裝飾，甚至誇張的奇裝異服或裝扮，以獲得他人的注意力 (Attention calling)。 ◎對於異性有過度的渴望，常會出現不合宜的性誘惑，例如刻意穿裸露的服裝、對異性拋媚眼等。

種　　類	症狀特性與行為特徵
歇斯底里型人格異常 （戲劇型人格異常） （Histrionic personality disorder）	◎喜歡追求刺激，可能會利用危險或違法邊緣的活動，尋求發洩！ ◎情緒不穩定、善變且其行為的表達反應激烈、過度誇張、膚淺而戲劇化，常對細碎小事有極大、強烈的反應，其情緒的表現多發生在「有人在場」的情況。 ◎常以自我為中心，會縱容自己，對他人的依賴心強，但不會體諒他人，為別人考慮，若自己感到未成為他人注目的焦點時，便顯得渾身上下不舒服。 ◎人際關係的表現亦做作、矯飾，過份熱情，欲討人喜歡，且常需要他人的支持鼓勵與保證，但接觸多次後會感到其膚淺、虛偽，缺乏誠意，偶而會出現操縱行為。 ◎情感或思想容易受到外界環境的影響，容易受感動，故常過度信任他人。 ◎學識成就動機較低，缺乏審密分析性的思考能力，但想像力豐富具創造性。 ◎常出現身心方面的症狀，如：頭暈、頭痛，抱怨身體虛弱不適等，戲劇型人格異常與邊緣型人格異常最大的不同點在於後者除了身心方面的症狀，亦可能伴隨出現急性的精神病症狀，而前者則只會出現身心症狀。 ◎此疾患多見於女性。
自戀型人格異常 （Narcissistic personality disorder）	◎對自己的某些部分，感到得意而欣喜，需要他人隨時注意到他，且須常常加以讚美與誇獎，希望他人崇拜自己，常有自大、愛現、驕傲的態度或行為，無法接受他人的批評或建議。 ◎以自我為中心，無法體會他人的感受或察覺環境的改變，不能站在對方的立場著想，缺乏同理心，亦缺乏自我反省的能力。

種　類	症狀特性與行為特徵
自戀型人格異常 (narcissistic personality disorder)	◎人際互動方面，喜歡佔他人的便宜，或利用他人以享受優厚的待遇；對於可能對他有利的人士，會極盡討好，但若對自己毫無益處，或可能威脅到其身份、地位、權勢者，便可能會刻意造謠、詆毀、中傷他人，故人際關係方面亦多有障礙。 ◎總是誇大地認為自己很重要，如過度地誇耀自己的才氣、成就、權力、美貌或身材。 ◎一心追求名利、成就、美麗或權力，也可能悠游於理想化的愛情憧憬中。 ◎對外界環境具有不合理的期待，認為自己應享有特別禮遇，而要求特權，但是卻無法尊重他人。 ◎常認為他人會嫉妒自己，而自己對於他人的優點也難掩嫉妒之心。 ◎潛意識中存在著病態性的自卑情節，卻以反向作用的防衛機轉表達，故缺乏內省的能力。 ◎因對他人常有強烈的嫉妒心，時常感到挫敗，又隨時隨地想呈現自我最完美的形象，此矛盾心態常使他感到痛苦。 ◎此類疾患可能伴隨出現其他人格異常的特徵，如：邊緣型、戲劇型或反社會型人格異常等。 ◎與戲劇型人格異常相似，皆有以自我為中心的表現，但與之不同點在於自戀型人格異常會誇大自己。 ◎常見於女性、藝術、影劇、體育或學術界人士。

種　類	症狀特性與行為特徵
逃避型人格異常 (Avoidant personality disorder)	◎自我較弱，對自己缺乏信心，顯現出低自尊，常需他人的關懷、接受與支持，常因自卑感的作祟，輕視自己的能力與成就，會因輕微、細小的缺陷而感到沮喪、自暴自棄。 ◎渴望友誼的建立，但又深怕遭到拒絕，而顯得逃避畏縮，不敢與他人有互動往來，以避免與人進一步接觸。 ◎與類分裂型人格異常相似，對人際關係有疏離感，但不同的是，逃避型人格異常對他人所給予的關愛顯得較積極、喜悅，會期待被人接受和喜歡。
依賴型人格異常 (Dependent personality disorder)	◎缺乏自信，易輕視自己的才能與稟賦，無法獨立，毫無主見，凡事大都需要他人做決定，也容易因他人的批評或不贊同而感到受傷害。 ◎因經常擔心被遺棄或失去支持，會表現得過度服從，難以拒絕他人自己所不願意的事情。 ◎常為了獲取他人的關心、支持或好感，會勉強自己作對自己沒有意義或不喜歡的事情。 ◎當與朋友的親密關係結束時，會急於另覓一人或尋求另外的人際關係予以照顧和支持。 ◎有可能併發輕度或重度憂鬱症。 ◎此疾患普遍見於女性。
強迫型人格異常 (Obsessive personality disorder)	◎容易過份專注於法條、常規或細節，凡事要求完美，不能有絲毫的輕忽，顯得墨守成規，處事缺乏彈性與變通性，沒有隨機應變的能力。 ◎凡事責任心強，經常事必躬親，只因擔心他人無法勝任所賦予的任務。

種　類	症狀特性與行為特徵
強迫型人格異常 (Obsessive personality disorder)	◎由於過份專注於規則，而缺乏應變的彈性，常顯得缺乏幽默感，而更難以表達溫柔、體貼的情感，常導致人際關係緊張。 ◎常因無法控制的完美主義，無法辨知事情的輕重緩急，導致妨礙任務的完成。 ◎常會不合理地要求他人，務必要遵照自己的方式做事，對環境的控制慾望亦強烈，若情境稍有失控，便會感到生氣、不耐煩，但不至於會直接強烈地表現出來。 ◎為了有完美的工作表現，常會犧牲自己的假期與休閒生活，而全力投入工作。 ◎注重傳統倫理道德，嚴格恪守社會規範，表現相當嚴謹正直。 ◎對於與個人利益相關的事情，會吝於付出多餘的時間或金錢。 ◎有強烈的守舊觀念，對於早已失去功用或意義的物品，寧願置放於儲藏室，也不願丟棄。 ◎常因優柔寡斷，深怕造成錯誤而猶豫不決，做事缺乏效率，常因此感到痛苦。 ◎非常在意他人對自己的感覺及看法，對於他人的批評相當敏感，尤其是來自於具有相當社會地位或權勢的人士時。 ◎又稱肛門型人格，常出現於A型生活行為特質者。 ◎此類疾患常見於男性。

種　類	症狀特性與行為特徵
被動攻擊型人格異常 (Passive-aggressive personality disorder)	◎個案在與人相處時，不易信任他人，表面顯得順從，但事實上卻拖延敷衍，甚至暗地裡不停發牢騷、抱怨，不甘心服從合作。
	◎常以反向作用的防衛機轉表現，如潛意識中很希望能依賴他人，但卻表現出一副獨立不需他人協助的模樣。
	◎在與此類個案接觸初期，可能明顯有被個案拒絕的不舒服感受，亦即個案可能會出現被動攻擊的抗拒行為 (resistant behavior)，例如：刻意地不遵從、唱反調、拒絕回答任何問題、拖延、故意混水摸魚，將事情搞砸，不負責任地只說「忘記了！」，對任何人的接近皆以沈默、冷眼對待，不理會他人，而令人感到不悅或強烈的挫折感。
	◎很少主動關心他人，人際關係不佳。

表 8-5　類分裂型、分裂病型人格異常與精神分裂症之區別

類分裂型人格異常	◎個性內向孤僻，情感表達淡漠，人際關係疏離，但尚無怪異思想、知覺、言談或行為，與人溝通無障礙。
分裂病型人格異常	◎常有不合宜的情感表現，可能有怪異的裝扮、奇怪的思想、行為、抽象的言談或溝通行為，以及奇幻的知覺感受，但尚無聯想鬆弛的現象，可能亦有精神分裂症之家族史。
精神分裂症	◎有明顯的妄想之思考障礙及幻覺等精神病發作之症狀。

人格異常的治療原則

　　人格的發展，需要長時間的醞釀與成長，在發展過程中，也許由於多方面的因素，導致偏差人格的形成，通常在偏差人格發展的初期，多出現在青少年時期或成人早期，而此時期又大都缺乏家庭或學校、社會的關注，故常令人忽略個人人格異常的發生，又大部分個案均缺乏病識感，即使人際關係不佳或社會適應有某種程度的困難，個案也不認為是自己個性的問題所引起，所謂「江山易改，本性難移」，故人格異常的治療重點，並不在寄望個案的個性本質完全改變，而只是藉由心理治療長期的介入，讓個案本身瞭解自我性格無法適應社會的問題根結，進一步鼓勵個案自我調整，因此人格異常，可說是一種需要長期治療的疾病，但卻非是終生不治的絕症。

　　人格受到個人內在以及環境中許多因素交互影響而形成，無法以確切的單一因素論定人格異常發展的原因，故人格異常疾患之治療必須兼顧到生理－心理－社會等各方面的影響。在**生理方面**，多採症狀治療或減輕個案身體不適之症狀，必要時予以藥物治療，如當個案處於壓力大的緊張狀態，可能出現焦慮或失眠的情形，可提供抗焦慮劑或鎮靜安眠劑予以緩解；若個案出現憂鬱現象或伴隨有急性的精神病症狀，則可提供抗憂鬱劑或抗精神病藥物，予減輕其症狀。然而藥物治療並非人格異常疾患治療的主要途徑，相反的卻只佔一小部份而已，通常只是治療初期短暫的使用，除了應用藥物改善其困擾的症狀外，在**心理社會方面**，須先與個案建立良好的治療性人際關係，鼓勵個案以言語表達，並傾聽其感受及想法，提供情緒支

持，提高其適應生活環境的能力。

　　心理治療幾乎是此類疾患治療的主軸，可包括個別心理治療、團體治療、家庭治療、行為治療等，尤其以個別性的會談治療，心理分析性治療最為普遍，以長時間的治療，透過良好關係的建立，以人格重建作為治療重點及目的，以改善其所有的不適應行為。實際上各類的人格異常有其較適合的心理治療方式（詳見**表 8-6**），但不管使用何種治療方式，治療者皆須以真誠、一致性的態度對待個案，有耐心地持續提供同理心、心理支持與協助，可以預期其治療效果並不會非常顯著，需要長時間的調整與改變，故不須對此類疾患的治療抱以太大的期望，只要個案有足夠的動機，願意做改變，即使只是些微的進步，也應給予信心及鼓勵，與個案一起成長。

表 8-6　各類人格異常適合的心理治療

心理治療	適用的人格異常
個別心理治療	◎類分裂型、分裂病型、歇斯底里型（戲劇型人格異常）、自戀型、邊緣型、逃避型、依賴型、強迫型人格異常
行為治療	◎逃避型、依賴型、邊緣型、強迫型人格異常
團體心理治療	◎反社會型、歇斯底里型（戲劇型人格異常）、自戀型、逃避型、依賴型、 強迫型人格異常

人格異常的護理原則

種　類	護理原則
妄想型人格異常	◎以耐心、公開、誠實的態度，與個案建立並維持良好、信任的人際關係。 ◎由於個案過份敏感，與其接觸時應特別注意保持適當距離（約一個手臂長），態度維持中立，適度地表達關心。 ◎進行溝通時，應該留意本身語言及非語言的表達，力求簡單清楚，誠懇且尊重的態度，儘量避免發生不必要的誤會。 ◎提供安全舒適的環境，避免過多刺激，以減少衝動的攻擊行為發生。 ◎以真誠的態度予傾聽及支持，重點在於個案的感受及行為，未建立良好且信任的關係之前，為降低個案對治療的防禦心，應儘量避免進一步探討其行為內在的動機。 ◎以社會現實情況與個案討論，提升其現實感，並協助釐清其思考之困擾，鼓勵學習適當的調適技巧。
類分裂型人格異常	◎由於其孤僻、淡漠的個性，使人倍嚐被拒絕的不悅感覺，在瞭解其症狀特性之後，其周遭的人應自我省思，在面對個案前，先對自己的情緒作適度的調整，以免個人的心情受到不必要或不適當的情緒行為所波及。 ◎家人或醫院的工作人員應秉持真誠的態度，耐心地持續提供關懷與支持。 ◎適時鼓勵個案多參與社交活動，以避免與社會隔離。

種　　類	護理原則
類分裂型人格異常	◎工作人員更應進一步評估個案是否有對陌生環境的焦慮感、社交隔離的程度、職業功能是否發生障礙或個人角色扮演失當等問題。
分裂病型人格異常	◎因個案可能出現怪異思考，外觀上可能不修邊幅或顯髒亂，故應先滿足個案的生理需求，注意身體功能及清潔方面的評估，同時應瞭解個案自我照顧能力的程度。 ◎由於此類疾患可能出現輕微的精神分裂症之症狀，如：幻覺或妄想等，應予傾聽，以同理心提供情緒支持，並適時澄清現實狀況，增加現實感，切勿直接與個案辯駁，必要時可依醫囑給予適當的抗精神病藥物。 ◎與個案建立良好的治療性人際關係，提供支持性的個別心理治療。
反社會型人格異常	◎若個案有吸毒或不正常性交等不良生活習慣，應先注意個案的身體功能及營養狀況。 ◎此類個案非常沒有病識感且不負責任，從不認為自己的個性有問題，而使得周遭的人相當困擾，若個案出現不適當的操縱、破壞或攻擊行為，應明確指出，並鼓勵其自行做評價，以引導的方式讓其反省自己的行為是否合宜。 ◎必要時可以行為治療的行為修正技巧，與個案訂定彼此均有共識的書面契約。 ◎引導個案瞭解其人際關係惡劣的癥結，使其領悟學習與人互動適當的溝通技巧及行為表現。 ◎與個案討論自我控制衝動的最佳方式，可建議建設性而不具競爭性的活動，如自行打沙包、跑步等，以發洩過多的精力、憤怒的情緒或具敵意的攻擊行為。

種類	護理原則
反社會型人格異常	◎若個案表現出願意自我調整的誠意,且態度合作,應給予信心及鼓勵,並提升其自尊。 ◎此類個案適合以自助團體的方式輔導,使其對團體具有歸屬感,便會在團體有力的規範下,增強改變自己的動機。
邊緣型人格異常	◎由於個案可能常出現自我傷害的行為,故個案身體方面的評估特別重要,在環境中亦須特別留意是否有具傷害性的物品,如:刀子、繩子或玻璃等,應特別防範個案自殺的行為。 ◎與個案互動建立關係時,須有耐心,並且與其生活保持一定的距離,避免與個案過於親密,以預防在不知覺的情況下遭受操縱或生活受其影響。 ◎保持一顆平靜的心、情緒穩定、沈著理性的態度,使個案逐漸學習自我穩定情緒與生活。 ◎個案對人際關係特別缺乏安全感,應以誠懇支持的態度,與個案維持穩定的關係。 ◎若個案出現操縱行為,仍應以關懷眞誠的穩定態度,家人或工作人員應本著一致性的共識,引導個案以正向健康的方式發洩憤怒激動的情緒及想法,如:打球、打枕頭或主動找人會談、聽音樂、看電視等轉移注意力,運用建立好的人際關係鼓勵個案自我控制其行為。 ◎必要時亦可採用行為治療的行為修正技巧,予以適時的設限 (set limitation),使個案清楚哪些是社會可以接受,而哪些是社會無法接受的表達方式,但行為的限制若過多,易引起個案更以自我破壞甚至於自我毀滅的行為表現,作爲試探性的威脅。

種　類	護理原則
歇斯底里型人格異常 （戲劇型人格異常）	◎此類個案善於掩飾自己的真實情感，常以反向的方式表達其感受或情緒，亦即雖然表面上顯得活潑、樂觀，但其實內心卻是無助而期盼協助的，故在面對個案時，應敏銳觀察其真實想法及感受，甚可進一步分析其行為動機，勿受其假象所矇騙。 ◎個案對情緒的表達大都顯得誇張、戲劇化，甚至亦會擔心遭遺棄或被忽略而出現以自殺作為威脅的操縱性行為，此類行為無非是要引起他人的注意，故應先保持情緒的穩定，以穩定沈著的態度面對，瞭解個案的需求，把握住不被操縱的原則，持續表現接受與關懷，使個案放棄不適當的表達方式。 ◎與個案討論適當的情緒與行為表達之方式，協助培養耐心及穩定性。 ◎協助個案作理性思考，勿過於敏感或情緒化。
自戀型人格異常	◎與個案建立關係之初期，在真誠的原則下，仍應保持一定的距離，若無私地過份付出情感，可能會有受傷的感覺。 ◎個案顯得較自私，凡事大都以自我為中心，對於周遭的人、事、物很少付出關心，對於比較親近的人亦常表現出嫉妒心，因其認為每個人都應特別呵護照顧他，給他特別的優待，故可能出現不斷的無理要求，面對此行為，可以誠意有耐心的態度，表明個人中立的立場，以及彼此誠心對待的意義。 ◎引導個案細心觀察人群，多將焦點放在環境中的人、事、物，試著關心環境中萬物對個人的影響，以更宏觀的視野看世界，而不只是一味地專注於自己。

種　類	護理原則
逃避型人格異常	◎由於低自尊的緣故，個案雖然很想交朋友，但總是無法跨出自我的一步與他人互動，故應多主動接觸個案，並在個案可以接受的情境下安排其與人際交往互動的活動，團體性或個別性皆可，開始可予陪伴，再漸漸鼓勵個案單獨與他人相處。 ◎因個案對他人的拒絕或批評相當敏感，故在與個案相處的過程中，應儘量避免批評或比較的言論，注意語意的修辭，以儘量避免對其造成無意的傷害。 ◎必要時可應用各類心理治療的協助，如支持性個別心理治療、行為治療、團體治療或社交技巧訓練團體等，加強其對自我的信心，提升其自尊，並培養其適當、良好的社交技巧與能力。
依賴型人格異常	◎協助個案瞭解自己的獨特性、優點及缺點，鼓勵個案接受自己，肯定自我，強化其能力所及之處，提升其自信心及自尊。 ◎必要時可尋求個別性心理治療、團體心理治療或行為治療等協助，學習獨立自主。 ◎可以應用鼓勵個案對自我做評價的溝通技巧，使個案瞭解依賴行為的不適當，並共同討論出較適於年齡或社會環境可接受的恰當行為，表達其需求，以提升其獨立自主的能力。
強迫型人格異常	◎此類個案總是專注於細節與規範，可鼓勵個案以較輕鬆的心情面對環境中的所有人、事、物，無須拘泥於小節，使個案認清事情並無其想像中的嚴重。 ◎當個案因過於嚴謹而顯得緊張焦慮時，應以接納的態度，引導其認識自己的強迫性格。

種　類	護理原則
強迫型人格異常	◎提供安全舒適的環境，可進一步教導個案深呼吸或肌肉放鬆技巧，使個案體會無壓力的輕鬆感。 ◎由於個案的強迫個性，可能常常令人有「成事不足，敗事有餘」的遺憾，使得個案普遍有低自尊的情形，在適時予以輕重緩急的引導之餘，亦應給予信心的強化。 ◎可透過個人或團體活動，使個案學習如何享受生活、使生活感到輕鬆、富幽默感。 ◎必要時亦可提供長期性的個別性心理治療、團體心理治療或行為治療等協助，以適度調整其強迫性格，但不應對改變其人格特質抱過高的期望，反而應該增加個案對環境的適應能力，具耐心，提供適度的情緒支持。 ◎若個案發生嚴重的焦慮，甚或失眠的情形，可依醫囑給予適當的抗焦慮劑或鎮靜安眠劑，以減緩其不適之症狀。
被動攻擊型人格異常	◎與此類個案接觸初期，其家人或周遭的人應要有被動攻擊的心理準備，先做好自我情緒的調整，強化耐心與愛心，才有與個案進一步接觸溝通的機會。 ◎可適時地表達因個案的被動攻擊行為所傷害的不舒服感受，強調願意與其共同面對問題的誠意，鼓勵個案與家人或工作人員共同合作，以解決其心理困擾。 ◎關係建立初期，個案常刻意隱藏自我，很難與他人真誠相對，應以關懷誠懇的態度，鼓勵個案以言語表達其內心的想法，耐心傾聽之餘，可協助個案認清其行為特徵對自己的人際關係所造成的困擾，增進其對自我的瞭解。

種　　類	護理原則
被動攻擊型人格異常	◎由於個案使用反向作用的習慣性，常令人忽略了其低自尊、缺乏自信心及悲觀的一面，可進一步分析其冷漠、抗拒行為的背後動機，幫助個案瞭解其優點，提升其自尊與自信，並讓個案能感受到家人或他人的支持與關心。

　　在照護人格異常患者之前，應先誠實地面對自己對人格異常患者的感覺，不應有先入為主的觀念或偏見，面對時亦應隨時省察自己的情緒反應，切勿使自己在不知不覺中，陷入情感反轉移（counter-transference）的情緒困擾中，以免無法客觀地判斷個案的需求及問題，而阻礙個案接受完整的治療與護理。

結語

　　人格的特質，會影響心理的健康，對於個人行為表現的影響甚遠，若期待個人的心理健康，行為坦蕩而正向，則有賴於人格正常的發展，若人格發展過程中，受到家庭或環境的不良引導，使得發展不夠健全或發生障礙，則不適應家庭或社會環境的人格與行為，將隨著年歲的增長而定型。

　　然而值得注意的是，此類無法有效適應生活環境的人格若充斥於社會當中，則可能對社會帶來無法想像的傷害，諸如喧騰一時的「白曉燕綁票案」中的兇手陳進興，便是一個典型的**反社會型人格**；而多數殺人、搶劫或縱火等刑事案件，其嫌犯

亦多呈現反社會型人格或**妄想型人格**；敏感多疑的個性，偶爾出現的被害妄想或不眞實的幻覺，所釀成之殺害親人的家庭悲劇等，亦多與其**分裂病型人格**有關；電視劇情中，常見的誇張情緒表現，在現實生活中，似乎亦不罕見，此多爲**邊緣型或戲劇型人格**的表現；**自戀型及依賴型人格**似乎亦普遍存在於社會當中，享譽世界的童話故事《白雪公主》中的後母，幾乎便是自戀型人格的表徵，而懦弱的依賴型人格若與反社會型人格者共組家庭，則家庭的暴力或侵害事件便不足爲奇了！若在工作環境中，有些同事總是冷嘲熱諷或指桑罵槐，表裡不一的話，別懷疑，那位同事八成是**被動攻擊型人格**者，而若遇到嚴重事件發生或必須做出決策時，總是閃避責任，自喻能力不足者大概是**逃避型人格**了；若有位同事在執行業務時總是進度最慢，對自己要求嚴格，對於道德規範必從不逾矩，有時甚會分不清事情的輕重緩急，而延誤了重要的任務，這無疑便是**強迫型人格**的寫照了。

可見人格的健康發展與成長多麼重要！尤其在每個年齡層皆應有正確而完整的引導，才能營造出健康、愉悅的家庭，以及不受到黑暗人性污染的健全社會。

案例討論

小珍 17 歲，高中肄業，自認爲能力很好，老師嫉妒她，才故意讓她留級，因此憤而休學，休學後找到百貨公司化妝品專

櫃小姐一職，小珍又擔心自己不夠漂亮，拼命花錢買化妝品和衣服，且爲了證明自己的魅力，常主動與男客人或男職員搭訕，常有複雜的性關係。

其情緒並不穩定，常因家人的好言勸誡而憤怒、大叫，認爲家人不關心她，常揚言若家人再干涉她，將割腕自殺，因自我控制力極差，此次又因母親勸她少花錢建議儲蓄，而起衝突，小珍即離家出走，投海自殺，被救起後送入院，因在急診大聲哭鬧，情緒激昂，被轉介至精神科。

案例分析

(一)根據評估，小珍有哪些與常人不同的人格特質或表現？

　　1. 自認爲能力很好，老師嫉妒她，才故意讓她留級，因此憤而休學——自我優越感。

　　2. 擔心自己不夠漂亮，拼命花錢買化妝品和衣服——自我貶損，自信不夠。

　　3. 常有複雜的性關係。

　　4. 情緒並不穩定，常因家人的好言勸誡而憤怒、大叫。

　　5. 認爲家人不關心她，常揚言若家人再干涉她，將割腕自殺——作態性自殺。

　　6. 自我控制力極差——對於憤怒，自我控制力差。

(二)根據以上的評估判斷，小珍可能屬於何種人格異常？

　　邊緣型人格異常

㈢在與小珍接觸相處時，我們可以怎麼做呢？

1.在與他人社交互動的人際關係方面
⑴與小珍建立信任、良好的人際關係。

⑵鼓勵小珍檢視自己的行為，使其瞭解某些行為是不被社會所接受的，並且會造成周遭人的困擾，增進其對自我的瞭解。

⑶與小珍討論能被社會接受的社交互動行為。

⑷當小珍出現可被接受之行為，提供正向的回饋與鼓勵。

⑸使小珍感受到被接納及支持。

⑹鼓勵以言語表達其想法及感受，並耐心傾聽之。

2.在缺乏自信心及低自尊方面
⑴傳達給小珍無條件的正向關心，使小珍感受到被接納及支持。

⑵對其操縱行為須予以限制，採就事論事的態度，且家人或周遭人之間亦須採一致性態度面對之。

⑶鼓勵小珍獨立承擔其責任，並對本身的自我照顧做決定，對其完成的事項予以正向肯定。

⑷幫助小珍透過對自己的感覺、態度和行為的謹慎檢視以增強其自我認識。

⑸與小珍討論未來計畫，協助訂定短期及長期的目標。

3.在個人調適能力失調方面
⑴與小珍討論並擬定行為契約，若有自傷等不適當行為出現，將予限制行動以協助控制情緒。

⑵引導小珍瞭解其不適當之因應方式，並與之討論面對

壓力或挫折時，較爲積極、健康的調適方法，如主動
找家人、朋友、協談中心的輔導員或醫院精神科專業
的醫護人員談。

(3)提供自我省察的機會，並鼓勵以言語表達其想法及感
受。

(4)若小珍出現可接受之因應行爲，提供正向的回饋與鼓
勵。

(5)使小珍感受到被接納及支持。

4. **在自我傷害或自殺的衝動行爲方面**

(1)在小珍情緒不穩定時，隨時密切觀察小珍是否出現不
適當的自殘或自殺行爲，而不輕易忽略其言語表達。

(2)與小珍討論並擬定行爲契約，若有自傷等不適當行爲
出現，亦可能限制其行動，以協助其控制情緒。

(3)除去小珍所處環境中所有可能因激動的情緒而用以作
爲自殺威脅的危險物品，如刀械、絲襪、或玻璃、罐
頭等。

(4)建議小珍以言語表達其情緒及內心感受，或較具建設
性之方式發洩憤怒的情緒，如打沙袋、打枕頭、慢跑
等，若能以較健康方式宣洩情緒，則予以正向鼓勵及
支持。

(5)必要時，可尋求醫療的協助，依醫囑給予鎮靜藥物，
並監測藥物之作用及副作用。

參考資料

(1)American psychiatric Association, (1994). *DSM-IV Diagnostic and statistical Manual of Mental Disorders*. Washington, DC.

(2)Elizabeth M.V., (1994). *Foundations of psychiatric Mental Health Nursing*. New York.

(3)Michael G., Dennis G., & Richard M., (1989). *Oxford Textbook of psychiatry*. Oxford New York Melbourne: Oxford university press.

(4)Peter T, (1988). *Personality Disorders: Diagnosis, Management and Course*. London.

(5) Armentrout, J.A., & Burger, G.K., (1972). Children's report of parental childrearing behavior at five grades levels. *Developmental Psychology*, 7, 44-48.

(6) Medinnus, G.R., (1961). The relation between several parent measure and the child's early adjustment to school. *Journal of Educational Psychology*, 52, 1153-1156.

(7) Baudura, A., & Walter, R., (1959). *Adolescent aggression* , New York : Ronald.

(8) Symonds, P.M., (1949). *The dynamics of Parent-child relationships*. New York: Appleton-Century-Crofts.

(9)成和玲、賴倩瑜、吳佳珍合著（1998），《精神科個案護理》。台北：偉華。

(10) Burger J.M.著，林宗鴻譯（1997），《人格心理學》。台北：揚智文化。

(11) Duane Schultz, Sydney Ellen Schultz著，陳正文等譯（1997），《人格理論》。台北：揚智文化。

(12)黃美治等著，李引玉總校閱（1997），《最新精神科護理學》。台北：永大。

⒀沈楚文等（1997），《新編精神醫學》。台北：永大。

⒁蕭淑貞等著（1997），《精神科護理概論—基本概念及臨床運用》。台北：華杏。

⒂曾文星、徐靜（1996），《現代精神醫學》。台北：水牛。

⒃孔繁鐘、孔繁錦（1996），《DSM-Ⅳ精神疾病診斷準則手冊》。台北：合記。

⒄鍾信心等（1996），《精神科護理學》。台北：華杏。

⒅李引玉等編著（1996），《精神科護理概論》。台北：永大。

⒆賴倩瑜（1996），《青少年精神分裂症病患生活適應與其主要照顧者教養方式之相關探討》。國立台灣大學護理學研究所碩士論文。

⒇李執中編著（1996），《普通心理學概要》。台北：匯華。

㉑胡月娟譯（1996），《實用人類發展學》。台北：華杏。

㉒李引玉等編譯（1994），《實用精神科護理》。台北：華杏。

㉓李淑琦等（1994），《心理學與心理衛生》。台北：華杏。

㉔陳純誠等（1988），〈精神官能症（24）：人格違常與精神官能症〉，《當代醫學》，15：89-93。

㉕錢幼蘭（1983），〈台南市立成功國民中學父母管教態度測驗調查報告〉，《測驗與輔導》，59，1003-1006。

㉖陳淑惠（1981），《母親就業與否、親子互動行為與子女社會行為》。國立台灣大學心理學研究所碩士論文。

第 9 章

沈麗惠

家庭動力與自我成長

前言

　　人和家的關係最密切，自懂事以來，大多數的人就已經生活在家庭裡。世界上最溫暖的地方是家，家是撫育我們長大的搖籃，提供我們生長的營養；家也是我們的避風港，不管在外受到什麼挫折、委屈，家人總是接納我們的情緒。我們的一生都在家庭生活中經歷，不管是出生、成熟、長大的「原生家庭」，或是及長，與來自另一家庭的親密異性結合組成的「新生家庭」，並孕育新的生命成長，「家庭」是我們生活歷程中，很重要的單位。

　　「家庭」不僅提供生物性的營養需求、種族繁衍的生殖需求以及情感、心理、經濟的需求，「家庭」也是構成社會的基本單元。我們在家庭裡，學習與家人的相處，就是奠基個人在社會中與他人相處的模式。在家裡，透過家人的眼中，瞭解自己是什麼樣的人；學習什麼是情感的親密、瞭解情感的感受、學習表達感受的方法；在家裡知道什麼行為是可以被接受的，什麼行為是被禁止的。

　　由家庭中的經驗，反映到社會中，由他人的的眼中，瞭解自己在社會上的形象，適當地表達自己的感受，和他人發展人際間的信任關係，並表現出合於社會規範的行為。

　　「家庭」對個人的影響，由自我認知到群我表現，且會隨著世代交替，不知不覺地「複製」到下一代，例如：有時會恍然察覺自己的行為，正是母親當年的翻版；兒女正上演自己才下檔的動作。由此可知，家庭對個人的影響是深遠且無遠弗界的。

功能好的家庭，好似肥沃的土壤，可以孕育堅強的後代，促進個人的成長。但出生在哪個家庭，卻不是個人可以選擇的。家人的關係是先天性的，我們不能挑選自己的父母、子女或手足，不管你喜愛與否，都得接受。在家庭生活中，不見得能夠事事美滿、時時如意，可能大多數是快樂的；可能有短暫的生氣、不滿，或長久累積的怨恨。甚至並非每個家庭都是溫暖、可愛的，一個運作不良的家庭，也會傷害個人很深的。

　　無論如何，我們別無選擇的來到這個家庭，這個「家」帶給我的成長烙印是什麼？雕塑我成為什麼樣子的人？我的家庭運作情形如何？對我的正、負面影響是什麼？我如何影響我的家庭往良性的互動進行？並在家庭互動中，得到最大的自我成長？這些是本章意欲達到的目標。

家庭功能

　　「家庭」是組成社會的基本單元，但卻是一個複雜的單位。家庭的定義，依不同的理論背景，有不同的說法。有的以血緣、婚姻關係、法源定義；有的以居住環境界域定義；有的以情感互動關係定義。受到新世代思想潮流的衝擊，現今對家庭的定義，不再是傳統的家庭觀念，家庭組成的型態也異於以往，家庭功能的運作亦受到挑戰。

家庭的定義

㈠ Burgess（1963）的定義

　　Burgess 以廣泛而傳統的導向來界定家庭：

　　1. 家庭成員間有婚姻、血緣或領養關係。
　　2. 家庭成員通常要住在一起。
　　3. 家庭成員以社會角色來互動和溝通，例如：父子、夫妻、姊妹、兄弟的角色關係。
　　4. 家庭成員分享共同的社會文化背景和價值觀。

㈡ Whall（1986）的定義

　　Whall 對家庭的定義則更廣泛，他認為「家庭是由二人或二人以上組成，不一定要有血緣或法定關係，只要他們自認為是一家人即可。」

㈢ Family Service American（1984）的定義

　　家庭是「二個人或更多人組合而成的，他們彼此之間有責任分擔和親密感的連結。」綜合上述對家庭的定義，家庭可說是「由二個人或更多人組合而成，彼此分享社會文化背景和價值觀，彼此間有責任分擔，和親密感緊密連結，且自認為是一家人。」

家庭的型態

依家庭人口組成、態度、價值觀、文化及社會行為的不同，可大略區分為傳統家庭型態與非傳統家庭型態（Sussman, 1974 & Macklin, 1988）。

㈠傳統家庭型態

由父母和小孩組成的二代家庭之核心家庭（Nuclear Family）、離婚或喪偶，有小孩的單親家庭（Single-parent Family）、雙薪父母但不生育小孩的頂克家庭（Dual Career No Kid）、三代同堂的折衷家庭（Middle Family）、三代以上同堂的大家庭（Extended Family）。

㈡非傳統家庭型態

未婚有小孩的家庭（Unmarried parent and child family）、未婚無小孩的家庭（Cohabiting couple）、同性戀家庭（Gay/lesbian family）。

家庭的發展與任務

由家庭的新生、成長到萎縮、瓦解的過程看家庭的生命週期（Family Life Cycle），Duvall & Miller（1985）將家庭發展分為八個時期，並指出每個階段的發展原則和任務。分別為：

㈠新婚期（Begining families）

　　此階段的主要課題為新婚夫妻開始建立親密的情感關係；在嘗試、溝通與經驗中，逐漸樹立夫妻新角色，學習如何共同生活、經營新家庭的實際生活；並且與「原生家庭」逐漸脫離，保持適當距離的親近，以便能相對的建立起「新生家庭」夫妻間的親近與結合；發展親密 的性關係，樹立自己的生活範圍，並產生「我們家庭」的共識感。 此階段常見的適應困難，在於夫妻角色的混亂不清，角色期待落差；「新生家庭」與「原生家庭」界限不清，兩代間互相干涉。

㈡有嬰孩的家庭（Childbearing families）

　　家庭新增了小成員，夫妻必須學習接納新生命，學習育兒技巧，共同學習做父母與扮演父母的角色。夫妻關係由兩人世界，轉變為兩人以上的家庭關係。 嬰兒的出現，改變了夫妻情感的重心，彼此不再是眼中的唯一；雙薪家庭的托育問題，是目前社會常見的家庭課題。

㈢有學齡前兒童的家庭（Families with preschool children）

　　夫妻如何協調彼此的養育及管教態度與方法，是此階段家庭的課題。夫妻的原生家庭教育子女的方式，會影響新生家庭夫妻的教養方法，夫妻必須互相討論及協調彼此的歧見，並懂得隨子女的成長，配合子女的心理發育，適當的調整教養態度和方法。

　　隨著子女數目的增加，除了父母的教養問題外，手足間的互動，也是家庭關係中重要的次系統關係。此時期的課題，要避免親子關係與夫妻關係間的互相影響，而形成所謂「親子三角關係」的不正常聯盟關係（夫妻關係的變化，千萬不要為了

孩子的管教問題，而併發了夫妻的「冷感症」。為人父母與做夫妻是兩條平行線，莫讓孩子的問題隔閡了夫妻感情）。另一是手足間的競爭、計較、嫉妒的情感衝突，也是父母須注意的次系統關係。

㈣有學齡期兒童的家庭（Families with school children）

此時期的家庭，要學習接受孩子的獨特性，並培養孩子自動自發的精神及生活態度的養成，孩子在每天細瑣的生活中，學會喜歡、信任自己或討厭、懷疑自己。父母的接受，讓孩子感覺自己的獨特思想與行為，就是獨特的自己，這是孩子自信的建立方式。而生活教育中，自動自發的精神，可以讓孩子學會自我負責，能夠主動解決自己的問題，為自己的決定負責。這個能力的培養，對孩子的一生，是非常重要的。

順著孩子的個性教導，讓孩子學會表達自己的想法、感覺。避免過度代勞，以免養成「不用大腦」的小孩。

㈤有青春期兒女的家庭（Families with teenagers）

孩子脫離童稚期，進入青春期，對於人、事、物開始有自己的看法，父母也會感受到孩子的變化，於是孩子的互相適應，是此時期家庭的重要課題。親子間須學習良好的溝通方式，父母要給孩子機會，學習如何長大，父母也要學習適當地表達關愛的訊息。父母有時會感覺此時期的孩子，態度衝得很，父母的反對或一句吼斥，可能就切斷了親子間的情感。父母的引導、協調與開放的家庭氣氛，是培養孩子渡過此風暴期的教養方法。

㈥ 空巢前期 （Families launching young adults）

隨著子女長大、成熟、準備各自獨立，家庭就逐漸進入子女成家的階段。此時期的特色即親子的關係——孩子逐漸獨立自主，在心理上和時空上，與父母的距離會漸增加，孩子的決定權與自主權也漸成熟。因此如何維持親密的親子關係，和適應孩子的獨立與離家，是此時期父母要面對的課題。

㈦ 中年家庭 （Middle-aged parents）

當子女都離家後，只剩下夫妻兩人，恢復當初夫婦兩人的夫妻生活，所以又稱為「空巢期」。但此時的生活與新婚夫婦的兩人世界是有所不同的。此時夫妻都經歷了豐富的人生經驗，性格已定型；夫妻生活久了，彼此都有默契，也能互相適應與協調，夫妻關係已成相扶持的「另一半」。在無撫養子女的壓力且經濟穩定下，夫妻可以真正享受屬於彼此的黃金人生。但憂鬱與失落，卻也經常出現。以往養兒育女是人生的目標，現在卸下了此重擔，生命的意義若無重新設定，輕鬆的生活會令老夫老妻手足無措。另外，夫妻關係的調整，也是退休後的重要課題。若無法協調新的二人世界關係，夫妻關係易在此時惡化，甚至早期夫妻不睦，子女為重要情感聯繫，子女成家，無此牽掛，可能導致老年離婚的社會新現象。

㈧ 老年家庭 （Family in retirement and old age）

在身體生理、心理逐漸老化，同儕人際關係因死亡逐漸凋零，配偶的離世等，是此時期的人生課題。如何調節生活方式、步調、適應由決定者、提供者變為接受照顧、被安排者，此種微妙親子關係及喪偶、喪失老友，孤單地渡過老年生活，是家庭需要關心的。

家庭功能

對「家庭」的觀點不同，其對「家庭功能」的看法也會有所不同。從社會系統而言，家庭行使著生物、心理與社會上的基本功能（季瑋珠，1989）。從社會制度來看，家庭提供生殖、情感、經濟、保護與社會化的功能。若將家庭視為一種社會團體，家庭功能著重在家庭成員間的動態關係（Roberts, 1982: McCubbin & McCubbin, 1987）。美國社會工作百科辭典中，Sussman（1977）對「家庭功能」的定義是：「家庭功能是指家庭在提供成員不同的志向、潛能、能力發展上的一個催化（facilitating）、調節（mediating）系統。家庭面臨不同的環境壓力，有其應對適應的能力。不同的家庭型態，會影響成員外在行為的表現。進一步言之，家庭功能運作的主要任務，是在提供成員發展社會化的任務，強化成員應對外在環境的能力，使成員在生理、心理、環境都有滿意的發展。」（林美珠，1991）。

吳就君（1998）提出家庭對社會提供了三個作用：

(一)安全與保護的功能

現代人過著忙碌、緊張的生活，非人性化的環境，時時壓迫到令我們喘不過氣來。社會風氣的敗壞，社會安全的缺乏保障，讓我們時時防禦社會治安的問題。為了保護小孩不被綁架，家人早晚的接送；家人生病了，最主要的照顧者仍為家人。無論社會如何演進，社會福利措施如何完備，家庭仍是社會安定的最大功臣。

㈡傳遞人類社會的規範與文化的功能

家庭是最原始的社會角色學習場所,父母負有教育小孩的責任,讓他們在各種環境中,以社會可以接受的角色與方式和他人互動,一代一代傳承文化規範的角色和行為。家族親友間的互動,將可貴的人性行為,經由父母的言教、身教傳遞下去。所以家庭最重要的功能,是讓家中每一份子,學會與人相處的能力。

社會文化和環境隨著時代演進,會有所變遷。家庭須教育孩子如何與環境奮鬥,並順應社會的改變。在親子互動中,以語言、非語言的傳遞行為模式,教導孩子適當的表達各種情緒,並使自己的身體語言能一致地傳遞出所要表達的訊息,這都需要在家庭教育中完成。

㈢經濟上相互支援的功能

現時社會,大多屬雙薪家庭,夫妻不分性別或傳統角色的限定,共同負擔家庭經濟。在家務的分擔上,亦須打破性別角色,全家共同分勞。不僅夫妻經濟共享,在子女教養及家庭事務勞動方面,也必須妥善分配角色,分工合作,依年齡、能力的不同,共同負起家庭任務的責任。

家庭功能會隨著社會的變遷、家庭型態和成員角色的改變而改變,在探討家庭功能時, Janoski & Miller (1979) 提出應注意以下問題 (林美珠, 1991) :

1. 家庭運作是否和諧?有無衝突?
2. 家庭成員間親密關係及可能影響的因素?
3. 家庭如何做出決定及分配工作?
4. 是否勝任家庭角色?

5.家庭規範是否清楚？

6.家庭溝通如何影響家庭功能？

家庭系統的運作

　　家庭是一個自然的社會體系。所謂的體系，可以界定為「一組具有關係連結的互動單位」（吳就君，1998）。這與生物學領域，所謂的「系統論」定義：「一群互動的份子。」是相通的。因此，家庭工作者運用「系統理論」做為家庭治療的重要理論架構。所謂的「系統」，是由不同單位，組成整體的架構，每個單位有自己的功能，且受其他單位的影響或牽制，故每個單位之間相互影響，而形成整體性的功能，這整體性的功能大於各單位功能的總和。整體系統由各次系統所組織形成，各單位或各次系統努力維持整體系的平衡狀態（Homeostasis）。

家庭系統

　　系統理論強調結構、功能、界域的維持和變遷的概念。家庭系統理論由此衍生而來，其重要概念強調：

1.家庭系統是社會系統的次系統，受到社會環境、社會角色、社會文化的影響，與社會系統有互動，但也維持家

庭界域（Parson & Bales, 1955: Anderson & Carter, 1974）。

2. 家庭系統的開放或關閉，影響成員間或家庭與環境互動的彈性，能量、物質、訊息的流通與交換。而開放系統是生存的必要動力（Buckley, 1967: Parson & Bales, 1955）。

3. 家庭系統是有階層的（Hierarchy of Systems），由個人→次系統→家庭→社會，低階層到高階層。

4. 家庭界域（Boundaries）係指家庭與環境的界線，可伸縮，與能量、物質、訊息的傳送、流通與交換有關；可允許其輸入（input）、輸出（output）、流通（flow）、轉換（transformation）與回饋（feedback）（Auger, 1976: Weiner, 1948: Goldenberg, 1990: Casey, 1989），而達到適應狀態（Adaptation），使家庭可以自我調節（Self-regulation），維持恆定（Homeostasis）、穩定（Steady State）和平衡（Equilibrium）（Hazzard, 1971: Fisfman, 1985）；而過程中家庭可得到進一步的分化（differentiation）和成長（Bowen, 1960）。

　　系統理論是家庭評估的重要理論基礎，因家庭中任一成員的改變，都會影響整個家庭的平衡。家庭被視為一系統，分為輸入、輸出及內在過程（Fawcett & Whall, 1990: Roy, 1983: Torres, 1986），輸入部份來自內部成員的需求或外在環境的改變等刺激源；內在過程是一個控制及回饋機轉，進行支持、養育及社會化的工作；而輸出部份期望達成家庭系統生存、延續及成長的目的（Roy, 1983: Terres, 1986）。此系統理論可瞭解家庭的組成、界限、特性及互動狀況等現象。

　　由此可知，每個家庭成員都有自己的角色與功能，經過家人長期互動，形成一套關係模式。家庭系統依照此關係模式運

作，處理家庭所面臨的各種情境。例如：強勢的妻子和唯唯諾諾的丈夫，遇到新年是否更換家具，一切依妻子的意見決定，而在這種互動關係模式下維持家庭的運作平衡。但若丈夫強烈表達需要一套新的西裝，與平常的關係模式不同時，勢必引起平衡的危機，如何安全有效的度過此危機，或者產生新的關係模式，就是此對夫妻的情境考驗了。

影響家庭系統運作的因素

影響家庭系統運作的因素，有個人特質、家庭結構、家庭動力、家庭發展、家庭規則、家庭溝通等六個因素。

(一)個人特質

家庭是由家庭成員所組成，每一個家庭成員的背景，包括年齡、性格、心理與個人發展經驗，都會影響個體對家庭的機能。心理學家發現，嬰兒出生後，即具有先天的特質，有些是「乖寶寶型」有些是「磨娘精型」，這些先天氣質會影響父母的教養態度，久而久之，就形成親子間的關係模式。

另外個體在家中排行也會影響其在家庭中所扮演的角色。如老大常被要求照顧弟妹，並為其模範，通常比其他手足責任重，但相對的權力也較大；自我要求較高，而成就取向也較強；也較能認同父母的價值觀。老么較易被寵愛，但也易被忽略，面對家中的問題，常有幫不上手的感覺，較常藉由幼稚的舉動來轉移家庭的衝突，常扮演「打岔者」的角色。而居間的小孩，常在老大與老么受重視的夾縫中求生存，如何突圍而

出，常是其努力之道。但現在子女數少，一個不算多，兩個不算少，不是獨生子女，就是老大或老么，手足互動情境少，少了分享與禮讓，在家庭關係中，不再是排行的影響，而是「天之驕子」的教養問題。

(二) 家庭結構

家庭結構是指家庭成員由哪些人口組成、每個人所扮演的角色、代與代之間的界限、各次系統間的疏離與糾纏程度，以及家庭能容納轉變的程度，和家庭能否促進成員間的自主及相互的依賴。家庭結構須考慮文化的差異及家庭成員中的個人習性，並強調代與代之間明確的界限，這些都是維持家庭功能有效運作的最重要因素。

在家庭裡，每個人有其扮演的角色，如父、母、子、女、兄、姊等，每個角色各有其任務與功能，各守本分，不應逾越與模糊。家中重大事件的判斷與決定，仍應由父母居於領導的角色。次要問題乃可由家人共同討論，如此才有角色的分際。

一個家庭裡，通常包含幾種「次系統」（subsystem），如「祖父母」次系統、「父母」次系統、「夫妻」次系統、「手足」次系統，地位愈上層者，擔負責任愈大，權力也愈大。但愈年老者，權力與責任會漸移轉到下一代。

代與代之間清楚的界限，有助於維持家庭功能有效的運作。例如：祖父母常干涉父母教養小孩的方式，易造成小孩對父母權威的混淆。

在家庭結構上，若再加上各次系統間的互動關係，則將清楚地形成家庭關係圖（圖 9-1）由圖中可清楚的看出母親對子女的管教態度不一致，夫妻系統與親子間有糾纏不清的情形。

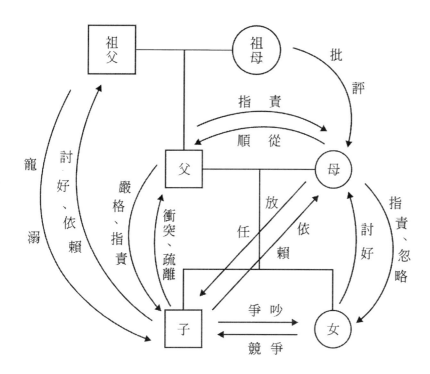

圖 9-1　家庭關係圖

㈢家庭動力

　　家庭系統中，每個成員的角色與功能，是家庭系統整體性與為求平衡性所運作出來的。家庭某一角色的形成，受到其他成員行為特質的影響。故要探討某一成員的角色行為特質時，必須瞭解其他成員的角色與反應。所謂家庭成員間的互動是環環相扣的，此為家庭動力的寫照。

　　個人在家庭動力的運作下，如何滿足自我的生存需求、被愛的需求，必須在認知、情緒與行為各方面，學習與其他家庭成員維持平衡的方式。例如：女兒學會乖巧，逆來順受，才不

會動則得咎，惹祖父母與母親的不高興，但私底下卻努力創造卓越的表現，希望獲得父親讚許的眼光。

而個人在家庭系統中，為了整體的平衡，並滿足被愛的需求，學會獨特與他人互動的方式，會影響其人格與為人處事之道。不妨試著分析自己在家庭中，與每個家人互動的獨特方式，在其中，你感覺如何？得到什麼樣的滿足？這些與你在社會上與他人互動時是否相似？瞭解這些後，你將發現原來我們在家庭裡塑造了這些特質。

㈣家庭發展

家庭系統並非靜態不變的組織，而是依時間的進展，家庭階段逐步發展且興衰的動態結構。家庭發展的過程中，權力結構會改變，例如：小孩長大成年後，其決策能力成熟，家庭權力核心會逐漸轉移到子代，父母親隨著年齡漸長，角色及功能也會由「照顧者」變為「被照顧者」。

除自然的發展過程外，家庭結構也可能受外力非預期的危機而改變，如：壯年父親中風，「疾病」改變了家庭發展的路徑，子女提前分擔家庭經濟角色。或父母離異，家庭瓦解，父母各自再婚，形成「再生家庭」，家庭角色重組，並重新建構新的關係模式和平衡性。

㈤家庭規則

家庭是一個規則管理體系，成員間有組織地重複互動方式。在家庭生活中，重複出現的互動行為，就是家庭規則。家庭規則於是決定了家庭成員間彼此的行為型態，藉由這些規則，來界定彼此的關係及互動方式。家庭規則決定各成員的行為模式，但不是決定個人的需求、驅力或人格特質。

家庭規則有時是明確的規定出來，例如：一定要吃完早餐才可出門，晚歸時間是幾點，誰負責洗碗、誰拖地等。

　　但大部份的家庭規則是沒有被寫下來或明顯說出來的，家中成員卻渾然不覺的默守並遵行，重複採行這些行為模式，漸漸的家人也就習慣地採取反覆的行動。沒有被陳述出來的家庭規則，大部份都能被家人接納和瞭解，例如：爸爸最近事業不順，心情不好，經濟不穩定，大家就少惹爸爸生氣，用錢也就節省些，共度難關。

　　但是有些是無須溝通清楚卻遵行不悖的規則，尤其是與情感交流或與「家庭秘密」有關的問題，常造成家人的痛苦。如：「父親外遇」、「妹妹未婚生子」、「母親的精神分裂症」等，一旦觸及，必引來軒然大波，家人閉口不談，卻也無法採取實際有效的行動來解決問題。

　　家庭規則的運作規範了每個成員的行為表現，這樣的行為規範可帶來四個功能：

1. 建立整個家庭共同的態度、期望、價值觀及目標，例如：小孩知道為了存夠購屋的頭期款及付房貸，大家要省吃儉用。所以購買屬於自己家人的房子，脫離租屋、被房東趕來趕去的景況，是全家人共同的目標。
2. 決定家中權力的分配及權力形成過程 每次家中討論什麼事，爸爸都會順從媽媽的意見，久而久之，小孩知道，只要媽媽同意的話，爸爸就不會有意見。
3. 讓家中成員知道如何因應家庭中的改變 哥哥在外與人打架出事了，大家知道先找媽媽處理，暫時不要讓祖父母知道，等到最後不得不公開時，再由爸爸出面較妥當，事情才不會更複雜，媽媽也不會被罵得更慘。

4. 能反應出家庭成員間溝通的方式與內容 爸爸常對媽媽指責、挑剔,對小孩大多是訓斥,哥哥來個陽奉陰違,倒楣的妹妹只能乖乖聽話並幫哥哥掩飾了。

以上四個家庭規則功能,對家庭成員有保護作用,讓家人知道如何做才會被家庭接納。但若此家庭規則功能運作不良,則會變成傷害家人的家庭規則。(**表** 9-1)

表 9-1　健康的家庭規則運作

項　目	健康的家庭規則	不健康的家庭規則
對家人期望、價值判斷的看法	人性化的	非人性化的
家中權力分配的方式	人性化的	非人性化的
家人面對改變的態度與作法	有彈性的	僵硬的
家人溝通的模式	開放系統的	封閉系統的

1. 人性化的家庭規則

人性化的家庭規則,以人為主,能完整接納並尊重個人的行為與感受,能注重維繫個人的自尊心與家庭的和諧。但非人性化的家庭規則,卻只憑決定者一己的價值觀或好惡,強意制定或執行規則,忽略其他家人的真實感受。 如總統大選,家人各自有自己的擁護者,人性化的家庭規則,尊重每個家人的想法和決定,且可公開討論和辯論,但不傷害家人情誼。但在非人性化的家庭規則中,權力決策者不願意聽家人的理由和看法,強制

要求一定要投票給某候選人，若有異議，則引起家人的激辯和不快。

2. 有彈性的家庭規則

　　有彈性的家庭規則，容許改變或不同的意見存在，並且可以隨著家庭的發展階段，而修正或調整原來的規則。而僵硬的家庭規則，則不容許改變，且視改變為一種威脅，不能因情境不同而改變規則。

　　例如：上大學的女兒，開始重新界定她與家庭的關係，她不再喜歡與父母作伴，寧可在社團中與同儕努力完成夢想。她所追求的可能與家庭原來的傳統或價值觀相異，她向傳統或價值觀挑戰，不再與父母分享成長的秘密，這些都造成原來的家庭規則運作失去平衡。

　　有彈性規則的家庭，較會尊重與允許女兒長大的衝擊，等她適應獨立與自主過程中，暫時性的失序狀態，等待家庭新的平衡出現。所以容許報備過的晚歸，接納她帶著穿長裙，穿耳洞的男同學回家作客。

　　而僵化的家庭規則，無法容許這樣的失序狀態，父母對女兒的行為無法認同與接受，面對不聽勸解，感覺威信大受威脅。女兒對父母的激烈反應，採取對立的態度。由於缺乏彈性調整的家庭運作方式，缺乏有效的溝通管道，面對子女成長過程的議題，無法因情境的變化而因應之，破壞了親子關係和家庭和諧的氣氛。

3. 開放的家庭規則

　　開放的家庭規則，容許家庭成員自由地溝通，鼓勵表達個人的需求與想法，其他成員也會接納傾聽。而封閉的運作系統，家庭成員大都會隱藏自己真實的想法與

感受，以僵化、固定的方式互動，家人間彼此不知道對方真正的需要與感受。甚至成員也不和外界流通訊息，大大的限制了家庭成員的學習與成長，成員也缺乏改變的能力。

例如上述的例子，上大學的女兒無法與家人表達她對獨立與自主的看法，只有隱藏自己探索世界的興奮心情，但對家人不理解的反應，只好採取與家人對抗的態度，而這使她與家人深陷此衝突中，充滿無法解脫的無力感。

㈥家庭溝通模式

家庭若要滿足成員親密感的心理需求，必須達到彼此真正的瞭解，而有效的溝通才能真正增進瞭解。清晰、具體、有效的溝通，必須做到三件事：

1. 能用對方的耳朵、眼睛與心，去聽、看、感受對方所要表達的訊息。「感覺」什麼比「說」什麼更重要。
2. 要將自己體察到的，具體說出來，讓對方感受到你的瞭解。
3. 說話的語氣、聲調、速度與身體姿勢，與所說的內容要一致。

真實的溝通，必須眼對眼，耳對耳，心對心的交談。維持家人間良好的溝通，是促成家庭良好運作的要件。而良好的溝通的要件，在於高度的自我察覺（self-awareness）和對別人的敏感度。好的溝通者，要清楚自己內在的想法、需求和感受，也會留意對方的感受。

一般家庭生活中，常見的溝通型態：

1.混亂型

衝動、情緒化的溝通，以攻擊、諷刺、指責的方式，傳遞情緒的訊息，無法有效的解決衝突和問題。

例如：爸爸看到女兒帶回奇裝異服打扮的男朋友，於是批評女兒的眼光，說道：「不男不女的，真不曉得妳看上他哪一點？」只傳遞出不高興的情緒訊息，卻沒有表達出為什麼不同意的看法。而女兒對爸爸諷刺和批評的語氣，也很不舒服。雙方並未針對交往問題有效地討論和溝通。

2.壓抑型

溝通者由於害怕失敗或受到傷害，只表現出理性和討好的言行，隱藏或否定內心真正的想法和感受。如此常會形成身心症或退縮症。

例如：女兒知道爸爸不滿意她的男朋友，為了不使爸爸不高興，而與男友分手，鬱鬱寡歡。長此以往，漸漸地對與異性交往失去主動性，而有社交退縮的行為。

3.憂鬱型

在溝通過程中，透露無望或自責的訊息，「都是我不好，才會這樣的。」、「這是沒辦法的。」，整個家庭沉陷在長期無邊的沈重氣氛中，可能會出現自殺或物質濫用的行為。

例如：長期受到婆婆挑剔、排擠的媳婦，面對失業的丈夫，家庭經濟陷入困境，她一再地自責自己，「都是我沒有幫夫運。」、「是我害他沒工作的。」、「都是我太笨了，我要是可以去工作，家裡就不會沒錢了。」受不了婆婆的冷嘲熱諷和自責，只有酗酒逃避問題，但

也造成更多的家庭問題。

4. 神經質

由於神經系統歪曲，情緒轉移，或投射的心理防衛機轉，使溝通的訊息混淆不清，無法有效的傳遞。

例如：上述的媳婦，在婆媳不睦，高度的精神壓力下，常認為婆婆有意刁難她，對婆婆的意思，常有會錯意，誤解的情形，使得婆媳關係更為惡化。

5. 精神分裂型

明顯且嚴重地扭曲訊息的原意，有時會傳遞多重又相互矛盾的訊息，稱為「雙重束縛溝通」（Double-bind Communication）。這經常出現在精神病患家庭的溝通模式中。

例如：上述的媳婦，最後被診斷為「憂鬱症」。在夫妻對話過程中，常出現她對丈夫說：「你聽你媽的話好了，我說的又沒人理，你疼我的話就照我的意思去呀！」令做丈夫的，不知所從。

6. 消息交換型

家人的溝通只傳遞出訊息的表面意義，不涉及彼此內在的感受與真正想法，如此的家庭氣氛，是冷淡而無歸屬感的。

例如：在晚餐餐桌上，父親只告訴家人明天要去出差，並不多說什麼。母親也只回應：「我去整理行李。」雙方並無太多的訊息交流。小孩感覺到，家人的溝通，只要交代例行事項和動向即可，好像家人間不需要太多的關懷詢問和情感交流。我只要交代去向，家人不會有

太多的聞問，也不期待溫暖的關懷，對家就沒有太多的留戀了。

7. 理智型

此型又稱為「電腦型」，溝通者只善於說大道理，注重邏輯、是非道義，卻不關心對方的感受與需要。雖有溝通，但缺乏情感交流，常會產生家庭成員間的疏離感。

例如：年滿十八歲高三的女兒，要求買一部機車代步，理智的父親分析交通混亂情形，空氣污染，家庭目前經濟狀況等因素，所以否決其提議。女兒感覺父親只重視經濟考量，未體諒她補習趕夜車的辛苦。父親理智的分析也沒錯，只是未充分傾聽女兒的需求，及言行一致的表達對女兒騎機車安危的關懷之情，只有理智層面的傳遞訊息，未充分溝通內心的需求與情感，造成父女間的不諒解。

8. 有效型

又稱「一致型」的溝通，是雙向且有建設性的溝通，能清楚且一致的的表達內在的感受，沒有曖昧不清的情形。透過有效的溝通，能增進彼此的瞭解、接納與親密感，共同面對問題，有效的協調解決問題。

例如：上述的例子，在有效的溝通下，父親充分瞭解女兒為什麼想買機車的想法，傾聽其需求與趕夜車的心情；父親也充分表達擔心騎機車的危險，以及目前家裡經濟狀況暫時無法支出額外的費用。於是家人共同討論如何解決此一問題，不論結果如何，父女間充分地溝通，共同面對此一情境，女兒一定會感受到父親的關愛

之情，父親也能體諒女兒求學的辛苦，家人也能共體時艱，彼此協助解決問題，家庭和樂氣氛維繫了每個家人的心。

在家人的互動與溝通中，常見三種溝通不良的現象：

1. 以偏蓋全

如婆婆數落媳婦哪裡做不好，媳婦認為「她總是不滿意我做的」。

2. 過度簡化

太太關心先生最近工作情形如何，先生只是輕描淡寫的說：「還可以啦，你不用操心。」讓太太的關心被潑了冷水，更多關懷的話也說不出來了。

3. 扭曲

主要指家人間的偏見、自以為是的「讀心術」及不正確的因果推論習慣。例如：媳婦認為「婆婆只偏袒大伯家。」、「我就知道婆婆一定認為我藏私房錢。」、「婆婆不喜歡我，是因為我的嫁妝太少了。」

「讀心術」的出現，是猜測對方的想法或感受，但卻不加以仔細澄清事實所在，自我定論，而造成誤解產生。例如：太太得不到關心先生的相對反應，「你都不理我，你一定有別的女人！」、「我就知道你對我失去興趣了！你不愛我了！」弄得先生百口莫辯，無言以對，「你看，無話可說了吧，果然如此，被我說中了！」先生累得說不出話來，或不想讓太太擔心工作不順的情形，卻變成太太的懷疑和不諒解，這就是溝通不良的寫照。

具體的溝通，可以避免家庭溝通不良的情況，家人應該學習澄清彼此心中真正的感受和需要。具體的溝通，要做到下列四點：

1. 高度的自我察覺，及增加對別人的敏感度。

　　瞭解自己的想法、需求、感受，體會對方的意思、心情、需要。

2. 表達的內容要具體、明確，清楚的說出。

　　「我的意思是…」，不要讓對方猜測或使用曖昧不明的語意，「你說呢？」、「你應該知道我的意思的。」

3. 對於他人無法察覺的行為及內在感受的訊息，要給予適當的回饋。

　　例如：爸爸可以對女兒說出：「我知道買了機車，你上下學比較方便且省時間，在同學眼中，也比較不那麼『蹩腳』（戲謔的開玩笑口吻）。」；女兒也可以對爸爸說出：「我知道你擔心我騎車會比坐公車危險，我會遵守交通規則的，平常時間沒必要時，也不會騎車亂逛的，更不會飆車肇事的，您放心好了！」把彼此沒有講出來的想法及感受，替對方說出來，更增加受到瞭解與接受的溫馨感受。

4. 願意透露自己的感受與想法。

　　先生在工作上不順遂，雖然說出來太太會擔心，但若是開放式的夫妻溝通，應把這樣的問題坦誠說出，夫妻共同面對，彼此承擔家庭經濟危機；在情感上也互相扶持共度難關。先生不會獨立苦撐，太太也不會覺得先生有事不說，彼此各有心結。

良好家庭互動的指標

綜合以上對家庭互動的概念，我們可以瞭解良好的家庭互動，對個人有深刻的正向影響。而良好的家庭互動特徵是什麼呢？吳就君（1998）提出了六個可以測量家庭互動的指標：

㈠家人間的溝通方式

家庭互動比較好的家庭，成員間較能直接表達自己的感覺。且表達時，說話的語氣、表情、聲調、動作，和所說的內容是一致的。彼此間較少用指桑罵槐、發牢騷、人身攻擊、埋怨或責備的口氣，這會損傷彼此的自尊，阻礙彼此的瞭解。

㈡家庭規則的運作

互動良好的家庭，家庭規則比較人性、開放、有彈性。會隨著孩子的成長而調整，在孩子成熟、獨立後，能體諒孩子的需要，允許他們參加社會團體活動而晚歸，但要事先告知家人，如參加千禧年跨年倒數計時晚會等活動，父母同意後，才可以凌晨再回家。

㈢家人間的關係

良好的互動關係，需要家人間具有清楚的界限。一個界限清楚的家庭，能夠允許家庭成員同時擁有個別的「我」和全家共同的「我們」。這樣的家庭互動關係，可以幫助一個人，成熟的區分和接受自己和他人是不同的個體、清楚地建立自我的界限（self-boundary）。有良好的自我概念，與家人建立和諧的

互動關係，不會過度融入家人的情緒或家庭問題中；能保持自我的功能，而不迷失在無法撼動的家庭漩渦中。

家庭的功能要幫助家庭成員個體的**自我分化**（Differentiation of self），即個人在緊密的家庭關係中，努力發展出自主性的歷程。在自我分化的過程中，要同時滿足「集體性」的社會需求，如：被家人認同、有成就感、不被家人遺棄的安全感；和滿足另一個「個別性」的自我需求，如：自我獨立，擁有自己的看法、價值觀與情感經驗等。

自我分化成熟的個體，可以認知到「我可以擁有與父母、家人不同的看法、期望或感受，及不同的生活方式，但我們仍然相互尊重和接納：」例如：前法務部長城仲模的兒子，非傳統的異性打扮特徵，能夠得到家人的接納與支持；外人指指點點的評語，並不有損其親子關係。這就是自我分化成熟的家庭關係。

在互動不良的家庭關係中，成員間的界限不是太過僵化，就是模糊不清，家人的關係好像馬鈴薯泥般，攪和在一起，分不清自己與家人的關係。例如：在界限不清的家庭裡，讀書好像為家人而讀，為光耀門楣而讀，孩子不覺得讀書是自己的事，自己應該為功課負責。一旦成績不理想，得到的提醒，不是自己對未來的影響，而是有辱家風的指責，殊不知讀書所為何人，失去自己省思對讀書的價值觀。

㈣家庭的氣氛

在互動良好的家庭中，是充滿歡笑、幽默而樂觀的氣氛。家庭的氣氛是開放式的溝通，朝有效、正面的方向討論議題，情感是交流，態度是接納、支持的。因此每個人可以暢所欲言，直接表達看法，需求與感受是被暸解的，家裡充滿了可以

溝通、可以討論、可以解決的和樂氣氛。家人也會以幽默的方式，處理尷尬的情境，不使家庭氣氛陷入冷淡、疏離的場面。

(五)整個家庭和外界的關係

　　開放的家庭，較易接受新事物、新意見和新鄰居，比較不會猜疑或採不信任的態度。因此不僅家庭內部互動良好，整個家庭與外界的互動關係也會和諧，與鄰居有很好的來往。在這樣的社區互動關係長大的小孩，也會比較有自信和自尊心。

　　相反的，家庭與社區的互動關係不良，家人會受到孤立與排斥。如：媽媽批評社區管理費收費太高而拒繳管理費，且垃圾不依規定時間放置，而遭管理會公佈，小孩在同棟大樓同學間被恥笑，而覺得丟臉。這不僅影響小孩的人際關係，也扭曲其社區人我關係的價值觀和行為，這也是「家庭教育」即「社會教育」的例證。

(六)家人自我的價值感

　　著名的家族治療大師薩提爾（Virginia Satir, 1991）將家人的自我價值感比喻成「甕中水」，家庭運作良好的人，會覺得自己的甕裡，經常裝滿了溫水，而生活在家庭互動差的家庭裡的人，常常感覺自己的甕裡，水是酸的或乾涸的。這水好比是家庭給個人的能量，家庭功能好，個人感覺有價值感，有能量面對社會的考驗；家庭功能不好，個人感覺不到有價值感，沒有能量面對社會的考驗。　上述被社區同儕排擠的小孩，其家庭運作確實有一些問題存在，經濟問題，家庭成員分工問題，家庭問題解決能力等，讓這孩子對家裡的紛紛爭爭，充滿了無力感，學校各方面表現亦屬於低成就者。家庭功能反映在家庭成員的自我價值感和成就表現上。

如何在家庭互動中自我成長

　　家庭是培養成熟人格，完成自我分化，並奠基社會化的搖籃，使得個人能與家人的關係，在分化和連結中取得平衡，能同時兼顧獨立與依附家庭的需求，在社會中能擁有自尊、自愛、與自我接受的自我價值感，進而在社會中追求自我的實現。

　　互動功能良好的家庭，有如肥沃的土壤，能孕育成熟、健康的個體，促進個人的成長；但並非所有的家庭，都是時時運作良好的狀況，有時會因為情境的衝擊，家庭系統突然應付不過來，失去平衡，而產生情境性的「家庭危機」；甚至有些家庭體系一直是運作不良的狀況，無法提供家庭成員健康的成長空間。

　　不幸處在情境性的「家庭危機」，或一直是運作不良家庭體系中的成員，學習健康的態度與有效的技巧，來面對家庭的互動問題，可以協助成員運用資源，提供自我成長的機會與空間。個體的成熟與成長，會改變原有的家庭運作模式，雖然不能一蹴可幾，但是「改變」的契機已然啟動，化危險為轉機，由新的家庭互動中，得到自我的成長。

　　在家庭互動中學習自我成長，有幾項課題要你自己來完成。首先，試著整理自己的家庭結構關係圖，家裡共有哪些成員？住在一起的，把他們圈在一個圓圈中，除了家庭結構中的家人外，往來密切的親友亦須畫出其關係。家裡成員各自扮演哪些角色與所發揮的功能？成員間彼此互動的方式為何？情感連結狀況如何？

接下來要自我檢視自己的家庭互動情形，並完成自我成長的動作（劉若蘭，1995）。

(一)瞭解自己的家庭

家庭系統的運作模式中，所有會影響家庭互動狀況的因素，包括個人的特質、家庭結構、家庭動力、家庭發展的過程、家庭規則、家庭溝通方式，以及家庭氣氛，都會影響到個體的發展。檢視自己在成長的過程中，影響家庭互動狀況的這些因素，影響了你哪些？你從這個家學到了什麼？目前你個人壓力因應的模式和人際互動關係，哪些是受到家庭的影響？

(二)瞭解父母的成長經驗

家庭經驗會由上一代複製到下一代，父母的成長經驗也會影響他們教養孩子的方式。所以瞭解父母的家庭，他們與其他成員的互動關係，可以有助於你瞭解，為何父母與子女的互動方式是這樣的？有時與父母一起探索成長的經驗，會拉近彼此的親子關係，也會使子女對父母的行為，有更深一層的瞭解與寬容。

(三)努力完成自我分化的過程

在獨立的的自我分化過程中，可能會感到孤立無援，覺得家人都不瞭解和支持我。其實當我們放開胸懷，主動讓家人接近你的心和感受時，家人也會驚喜你的接納。瞭解自己與其他家庭成員內在的想法、感受與需求時，較能區分出自己與其他家人是不同的個體；但傾聽彼此內在的心聲，瞭解自己的有限，努力在不否定自己的情況下，家人還是「情感的命運共同體」，只是你已清楚自己的方向。

㈣學習溝通技巧

家人互動難免有意見不合的衝突情形,此時,必須在真誠的態度與良好的家庭溝通模式下,坦承而有效的解決問題,才能化解家庭衝突。學習有效的溝通技巧,家人也會受你影響,開始運用較良好的溝通方式。家庭的互動方式,會因為你的改變刺激,形成良性的運作方式,你的成長,刺激家庭的成長,這就是一個開放式家庭系統的模式,而且是往良性的成長方向運作。

㈤增進有效解決問題的能力

家庭僵化、固著的慣性運作模式,若無法有效解決家庭問題,家庭氣氛將會一直紛紛擾擾,永無寧日。此時你應該跳脫家庭習慣運作的行為模式,尋求社會支援,找尋可改善問題的方法,透過有效解決問題的歷程,形成家庭新的解決問題的機制,生成家庭的成長新動力。

㈥學習以新的眼光整合經驗

家庭問題有時是沈痾難解,改變過去無能為力,只有調整自己面對的態度,和降低它所帶來的負面影響。很多「歹竹出好筍」的例子,可以鼓勵身陷家庭苦難漩渦,痛苦掙扎家庭所帶給自己不平的命運者,在奮勇泅出漩渦的動力,有時只是看待事件的眼光改變,靈機一動,剎那間領悟自己的心,即可讓自己心境和處境,有了峰迴路轉的契機。

結語

　　「家」開啓人類歷史的扉頁。人類歷史的進展，使家庭成爲社會制度最基本的單元與角色，家庭的功能發揮了社會穩定的力量。不管科技文明如何改變人類的社會生活，在未來的歲月裏，家庭的功能也必會持續發揮它的角色和力量。

　　家對個人的人格、價值觀、人際關係、社會行爲的影響如此深切。雖然我們在毫無選擇的情況下，出生在我們所屬的家庭裏，與親密互動的家人一起成長，在成長的過程中，瞭解及探尋自我成長與家人互動的過程，最重要的力量是「自我察覺」和「家人間可貴的瞭解」。

　　自我察覺，有助於欣賞自己在家庭裏所做過的努力，與度過困難的勇氣。懂得用長大的眼睛，去看兒時的家庭經驗，珍惜及善用原生家庭給予的能力和資源，才能幫助自己走出家庭可能帶給你的影響。如此才能成長新的自我，以負責任的態度，建立更圓滿的「新生家庭」。

　　家人間可貴的瞭解，是促進家人關係最重要的力量，但是真正的瞭解，是極需要關注和耐心去經營的。只有長久的愛心與耐心，才能體察到每個家人的獨特。現代家庭的忙碌，使家人聚在一起的時間少，使得彼此沒有足夠的時間瞭解對方；有的家庭聚在一起了，卻又不知如何充分運用時間，於是無形中，又助長了家人間的距離。其實，一家人一天只要有十五分鐘的「眞實溝通」，就足夠相互瞭解了。

　　「支持與鼓勵」可以增進家人間的親密關係。很多人在與家人互動後，看到家人的問題，便極力想辦法「替」家人處理

問題，排解他的困擾，以為這是親密家人的表現。但實際上，親密是表現在「瞭解」之後的支持與鼓勵，而不是「越俎代庖」地替對方活。

　　每個人都有自己的路，但要靠自己的力量完成。家庭的溫暖親密關係，是陪伴自己人生路途，不孤單行走的力量來源。好好地省思自己與家庭的互動關係，任何有意願的「改變」，可以促進自己與家人往良性的互動方式成長。希望家人們，將生命用在彼此深切的體諒與關懷上，使家庭更圓融地成長。

參考資料

⑴Bloom, B.L. (1985). A factor Analysis of Self-Report Measeures of family functioning. *Family Process*, 24 (2), 225-239。

⑵ Carter, B.Q. & McGoldrick, M. (1998). T*he Changing Family Life Cycle: A Framework for Family Therapy* (2nd. ed.). New York: Gardener.

⑶ Epstein, N.B., Baldwin, L.M., & Bishiop, D.S. (1983). The McMaster Model of Family Assessment Device. *Journal of Marital and family therapy*, 9 (2), 171-180。

⑷ Friedman, M.M. (1986). *Family nursing theory and assessmen*t (2nd. ed). Norwalk, Co. Appleton-Century-Crofts.

⑸McCubbin, H.I. & McCubbin, M.A. (1987). Family System Assessment in Health Care. In McCubbin, H. I. & Thompson, A.I. (eds.). *Family Assessment Inventories for Research and Practice*. Madison: University of Wisconsin.

(6)沈麗惠（1997），《影響住院精神分裂病患者家庭功能的相關因素》。高雄醫學院護理學研究所碩士論文。

(7)季瑋珠（1989），《都市化程度、家庭結構與家庭健康照顧之研究》，台大公共衛生學研究所博士論文。

(8)林美珠（1991），《憂鬱症患者家庭功能之研究》。東海大學社研所社會工作組碩士論文。

(9)林梅鳳（1994），〈在夫妻治療過程中所應用的護理處置技術〉，《護理雜誌》。2 (3)，288-298。

(10)林梅鳳（1994），〈精神分裂病患及其配偶在夫妻治療中的關注主題與溝通型態〉，《中華衛誌》。13 (4)，342-351。

(11)邱淑貞（1994），《社區精神分裂病患者家庭功能與自我照顧之相關性》，台大護理學研究所碩士論文。

(12)陳麗英（1995），〈家庭功能的評估〉，《中華心理衛生學刊》。8 (3)，31-44。

(13)楊秋月（1995），《藥物濫用個案的家庭功能與家庭照顧需求相關性探討》，台大護理學研究所碩士論文。

(14)蕭淑貞、邱淑貞、楊秋月、黃瑞媛、吳麗萊、陳美雲（1994），〈精神病患家庭護理評估工具之建立及居家護理之應用〉，行政院衛生署八十三年度委託研究報告。

(15)蕭淑貞、邱淑貞、楊秋月、黃瑞媛、吳麗萊、陳美雲（1995），〈家庭健康護理評估量表之建立及應用於精神病患之初步結果〉，《護理雜誌》，42 (1)，25-37。

(16)蕭淑貞（1992），〈家庭護理理論〉，《護理雜誌》，39 (3)，11-17。

(17)王連生（1995），《心理衛生與應用》。台北：師大書苑。

(18)陳南三（1991），《心理衛生》（初版）。台北：五南。

(19)葉英堃、曾炆煋（1987），《現代生活與心理衛生》。台北：水牛。

(20)賴保禎、簡仁育（1989），《心理衛生》（11 版）。台北：五南。

(21)曾文星、徐靜（1990），《家庭的心理衛生》（初版）。台北：水牛。

(22)劉若蘭（1995），《心理衛生概要》（初版）。台北：匯華。

(23)吳就君（1998），《人在家庭》（2 版）。台北：張老師文化。

第 *10* 章

林惠琦

認識心理障礙疾患

前言

　　根據高雄長庚醫院壓力病房之分析報告指出，240位住院
病患中以重度憂鬱症者居多（佔54.6%），其次是輕鬱症（佔
19.2%）。病患住院中之主要問題以合併身心問題者居多（佔62.
5%），單純心理壓力的佔23.2%。而病患之心理社會壓力以家
庭居多（佔65.8%），其次是人際關係（23.3%）、工作（21.3%）
及經濟問題（12.5%）。其中女性病人的壓力多來自家庭，而男
性病人的壓力則來自於工作、經濟及人際關係。這些都顯示輕
型精神疾病的發生與社會進步所造成的壓力息息相關（張家
銘，1998）。同時，我們也常聽到有人因為身體上的不舒服去
看醫生，卻莫名其妙的被轉到精神科門診去診治；有人去當兵
後因行為異於常人，而被送進「精神科病房」住院；有人因為
股票被套牢，一時生活陷入困境，導致出現胸口悶、喘不過
氣、睡不著覺、頭痛不已之現象，而被送進「壓力病房」住院
治療；有人因為失去對他有重大意義的人或物而出現情緒抑
鬱、食慾不振、終日恍惚、無法工作，甚至出現自殺的意念，
而被強制送精神科住院治療等。

　　上述這些現象是否也曾出現在您的生活周遭而令您困惑，
或者您不知道為什麼會有這些心理障礙疾患？又該如何的來對
治與防範心理障礙疾患的發生？為了解答讀者對於心理障礙疾
患的種種疑惑，筆者將於本章就「心理健康及心理障礙之意
涵」、「常見之心理障礙疾患及其病因與治療」及「心理健康
保健之道」等三個章節提出討論。希望藉由心理障礙疾患相關
概念之介紹，以及強調心理健康維護之重要性與必要性，提醒

大家共同來關注自己的心理健康，省思生活周遭可能導致心理障礙疾患發生的原因，並且設法杜絕影響個體心理健康之因素發生在自己或他人身上。畢竟，「預防甚於治療」，即使無法倖免，也必須知道當問題來臨時該如何因應，以避免造成自己或他人心理健康的危害。同時，在面對不幸罹患心理障礙疾患之個人時，也能懷抱「人溺己溺、人飢己飢」之胸懷，給予高度的關懷與協助，以減輕病患因心理障礙疾患所帶來的傷害與不適應。

「心理健康」及「心理障礙」之意涵

在瞭解「心理障礙」之前，首先我們必須先明白何謂「心理健康」，因為心理健康與心理障礙二者可以說是一體之兩面，也可以說是相對立的，瞭解其一必能推論其二。同時，站在疾病防治的立場上，讓讀者瞭解心理健康與促進心理健康之積極意義，並且願意身體力行以確保個人之心理健康，其實才是筆者撰寫本章之真正用意。因此，本章雖名為「認識心理障礙疾患」，其實重點是要讀者透過對心理障礙疾患之認識，而達到「早期發現個案、早期治療」，以及學習如何增強個人之自我強度，以因應壓力事件對個人心理之影響，進而避免個人罹患心理障礙之疾患，以減少心理障礙疾患醫療之龐大社會成本。

心理健康之意涵

世界衛生組織（W.H.O.）曾定義「健康是一個生理、心理與社會的安適狀態，而不僅是指沒有疾病（disease）或虛弱（infirmity）」。此定義強調的是一個整體觀，即生理、心理與社會這三個層面是環環相扣的。而安脫諾維斯基（Antonovsky, 1979）則將「健康」描述爲「適應（adaptation）」，並指出「健康包括高度的信心、個人的內在環境與外在環境等，它是可以加以預測的，且所有的情況是可以合理的預期，並能適當的加以處理的」。柯永河（1980）亦曾爲「心理健康」下了一個簡單的定義，即「良好習慣多，不良習慣少的心態謂之健康；反之，不良習慣多，良好習慣少的心態謂之不健康」。而沙若芬諾（Sarafino, 1994）則指出「情緒則是一種主觀的感覺，它能接受我們的思想、行爲及生理的影響，也同樣地影響著它們」。個人的情緒有些是正向的或愉快的（如快樂與愛的感受），有些則是負向的或不愉快的（如生氣、害怕和悲傷）。情緒和健康與疾病在很多方面都有關係，例如：擁有正向情緒之個體，較擁有負向情緒之個體得病傾向減少，同時也較能照顧好的自己的健康，即使得病也恢復得較快。同時，情緒對於個人尋求治療的決定也是具有相當影響力的。

一位心理健康者究竟具備有哪些特質？又該具備有哪些特質？林彥妤、郭利百加（1993）於其譯著《心理衛生》中歸納各學派對心理健康之觀點，指出下列心理健康性格之特徵，可幫助我們初步觀察與檢視個體是否處於一個心理健康之狀態，茲分述如下：

㈠對現實的覺知能力

　　即個體對現實環境有正確的覺知，並能正確地加以詮釋。

㈡活在過去與未來中

　　擁有健康性格的人，能從過去的經驗中擷取精華以策畫未來。不僅重視現在，且有能力預期即將來臨的困難，並事先設法解決。

㈢有意義的工作

　　許多心理健康的人皆會選擇，有持續性、挑戰性和成就感的職業。

㈣良好的人際關係

　　具有健康性格的人，能使自己在和別人交往時感到舒服自在，且能滿足自己的需求。

㈤感受情緒

　　愈是心理健康的人愈能體會所有的情緒。感受快樂、愉悅與愛，是和感受憂傷、罪惡感與憤怒一樣地自然。

㈥正向自我

　　擁有健康性格的人，能夠正向的看待自己和別人。適應良好的人是能夠接納自己的，即使對自己有不滿意的地方，也能肯定自己好的一面；而適應不良的人，則將注意力全放在自己缺點上，以至於對自己的感受很差。

㈦對生活具有控制力

　　若一個人能感受到他所從事的活動都是自由選擇，而非義

務責任，那將促使他勇於追求令他感到有回饋和滿足的事。

蕭淑貞（1996）於〈成長調適〉中也曾談及「心理健康的人」具備以下三大特質：

(一)覺得自己好（They fell good about themselves）
    1.不會被自己的情緒，如憂慮、害怕、生氣、愛、嫉妒心、罪惡感或煩惱等情緒壓倒。
    2.能夠克服生活中所面臨的沮喪和失望。
    3.具有寬容的心、隨緣（easy going）的態度來對待自己及他人，也能夠自我調侃。
    4.既不低估也不高估自己的能力。
    5.能夠接受自己的缺點。
    6.能夠自我尊重。
    7.能夠處理大多數的情況。
    8.能由每日單純的事物中得到快樂。

(二)能夠坦適的與他人相處（They feel comfortable with other people）
    1.能夠付出愛，並會考慮別人的興趣。
    2.擁有滿意且持久的人際關係。
    3.喜歡且信任別人。
    4.尊重人們的差異。
    5.不會佔別人便宜，也不容許別人佔他們便宜。
    6.會覺得是團體中的一份子。
    7.對人類有責任感。

(三)能夠達到生活的要求（They are able to meet the demands

of life）

1. 當有問題時能面對問題。
2. 會接受所應負的責任。
3. 盡量改善所處的環境，也會視情況而調整自我。
4. 能事先計畫，不害怕未來。
5. 樂意接受新的創意與經驗。
6. 能發揮自己的才華。
7. 為自己訂定具體的目標。
8. 能為自己做決定。
9. 對於自己已盡最大的努力做事而感到滿意。

如果個人能瞭解心理健康之重要性並且努力奉行心理健康
的維護之道，那麼必然可以擁有圓滿而美好的心理健康狀態；
如果不然，則個人可能因自己的疏忽，而致心理健康受損，甚
至於導致所謂的心理障礙疾患的發生。

心理障礙之意涵

所謂的「心理障礙疾患（mental disorders）」是指「個體在
心理或精神層面出現異於常人的思想或行為（言行舉止）」。
而這裡所稱的「異於常人」，是指該個體之行為異於其所處的
社會文化環境中的多數人（即所謂的常模）。而此異於常人之
現象在某些文化中可能是屬於正常的，因某些行為在某些文化
中是被接受的，但在另外的文化中則可能被視為異常。因此，
心理衛生專業人員在確認個案（defind case）時，必須將文化的
因素列入考慮。

常見之心理障礙疾患、病因及治療

　　在精神醫學領域中常見的心理障礙疾患有四大類，包括歸屬於精神官能性、壓力相關性與擬身體障礙性疾病的泛焦慮症、恐慌症、強迫症、創傷後障礙症、轉化症、慮病症及身體化症；歸屬於生理障礙及身體因素相關之行為症候群的飲食障礙症；歸屬於情感疾病的躁症發作、鬱症發作及輕鬱型情感障礙症；歸屬於精神分裂症，準精神分裂症與妄想性疾病的精神分裂症、妄想症等。為與世界衛生組織所分類之精神疾患診斷一致，本文所引用之疾病名稱與診斷依據，將以胡海國、林信男（1996）編譯之《ICD-10精神與行為障礙之分類-診斷指引》為主。以下依臨床常見心理障礙疾患實例，逐一陳述常見心理障礙疾患之診斷依據、病因與治療供讀者參考。

精神官能症、壓力相關性與擬身體障礙性疾病

　　根據行政院衛生署之統計，台灣地區每五人中就有一人曾經罹患過或目前正患有精神官能症。一般來說，常見的精神官能症包括有恐慌症、泛焦慮症、強迫症、創傷後障礙症、身體化症、轉化症及慮病症等。通常精神官能症之病患會出現一些生理上的症狀，如頭暈、目眩、喉嚨有異物感、胸悶、心悸、盜汗、口乾、腹瀉、頻尿、便秘、心跳加速、血壓升高、手腳發麻、失眠、食慾不振與體重下降等。在情緒上則容易出現緊

張、煩躁、沮喪、恐懼、莫名的不安等負面情緒，有時則出現反覆的負面思考，甚至自殺之意念，有些個案甚至因此而自我封閉，不敢出門，以致在工作上無法適任，同時也無法享受輕鬆、愉快的家庭與社會生活。由於精神官能症無法透過任何儀器或檢驗來證明病症的存在，患者自訴的生理症狀和痛苦往往被親人誤解為無病呻吟、好吃懶做，真是苦不堪言，生不如死，以致最後常出現輕生的念頭。

㈠恐慌症（Panic disorder）

　　陳先生，45歲，自訴在五年前的一個放假日，本來想利用休假好好在家休息，但在午睡時，突然感到心悸、胸悶、頭暈，呼吸不到空氣，就像面臨死亡一般，感到極度恐慌，在陳太太攙扶下緊急送至某醫學中心診治，在做了心電圖及照了胸部 X 光後，醫師表示身體上一切正常，沒有毛病，可能是太累了或太緊張了，只要回家好好休息就好。但是陳先生表示他的惡夢自此開始，此後他不敢一個人待在家裡，不敢上班，陳太太要上班時，就把他送至父親家，下班後再接他回家。而在這段期間，除了婦產科、小兒科及復健科以外，他都去檢查了，不過症狀都未見改善，也開始求神問卜，但仍不見好轉。當時感覺萬念俱灰，開始怨天尤人，老是怪這怪那的，家裡也因為他而變得陰暗灰沈，不見往日的和樂與溫暖。

　　根據以上陳先生的描述，陳先生是一個典型的恐慌症病患，而和陳先生相同的飽受恐慌症之苦的病例，也有相同的陳述，如：「我好怕哪天發作，會不會突然死在家裡而沒有人知道…」、「每次發作時都覺得快要死了，遺囑都寫好了，後事也都交代了…」、「常常一發作就送急診，這個月已經是第三次發作了，可是檢查後，醫生又說心臟沒有毛病…」、「總是

提不起勁來上班，家人老是認為我是偷懶，故意在找藉口的，可是我真的沒有辦法用意志力來控制自己啊…」。

◎診斷依據

　　臨床上恐慌症又稱陣發性突發焦慮，欲確定診斷，幾次嚴重發作的自律神經性焦慮必須在一個月的期限內發生，而且必須符合下列情況：

1. 當時情境沒有客觀危險性；
2. 發作不限於已知或可預期的場合；
3. 非發作期間比較上較少焦慮症狀但預期性焦慮是很普遍的。

◎病因

　1. 生理方面

　　　研究證實恐慌症病患若為異卵雙胞胎，其共患率約為 25%，而同卵雙胞胎之共患率增高為 80%，此結果顯示恐慌症具有濃厚之家族遺傳傾向。此外，動物實驗亦顯示當腦中的藍斑區遭電擊刺激時，容易引發該實驗動物之恐慌發作。此外，腦神經介質中的珈碼奶油酸（r-aminobutyric acid， GABA）亦被證實與個體之焦慮狀態有關。

　2. 心理方面

　　　有關恐慌發作之心理因素雖未被證實。但許多早期的創傷經驗（如幼兒與母親之分離焦慮），以及最近發生之生活壓力事件（如家人去世或遭遇可怕之事件等），都可能埋下恐慌之潛在因子。即當個人潛意識中知覺到與過去創傷經驗類似之情境將出現時，即會出現

非預期性的、突發的爆發恐慌發作，而令個人感到十分困擾，甚至嚴重干擾到其家庭生活與社會功能等。

◎治療

　　臨床上恐慌症之治療是以抗憂鬱症藥治療為主，心理治療為輔。使用抗憂鬱症藥可以改善病患之恐慌發作，常用的有三環類之抗憂鬱症藥如 Anafranil、Tofranil 等。而在心理治療方面可給予個案支持性之心理治療，幫助其認識疾病之性質，以及如何正向因應恐慌的到來。同時，支持性心理治療可幫助個案減輕，因疾病附帶產生之預期性焦慮或併發之曠場恐懼症等。此外，認知心理治療學派所倡導的「正向的自我內在對話」，也是應付恐慌發作之良方。

　　以下即轉載張家銘醫師（民 87）摘錄自恐慌與焦慮資源網站之「15 項應付恐慌發作之秘訣」供讀者參考，敘述如下：

1. 改變想法：不要告訴自己：「如果…，一定會…」，而要告訴自己：「就算是…，也不過如此。」
2. 將感覺停留在此時此刻，不要做過度聯想。
3. 不要評價身體的感覺是好是壞或是安全的或危險的。
4. 告訴自己：「這只是一種想法和感覺而已，不見得是真實的。」
5. 問問自己：「我對自己說了什麼自己嚇自己的話？」。
6. 告訴自己：「當我告訴自己什麼，我就會覺得自己是什麼。」
7. 告訴自己：「我愈度過一些，就愈能成功的度過它。」
8. 告訴自己：「我曾經克服過它，我現在能再作一次，並且成功的克服它。」

9. 告訴自己：「我仍是我，我在這裡是安全的，沒有任何改變。」

10. 告訴自己：「我能夠處理它，沒有任何的危險會發生。」

11. 告訴自己：「這感覺是不舒服的，但是不會造成傷害。」

12. 告訴自己：「實際上，是沒有危險的。」

13. 告訴自己：「這樣的焦慮會自然上升，也會自然下降。」

14. 告訴自己：「別急，別急，慢慢來。」

15. 告訴自己：「慢慢來…慢慢來…深呼吸…慢…盡量慢…放輕鬆…慢…。」

(二)泛焦慮症 (Generalized anxiety disorder)：

美美，今年18歲，是某私立高中三年級的學生，主訴不知為何，近來常感到心慌意亂，坐立難安，感覺好像有什麼事即將要發生一般。不僅上課時不能專心聽老師解說，回到家坐在書桌前，也無法集中精神準備考試的內容，晚上更是常常瞪著天花板，無法入睡，甚至還有頭暈的現象，胸口也好像被一塊大石頭壓著一般，有時感覺被壓得快喘不過氣來。

◎診斷依據

泛焦慮症之基本現象是廣泛且持續地焦慮，但不侷限或明顯發生於某一特殊情境。和其他焦慮症一樣，症狀明顯變化很大。時常抱怨覺得緊張、顫抖、肌肉緊張、流汗、心悸、頭暈、與上腹不適等。經常表達害怕自己或親人會突然生病或有意外，及許多其他的擔憂和預感。常見於女性，通常和慢性環境壓力有關，病程不定，但傾向波動性和慢性化。欲診斷此症個案必須在大多數時日出現焦慮的基本症狀，至少持續幾週，通常持續幾個月。而焦慮的基本症狀經常包含：

1. 憂懼（擔心將來的不幸、一直緊張不安、集中精神困難）。
2. 動作緊張（坐臥不安、緊張性頭痛、顫抖、不能放鬆）。
3. 自主神經過度活動（頭輕飄飄、流汗、心跳加速或呼吸加速、上腹不適、頭暈、口乾等）。

◎病因

1. 生理方面

　　焦慮疾患在親屬間的分佈是相當常見的，尤其是女性及第一等親。一般泛焦慮症者之一等親中有 25% 患有此症。此外，研究顯示焦慮症患者之自主神經系統較為敏感，對外在刺激容易產生過度反應，致使焦慮持續出現。而腦神經介質中的珈瑪奶油酸（GABA）亦被證實與個體之焦慮狀態有關。

2. 心理方面

　　精神分析學派指出個體的焦慮與其早期的創傷經驗有關。當個體無法平衡其自我協調本我之慾望與超我之衝突時，則焦慮感應運而生；而人際關係學派的代表人物蘇利文（Su livan）則指出個體與他人之人際關係與焦慮有關。即當個體無法與他人建立如他預期的、良好的人際關係時，個體會出現焦慮不安之反應；認知學派則指出焦慮是意識的認知歷程，與不良的思考習慣及不合理的期待有關；存在主義學派則認為焦慮是因為個體的存在受到威脅所產生的情緒反應。即當個體面臨死亡的威脅、身陷茫然無助的情境、放棄傳統的束縛、面對自我抉擇及承擔責任，或自我價值感、自由權威與身體的

完整性受到威脅時，均可能產生程度不等的焦慮感（李麗娟， 1999）。

◎治療

　　1.藥物治療

　　　　可使用抗焦慮劑，如：Ativan、 Xanax、 Librium、 Valium 等減輕其焦慮與失眠的不適現象。

　　2.其他治療

　　　　可以認知心理治療引導個案覺知焦慮症狀，與其早期之生活經驗或人際關係或自我的概念與期待等因素的相關性，並與之討論如何修正自我的期待，以減緩因過度的期待所帶來的壓力感與焦慮。同時也可運用行爲治療學派的治療法，如教導個案藉由肌肉放鬆治療法、冥想法等來改善其緊張、焦慮的狀態。

(三)強迫症（Obsessive-compulsive disorder ，簡稱 O.C.D.）

　　以下案例轉錄自沈楚文、古碧玲（1991）所著之《心理的迷惘與突破》，因筆者覺得此案例頗爲耐人尋味，故於此提出以饗讀者。 安安，今年 17 歲，因怕髒、黏液與紅色的東西，且出現明顯強迫行爲而來求治。安安告訴醫師：「她只要一看到髒、黏液與紅色的東西，就要衝到化妝室拿起肥皂死命的刷洗自己的雙手，當她洗到第四次時，若覺得不乾淨則重洗，洗八次，再不乾淨再重洗，洗十三次，然後是十六次、三十九次⋯等肥皂都搓完了，若覺得洗得不夠滑嫩，就再重洗，一直洗到皮膚都紅腫了還是無法停止⋯。」

　　主治醫師直覺四、八、十三這些數字好像對安安具有某些特殊的意義。因此要求安安數數，而每次遇上四、八與十三

時，安安都跳過。幾次會談後安安才說出，「四」這個數字讓她聯想到「死」，而「八」讓她想到「爸」，「四、八」好像是「踩死爸爸」，所以洗手時每逢洗到第四或第八次時，心中則充滿了罪惡感，因此又要重洗，而十三因為一加三也等於四，因此也要避開。

而當學校課業壓力愈重、成績退步受父親責罵愈多時，反覆洗手的強迫行為則愈明顯。多次會談後才發現，其實安安對於父母向來是敢怒不敢言，對父親的痛恨更是一直掩藏於潛意識中，而當她驚覺到自己對父親的恨如此之深時，自己也驚訝不已，尤其當她發現腦中竟然出現「踩死父親」的念頭時，更是覺得罪孽深重，無法接受。因此企圖以洗手來洗刷掉自己心中的罪孽感。

此外，青春期的她對性是充滿好奇的，而父親卻灌輸其「性是骯髒的，不可隨意嘗試」。因此每當安安碰到異性時，一方面受著思春期的影響，想偷嚐禁果，一方面又受著潛意識中超我的譴責，告訴安安「性是骯髒的，不可嘗試時」，安安心中的污穢感不禁油然而生，於是她又以洗手的方法，企圖洗刷自己心中的污穢感。而鼻涕與精液一樣是黏黏的，使她聯想到性，月經也讓她聯想到性，因此每次一遇上，都要以洗手來洗刷掉對性產生需求的污穢感。

◎診斷依據

通常強迫症之個案必須出現強迫性症狀或強迫性行動，或上述二者至少在過去二星期內大部份時間都存在，而且會對個人造成困擾或影響其活動。

且強迫性症狀須有下列之特徵：

1. 他們必須被認為是病人的思考或衝動。
2. 縱使其餘的症狀此病人已不再抵抗，必須至少有一種思考或行為到目前為止，雖未能成功但患者仍與之對抗。
3. 此種思考或執行這些行動本身並不令人愉快（單僅是減輕緊張或焦慮並不認為是愉快的）。
4. 此種思考、心像或衝動一定是不愉快地重複的。上述安安的例子即是典型強迫症之個案。

◎病因

1. 生理方面

　　臨床實驗證實給予「血洛特寧選擇回收抑制劑，SSRI」，可以有效治療強迫症，因此推測可能與血清素有關。

2. 心理方面

　　目前較被採用的仍是佛洛依德的精神動力學說，佛洛依德以為強迫症之個案，其病前人格多屬於肛門性格極富攻擊衝動，且相當關心髒與不髒的問題。由於其對自己的善惡批評甚為嚴苛，因此許多內心的慾望及情感不易為自己所接受。因此轉而以隔離（isolation），轉移（diplacement）、抵消（undoing）以及反向（reaction formation）等心理防衛機轉，來處理不為自己接受的內在的衝動、慾望與感覺。

◎治療

　　一般來說，強迫症可說是精神官能症中較不易治療的一種疾病。目前臨床上以抗憂鬱症藥中的三環類 Anafranil 治療效果最好。而 SSRI 類的 Prozac 對強迫症也具有顯著療效。此外，當

丙人因受困於強迫症而感強烈憂鬱，出現自殺意念時，應予安排住院處理，以防其自殺成功。而當病情較改善時，可給予行為治療如減敏感法、相互抑制法、正性增強法及負性訓練法等協助其改善強迫行為，或進一步做分析性心理治療，引導個案領悟其症狀之性質及所代表的意義。

㈣創傷後障礙症（Post-traumatic stress disorder，簡稱 P.T.S.D.）

1999 年 9 月 21 日「集集大地震」帶來百年來難得一見的嚴重災情，瞬間造成許多家園的破碎，更導致許多人面臨無家可歸、失去親人或肢體遭毀傷的巨變，不論大人或小孩或救災的義工與搬運屍塊的士兵們，都遭逢了前所未有的慘痛與驚恐的經驗，有些僥倖未罹難的災民，在無法面對家人、產業毀於一旦的創傷打擊，及感人生無望之下選擇以自殺的方式終止其夢魘；有些災區的兒童在面臨此巨大災變後身、心受創，而變得感覺麻木、情緒暴躁、消沈悲傷、恐懼不安等，年紀小的孩子可能出現愛哭、黏著家人、怕黑、尿床、不吃飯等恐懼與內疚的情形，而年紀較大的青少年可能變得情緒較暴躁易怒、不合群或較具暴力傾向或厭世的反社會性人格，若不適當輔導將會造成其一輩子的陰影；而協助救災參與搬運屍塊的士兵，也因無法承受這種傷痛與驚恐經驗的折磨，而出現夜裡無法安睡、夢魘（出現所搬運屍塊之景象或已經罹難者前來求助）等。凡此種種都是「921 世紀大震災」所遺留給人們的創痛。

◎診斷依據

除非有證據顯示，此病症是在某種嚴重的創傷事件發生後六個月內產生，否則不可下此診斷。除了有創傷的證據外，還

必須此事件反覆的侵入記憶、白日夢或夜夢中，而使受害者一再地回憶重現此事件。此外，受害者常有明顯的情緒疏離、情感麻木或有欲逃避能引起他回憶此創傷事件的刺激等現象，但以上之情況對診斷並非絕對必要。

◎病因

　　源自於對某一壓力事件或某種長、短期存在之壓力情境，以遲緩或拖延的反應來表現。這類事件或情境具有異常之威脅性或是大災難的性質，幾乎會造成任何人普遍的痛苦，如遭受自然或人的災難、戰鬥、嚴重的意外、目睹別人慘烈的死亡，或是酷刑、恐怖活動、強暴或他種犯罪的受害者。上述的創傷經驗都可能帶來創傷後障礙症的發生。

　　美國舊金山李奇蒙心理輔導中心心理衛生顧問張愛倩，在921地震過後亦受邀來台演說「舊金山大地震心理重建」的經驗，她表示大災難後許多災民失去家園、沒水沒電、住在臨時帳篷中，生活環境的改變使心理創傷更加嚴重，不只受災戶受影響連非受災戶都受影響。以舊金山大地震而言，家庭人口簡單、朋友少的人，以及老人、小孩是最容易發生創傷後障礙症的族群。在親人過世者中，約有68%至87%的人發生創傷後障礙症；家園受損者中約有40%至50%的人發生創傷後障礙症；家人中有人因受傷而住院者中有27%至43%的人發生創傷後障礙症。由此觀之，家庭人口簡單、朋友少者、目睹家園受損、親人過世或親人住院等因素，都可能帶來創傷後障礙症的發生。

◎治療

　　因創傷後障礙症是歸屬於焦慮障礙疾患的一種病症，因此主要治療的藥物為抗焦慮藥，目前臨床上使用的是副作用較輕微的 Benzodiazepine（簡稱 BZD）。其作用主要是藉由改善焦慮

症個案腦中 GABA 之傳導，進而改善其焦慮症狀。除了改善焦慮外，此類藥尚有鎮靜安眠之作用。臨床常用的藥物有 Ativan、Xanax、Librium、Valium、Halcion 等。

如果病患已經出現萬念俱灰等明顯的無望、無助與罪惡感，而有憂鬱或自殺之意念時，應給予抗憂鬱症藥或安排住院治療，以確保其生命之安全。待其情緒穩定後，則可藉由個人或團體心理治療協助個案走出悲情，重新面對未來，並且追蹤輔導之。

而對於此次地震災區的孩童，家屬的陪伴與治療者的心理支持是非常重要的，因為地震後多數的孩童出現極度缺乏安全感之現象。治療者可利用遊戲、音樂、繪畫、說故事等方法，引導孩童表達其心中的恐懼、害怕與喪失親人的傷痛，並且引導與鼓勵其盡情發洩心中的感覺，協助其走出心中的陰霾。

㈤身體化症（Somatization disorder）

趙太太，30歲，結婚6年多，與先生的感情隨著先生事業的成功而逐漸疏離。趙太太表示：「真是悔叫夫婿覓封侯。當初真不該讓先生那麼拼命努力工作。」如今先生事業有成，常常無法在家陪她跟孩子，而且對她的態度也不像過去那般的親密，每次先生無法如其預期的時間內返家陪她，或幫忙處理家務與孩子的事，都讓她十分生氣，甚至她懷疑先生是否在外面另結新歡。因此每回先生回來，她都興師問罪，與先生大吵一番，可是每次先生都淡然回應不想理她，並且以暫時離開家來迴避她的吵鬧。但幾次下來，她發現只要他先生開始穿鞋子要出門時，她就感到全身無力整個人蹲倒在地上，並且開始嘔吐，最後他先生只好回頭扶她上床，並且處理地板上的嘔吐物，而結束兩人之爭吵。趙太太表示她不知道為何每次一吵架就全身

無力以及嘔吐，但先生留下來陪她的結果卻讓她覺得很好。

◎診斷依據

　　身體化症之主要特徵是多重的、再發的，且頻繁變化的身體症狀，通常要出現好幾年後才會被轉介給精神科醫師。發病年齡通常在30歲前，多見於女性。且多數病人有一個既長又複雜的病史，通常個案在一般科之醫療中，已經做過許多結果正常的檢查或是毫無成果的手術。其在身體的任何部位都可能有症狀，其中以胃腸的感覺（如痛、打嗝、反胃、嘔吐、噁心等）及異常皮膚的感覺（如癢、灼熱感、針刺感、麻木、斑點、酸痛等）最為常見。此外，性問題和月經的不適也頗為常見。

　　一般來說，欲確立診斷，必需符合下列之條件：

1. 至少兩年以上多重且多變化的身體症狀，此症狀沒有充分的生理因素可解釋；
2. 對於多數不同醫師的保證或勸告，認為症狀並無生理上的成因一事拒絕接受；
3. 某些症狀及其後果行為，被認為是某種程度的社會及家庭功能損傷而引起的。

　　上述趙太太出現的情況是接近身體化症個案所表現之腸胃症狀，但並非十分典型的呈現，個案是懷疑自己是否腸胃功能不好，但並沒有積極就醫。不過其身體症狀之表現，顯然是和她跟趙先生的爭吵、擔心趙先生就此離去等心理的癥結有關，此點符合上述第三項之「某些症狀及其後果行為，被認為是某種程度的社會及家庭功能損傷而引起的」。

　　此外，一般學生在面臨考試壓力或至醫院實習之壓力時，也常出現腹瀉、腹部絞痛、吃不下東西，或者頭痛、失眠等症

犬，也都可以歸類為身體化症的一種。

◎病因

　　從發展心理學的觀點來說，原始的心理反應與身體反應是無法分開的。而身體化反應可說是較原始的情緒反應，只是在其反應的過程中，心理的反應較不明顯，而身體的反應較凸顯罷了。而從另一個觀點來說，患有身體化症者，其生理上具有某些器質上的弱點，所以每當有情緒反應時，其反應即由此弱點表現，成為相當於情緒反應之身體反應，稱之為「情緒相當反應（affective equivalent）」（曾文星、徐靜，1995）。

◎治療

　　通常在排除掉真正的身體病變因素後，可給予症狀性的身體治療（somatic treatment），包括內科性之症狀治療與精神科之治療同時給予。在心理治療部份可以藉由會談，引導病人瞭解其身體症狀與心理問題之關係，並鼓勵其以情緒表現來呈現其內心的擔憂與憤怒，以期間接舒緩其身體之症狀。

㈥轉化症（Conversion disorder）

　　阿德，20歲，在921地震後跟著連隊一起參與救災的工作，阿德剛好被分配到負責將罹難者焦黑捲曲的屍體搬運至貨櫃車的工作，當日任務完成回到營隊後，阿德突然感到頭痛不適、整個人癱倒在地上、不停地發抖，且有手腳不能動彈、說話含糊不清及表示雙眼突然看不見的現象，經醫師診斷其為轉化症。

◎**診斷依據**

　　轉化症個案普遍的特徵是有過去記憶、個人認同、當下感覺和身體動作控制之間的正常統合功能，部分性或完全性的喪失，通常很難去評估這樣的功能喪失有多大的部份是由患者自由控制的。「轉化」暗指由個案無法解決的難題或衝突，引起的不愉快情感透過某種方法轉變成症狀。

　　欲確定轉化症之診斷必須包括下列條件：

　　　1.臨床特徵符合轉化症之特徵；
　　　2.沒有證據顯示身體疾病可解釋此症狀；
　　　3.有證據顯示心理因素為其原因，亦即症狀發生的時間和
　　　　壓力事件、難題或紛擾的人際關係有關。

　　上述參與搬運屍塊之士兵即是因無法抗拒軍令，卻又無法克服心中對搬運屍塊的恐懼，轉而以肢體無法動彈、眼睛看不見等身體功能之障礙，來逃避其所需面對的龐大壓力。

◎**病因**

　　由精神動力學說的觀點來看，轉化症之個案將心理的痛苦藉由「潛抑」與「否定」心理防衛機轉，轉化到其身體之症狀上，並從其意識型態中解離，以維持其內心的恆定狀態。且其喪失之身體功能都是具有潛在的「象徵性意義」，如前述被派去搬運屍塊之士兵，因面對搬運屍塊時的驚恐經驗帶給其過大的心理壓力無法調適，又無法拒絕上級的指派，因此轉而以下肢癱瘓及眼睛看不見等身體症狀的表現，而冠冕堂皇地免去執行此項令其異常害怕的工作，此身體功能的喪失即為具象徵性意義的。

◎治療

轉化症之治療主要為心理治療，引導個案瞭解自己的身體功能喪失與壓力事件的關係，並且鼓勵其面對真正的問題，同時教導其正向因應之方法。治療者可藉由一些技巧引導個案共同探討其誘因與心理癥結，並且設法除去其直接的心理挫折。同時教導其以有效的、正向的成熟方式來因應自己的內在壓力，而不要轉化為以身體功能障礙的消極、無效的不成熟方式來處理。

生理障礙及身體因素相關之行為症候群

時下許多年輕的女子，為了維持美好的身材而想盡各種辦法減肥，或因為太在乎自己之身體心像，或因面臨成長與發展中的種種壓力無法調適而有飲食不正常之現象。在美國有名的例子為擅長鄉村搖滾歌謠的「木匠兄妹」其中之女歌手卡本特，就是因為想要保持身材的苗條而施行減肥，最後卻因對食物毫無興趣，致身體營養極度缺乏而引發生理上之心臟衰竭而死亡，使得美國痛失一位嗓音甜美具有鄉村特色的好歌手。

在國內我們也看到了類似的案例，因此在此特別提出「飲食障礙症（Eating Disorder）」予讀者參考，提醒大家能在「健康第一」的前提下，維持自己身材的健美，而不是一味的以不吃東西來達到減肥的效果。同時，如果有其他成長與發展上之生活壓力存在時，也應該尋求家庭或社會的資源，甚至於心理衛生專業人員的協助，以期真正的化解心理的壓力，而不是以不吃東西或暴飲暴食等不健康的飲食型態，來因應所面對的生

活壓力。

美華，一位身材瘦削，臉色蒼白的女孩，今年23歲，但看不出花樣年齡女孩該有的青春與活力。她自小個性內向，自我要求高，小學功課總是維持在前三名，但顯得容易緊張，且過分在乎學業成績，與母親的關係矛盾，又愛又恨，平時大多以母親的意見為意見，但偶而也會激動的抗議母親的對她的處處管制。此次因出現食慾不振，體重由5年前的68公斤降至目前35公斤，而來求診。美華之前陸續到過醫學中心做身體檢查，均無身體功能或器官上的異常發現，因此在父母要求與陪同下，來「心身科門診」做進一步的診斷。

在會談中美華回憶成長的過程中，提到開始有印象的時候是她5歲時，母親要她學鋼琴，美華很想彈好鋼琴，可是結果不如預期的理想，美華因此感到挫折。一直到大學聯考後，美華因成績不如預期的理想，沒有選上期待中的學府，於是選擇離家較近可以就近照顧家裡的學校就讀，但是比起高中同學美華覺得自己讀的是「鳥不拉屎」的學校，很沒面子。到了大學一年級時，美華體重高達68公斤（身高153公分），身材屬矮胖型不好看，於是動起減肥的念頭，開始以飲食及運動的方法減肥，當時一下子體重就減了10公斤降為58公斤，美華很滿意，不過因該學期的學業總成績以一分之差失去了領獎學金的機會，使得美華感到非常的生氣。

在乎學業成就的美華在大學時期，一心規畫畢業後要繼續出國進修碩士學位，不料因家庭經濟因素及母親不鼓勵出國的情況下，而有放棄出國改在國內研究所進修之念頭，同時為了進修研究所及考好成績，美華開始努力用功，不僅平日看書看的很晚，甚至假日從不和同學出去玩，與高中時期的同學也因

自覺唸得學校比別人差而不想聯絡，可是美華沒想到自己如此苦讀的結果，成績竟然不如同學作弊所獲得的成績來得好，美華為此感到心理極度不平衡。

更糟糕的是，在大二下學期，美華養了5年的愛犬失蹤了，自此之後，美華開始出現反胃、吃東西嘔吐、難以下嚥以及無月經等現象，但是美華並未加以理會。到了大三，美華又因想學電腦，申請網路遲遲未獲准，又不會電腦操作，而感到自信下降。於是美華每天減少4小時的睡眠加倍用功讀書，但因家中經濟問題無法出國而感到心灰意冷。於是美華開始出外打工努力賺錢，就這樣到了大三下學期，美華開始出現暴食的現象，且吃完就吐，因為食量出奇的大，家屬懷疑是餓鬼纏身，於是帶她去求神問卜，但問題仍未改善，最後將其送至某精神科病房住院二週，並持續做了一年半的心理治療，可是情況並未改善，於是美華又開始踏上其漫長的治療之旅…。

上述美華的例子就是一個典型飲食障礙症的個案。臨床上像美華這種「飲食障礙症」又分為「厭食症」及「暴食症」兩類，其疾病特徵分述如下。

(一)厭食症（Anorexia nervosa）

◎診斷依據

厭食症之個案通常會出現下列特徵：

1. 體重持續低於預期體重15%以下（減輕或未達到皆屬之），青春期之前的患者在生長期中，會顯示出其無法得到預期的體重增加；
2. 體重下降是患者迴避發胖食物所引發，以及下列一種或一種以上的情形，如自行催吐、自行通腸、過度運動、

使用食慾抑制劑或利尿劑；

3. 身體形象扭曲爲特定病理，患者會持續性地形成一種侵擾性且過度重視害怕肥胖之意念，且會爲自己定一個低的體重閾；

4. 廣泛性內分泌障礙，涉及下視丘－腦垂體－性腺軸，而女性呈現無月經，在男性則喪失性趣及性無能。其他內分泌異常可能有生長激素過高、皮質素過高、甲狀腺素之周邊代謝改變及胰島素分泌異常等；

5. 如發病於青春期之前，則青春期中的發展將受延緩或停止，但康復之後，青春期多可正常地完成，但初經會遲來。

◎病因

1. 生理方面

飲食障礙症者不論是厭食症或暴食症，都可能在其患病期間呈現各種神經化學上之變化。不過目前仍無確定報告說明其病因，部份研究報告指出，厭食症可能與體內賀爾蒙之一的可體松（cortisol）有關。

2. 心理方面

精神分析家推測厭食症的女孩對自我的認識並不清楚、信心也不穩定，且受身體外觀的因素而影響其對自我的看法。其心性發展較不成熟，有在潛意識裡將身體的成長與性的慾望混和之現象，個案會無意識的緩慢其身體的成長，以避免面對性的興趣與慾望。而研究家庭關係與家庭治療之專家則指出，厭食症病患之家庭呈現病態之現象，如家庭成員過分黏膩在一起，無自我之界線，且個案不是過於被管束，就是過於被寵愛、保護，

以致無法獨立；有些甚至是父母用來發洩情感衝突的對
象。

3. 社會方面

多數社會文化對女性體型的審美觀是以身材纖細做
爲標準，也常影響該文化女性對自己身材的期望與其所
建立的身體心像。

◎治療

如果個案因厭食帶來嚴重之生理問題，如因營養缺失導致
血壓、脈搏過低，或出現心理的抑鬱、自殺意念等現象，則需
考慮住院治療。而對於病情不嚴重者則可給予行爲治療改善其
進食情形，或以認知心理治療改正其對身體外觀之病態看法，
如果是因家庭因素所致則可給予家庭治療。

㈡暴食症（Bulimia nervosa）

◎診斷依據

暴食症之個案常見下列特徵：

1. 患者持續地專注於攝食，不能抗拒地渴望著食物，且陷
   入陣發性的過度攝食之狀態，而於短時間內吃下大量食
   物。
2. 患者使用下列一或多種方法來對抗食物的「致胖」作
   用，如自行催吐、通腸劑濫用、或長或短的絕食、使用
   食慾抑制劑或甲狀腺製劑或利尿劑。
3. 精神病理包括對肥胖的病態恐懼，患者會爲自己定下一
   個精確的體重標準，而這個標準比起醫師所認爲適當或
   健康的病前體重低了許多。患者常有但非一定有厭食症

之病史，兩病症之間相隔數月至數年，且有中度體重下降及／或暫時性無月經之現象。

◎病因

1. 生理方面

暴食症可能與神經傳遞介質中的血清素、腎上腺素相關系統的障礙有關。

2. 心理方面

臨床研究指出，個案之暴食型行為常發生於心情空虛、無聊或緊張的時候，因此解釋其為心情不佳的一種調適方式，或者是一種退化至依賴口慾滿足來填補內心空虛的現象。

◎治療

暴食症通常和厭食症交替出現之，因此其治療也是和厭食症一樣由生理方面與心理方面著手處理。

情感疾病

(一)躁症發作（Manic episode）

玲玲，23歲，上個月剛與相戀二年的男友分手，之後出現情緒異常亢奮（常常晚上不睡覺獨自一人高歌）、到處瘋狂大採購、打扮過於誇張且衣著暴露，頻頻向過路的男士拋媚眼，請他們到家裡來坐，或主動約以前的男同事到旅館去，把大家給嚇壞了。說話時顯得急躁，話量多且常常剛聽清楚她在講什

麼，她又改變話題了，話題老是變來變去，不知所云。而且整天都有忙不完的事，好像有用不完的精力一般，但就是沒辦法好好的做完一件事，因此無法勝任其原先之工作，只好請假在家，家屬因擔心其病況日益加重故帶來精神科門診診治，醫師診斷其爲躁症發作。

◎ **診斷依據**

臨床上躁症發作主要包括無精神病性之躁症與有精神病性之躁症二種。

「無精神病性之躁症（Mania without psychotic symptoms）」個案，其情緒高昂的變動與病人之環境不相稱，可從無憂無慮的快樂感到幾乎無法控制的激動。情緒高昂常伴隨活動力增加，造成活動過度、說話急迫、睡眠需求減少、失去正常社交之能力、注意力不能持續、易分心、自我評價膨脹、自由表達誇大或過於樂觀的想法。可能會發生知覺障礙，覺得顏色特別鮮明。可能會著手浪費或不切實際的計畫、揮霍無度、攻擊、好色或好開玩笑等。

「有精神病性之躁症（Mania with psychotic symptoms）」個案，臨床上之特徵較無精神病性之躁症嚴重，病患自我評價之膨脹與誇大之意念可能達到妄想，而易怒與多疑也可能達到被害妄想的程度。嚴重案例之自我認同或自我角色的誇大妄想或宗教妄想可能明顯、意念飛躍及說話急迫可能使其話語令人無法瞭解。嚴重且持續性的身體活動與激動可能會造成攻擊或暴力行爲。疏忽飲食與個人衛生，可能會造成脫水與不能照顧自己之危險狀態。由上述玲玲所表現之症狀觀之，玲玲應屬於無精神病性之躁症。

◎ 病因

1. 生理方面

由遺傳學觀之情感障礙疾患具有高度之遺傳傾向，特別是雙極型之情感疾病（即躁鬱症），其同卵雙胞胎之罹病率高達 70-93% 不等。此外，研究發現當病患體內之血清素與正腎上腺素高於常人時，則病患表現出情緒高昂等狂躁之現象。而躁症病患體內之鈉離子亦顯見高於常人 200%。

2. 心理方面

依據佛洛依德的精神動力學說觀之，佛洛依德主張躁症個案為何會在一個失落的經驗中表現出情緒高昂、嬉笑等不合常理之興奮情緒，主要是躁症個案在潛意識中，使用否認與反向的防衛機轉所致。即個案因為無法面對失落的內在傷痛，因而選擇以不成熟的防衛機轉，如否認事實的存在並以相反的情緒反應（如原本應該令其傷痛的事，卻出現欣喜、狂笑等不合宜之情緒）來因應，為的是隱藏其內在的脆弱與因感情受挫所帶來之失敗感。

◎ 治療

躁症發作之治療主要是以藥物治療為主，急性躁症發作時臨床上常用的藥物為鋰鹽（lithium），其作用機轉在於減低躁症個案體內之正腎上腺素與血清素的量，以及藉由鋰鹽與鈉離子之相似性，取代個案體內多餘之鈉離子，而達穩定其情緒之效果。鋰鹽不僅可治療躁症也可治療憂鬱症。使用時需特別注意其用藥量，因其治療劑量與中毒劑量十分接近，一般治療用量為 0.6-1.2meq/L，當血中鋰鹽之濃度高於 1.5meq/L 時則有中毒

的可能,因此必須密切監測血中鋰鹽之濃度。服藥中若病人出現腹瀉之現象,可能表示病人已出現鋰鹽中毒(血中濃度超過2meq/L)之徵象,宜報告醫師做進一步之處理。若躁症個案合併有精神症狀出現時,則可合併使用抗精神病藥控制其精神症狀。

(二)鬱症發作 (Depressive episode)

芳芳,28歲,未婚,因幻聽干擾(叫她去死)、四肢僵硬、眼球上吊、眼神呆滯、無故倒地,致身上多處受傷、夜眠差、強烈自殺意念及不安等症狀,至某專科醫院急診求治,因其精神症狀明顯及為了防範自殺故予入院治療處置。入院後第一天,芳芳即出現以頭部撞牆致頭部外傷、血腫等現象,經轉送一般科緊急處理後所幸無大礙。

由過去病史中發現,芳芳自高商畢業後曾至百貨公司工作,因暗戀公司男性主管,以及與一位女同仁爭執而被迫離職。自此(21歲)芳芳則出現不說話、失神、夜睡差、食慾不振等現象。家人以為是工作不順遂所致,未予理會。爾後因狀況未見好轉,又出現自殺意念、昏睡、無故跌倒、摔傷、焦慮不安等,家人覺不對勁,於是帶至親友所介紹之廟宇祈求改善,因症狀持續惡化(攻擊案母及案妹),始放棄民俗療法,求助於精神科診所,接受藥物治療,當時診斷為憂鬱症。

之後芳芳病情時好時壞(因無病識感、拒藥、中斷治療等),斷斷續續至精神科醫院住院治療或門診追蹤治療,在服藥治療期間芳芳也曾至一般私人診所擔任護佐工作,協助包藥、量血壓、做病歷等。不過最後都因人際關係不良,和同事起口角,覺得比她資深的都要欺負她而離職。

◎診斷依據

通常典型的鬱症發作有輕度、中度或重度等三種型式。而重度鬱症發作又包括「有精神病性症狀之重度鬱症發作」及「無精神病性症狀之重度鬱症發作」二種。通常鬱症患者有憂鬱情緒、失去興趣和快樂感、活力減退、疲倦增加（稍微做事後即有明顯的疲倦感）、活動減少等現象。

其他常見的症狀尚包括：

1. 集中力與注意力的減低。
2. 自尊與自信的減少。
3. 罪惡感與無用感的意念。
4. 對未來黯淡與悲觀的看法。
5. 自傷或自殺的意念或行為。
6. 睡眠障礙。
7. 食慾減低。

而「有精神病性症狀之重度鬱症發作」之個案，除了需符合上述診斷準則外，尚需包括有妄想、幻覺、或鬱性靜呆之症狀。而其妄想內容通常為罪惡、貧窮、緊急災害等意念；幻聽內容則常為誹謗或譴責之聲音。由上述芳芳之症狀觀之，芳芳所呈現的症狀符合「有精神病性症狀之重度鬱症發作」之診斷準則。

◎病因

1. 生理方面

研究證實當病患體內之血清素與正腎上腺素低於常人時，其表現出情緒低落等憂鬱之現象。且在憂鬱期間患者體內鈉離子（Na++）增加並積存在體內，一般約高

於常人 50%，同時其體內之腎上腺皮質類固醇（cortico-steroid）之量亦高於正常人。

2. 心理方面

引發鬱症的心理因素很多，常見的原因有三：包括失去所愛的人或物、自尊心受到強烈打擊，以及把原先欲向外攻擊的衝動轉而內射攻擊自己（曾文星、徐靜，民 84）。芳芳的發病因素極可能包含上述三項主要的原因。

◎ 治療

1. 認知心理治療

對於輕度或中度的且為外因性之憂鬱症，認知治療是一個很不錯的治療方法。所謂「認知治療」是藉由矯正個案負向的認知與思考模式，而改變個案對周圍人、事、物的看法與態度，進而改善其心理問題。憂鬱症病患常以負向的認知來看待周圍的人、事、物，透過認知治療扭轉其思考模式可助其改變對事件之看法與態度，若能藉此賦予負面事件之正面意義，將可協助其度過難關進而達人格之成長成熟，因為「一念之差」，差之毫釐卻可能失之千里，一位因負面思考帶來強烈罪惡感或無望感想自殺之個案，可能因認知治療後觀念的修正而打消自殺的念頭。

2. 藥物治療

臨床上常用的藥物治療劑為抗憂鬱症藥（Antidepressants），其主要作用在於改善個案因正腎上腺素與血清素（亦稱血洛特寧，serotonine）不足所導致的情緒抑鬱。常

用的有三環抗鬱劑如：Trytanol、Tofranil、Anafranil、Sinequan 等，以及血洛特寧選擇回收抑制劑如 Prozac。

3. 電氣痙攣療法

　　嚴重憂鬱與強烈自殺意念之個案，則必須住院並施行電氣痙攣療法，以掌握治療的時效。因為一般抗憂鬱症藥必需 2 至 3 週才見療效，因此嚴重自殺意念之憂鬱症患者應先給予電療，之後再併用抗憂鬱症藥，以免延誤其病情之控制。電氣痙攣療法俗稱「電療」，之所以能治療病患之精神症狀或憂鬱狀態，主要是因電療中所引致的全身痙攣與昏迷，可能導致腦中某些神經介質如正腎上腺素再吸收之抑制作用，或者促進正腎上腺素之合成，而達到改善精神病患之暴力、激躁、僵直與憂鬱狀態之效果。電療之方法有數種，一般是於病患之兩側顳部貼上電擊片，然後通過 70~130 伏特之電流 0.1~0.5 秒，以引發個案之驚厥、痙攣和昏迷而達其療效。

㈢輕鬱型情感障礙症（Dysthymia）

　　李先生，86 歲，因夜睡差、中斷睡眠、夢魘、頭痛欲裂、心悸、胸悶、血壓高、擔心身體及注意力減退等現象，而入某精神科「心身科門診」掛號求診。筆者問診後得知，個案 26 歲於日本與心愛的女友結婚，50 歲時回國行醫濟世，64 歲時即面臨喪偶的傷痛，78 歲時即感到全身各部位不適而入院檢查，但檢查結果一切正常。84 歲時因出現重聽現象，而選擇真正退休，此後即少與外界溝通。近來更因出現睡眠中斷、惡夢連連、擔憂自己身體健康之問題及對事物失去興趣等現象令個案困擾不已，故來院尋求專業人員的協助。

李先生年少時是一表人才，且在學識、事業及經濟等都屬於上上階層之人士，因此自喪偶後，圍繞其身邊熱心牽紅線的人為之不少，但李先生因婚後夫妻感情甚篤，加上始終認為沒有人比得上其逝去的愛妻，因此一直未再續絃。同時在其夫妻二人結縭近 38 年的時光中，並無生育一子半女，以致個案在喪偶之後又面臨膝下無兒孫相伴之窘境，身邊只有一位 50 多歲的姪女因感念個案及其妻二人，於其年幼時對她的照顧，因此一直擔負起照顧個案日常生活起居之重任，不過個案雖然信任她，卻不是很看得起她，因為她的學歷不高。

　　據照顧者轉訴個案雖然極為孤單，但因自視很高，加上害怕別人對他的示好是意圖他的財產，因此對於他人多半是敬而遠之，因此雖長年居住在高級套房內過著舒適的生活，卻備極孤單寂寞。且自從太太過世後就開始出現出現失眠、頭痛、心悸等現象，雖然自己是醫學博士，個案卻極擔憂自己身體上的不舒服，因此一直以來個案即開始在各大醫院的一般科門診掛號求治，有好幾次甚至在夜裡因心悸發作及劇烈的頭痛，個案以為自己將要死了，而緊急叫救護車至急診處理。每一次當醫師診察後告訴其心臟沒有毛病時，個案都不相信並且要求醫師給予做心電圖檢查，以確定其心臟是否真的沒問題，通常醫師會在其要求下給予心電圖檢查，而只要等到心電圖之檢查報告出來，個案看過確定心臟功能良好時，就會破涕為笑高興的回家。

　　可是這樣的情況週而復始的發生，以致個案雖初次掛心身科門診，但其舊病歷已是厚厚的一疊，而這還不包括他在其他各大醫院的診治病歷。而當個案在向筆者描述此情況時，露出慧黠的神情表示其實他也知道自己身體沒有毛病，可是只要一

出現心悸或頭痛之現象，就開始擔心害怕，一直要等到心電圖結果出來才會安心回家。上述李先生的情況在醫師問診後，下的診斷是「輕鬱情感障礙症」及「慮病症」。

◎診斷依據

　　臨床上所謂的「輕鬱情感障礙症」主要的特徵是非常持久的憂鬱情緒，但從未或極少嚴重到符合輕度或中度的復發鬱症發作之診斷準則。通常發病始於成年人早期，持續至少數年，有時長期持續著。當發病於晚期時通常是鬱症發作殘餘的狀態，且與喪親之痛或其他明顯壓力事件有關聯。

◎病因

　　輕鬱情感障礙症之病因主要是來自生活壓力事件之不良因應，如喪偶、失業、分居等，李先生之案例即為面臨痛失愛妻之失落經驗無法正常因應所導致。

◎治療

　　輕鬱情感障礙症之治療主要是採用認知心理治療，引導個案瞭解導致輕鬱症的原因與有效之因應方法，並教導其減輕壓力的正向方法，且協助並鼓勵其採行，以建立其自信與安全感，進而康復其疾病。若低落的情緒導致其生活受干擾，可以使用抗憂鬱劑改善其低落的情緒；若因此失眠亦可給予促進睡眠的藥物如 Halcion、 Rohypnol 等鎮靜安眠藥。

㈣慮病症（Hypochondriasis）

　　慮病症是歸屬於精神官能性、壓力相關性與擬身體障礙性疾病的病症，於此配合上述李先生之情況一併提出討論，期使讀者對李先生這個案例有較完整的瞭解。

◎診斷依據

「慮病症」之診斷依據必須出現下列特徵：

1.病人堅信現有的症狀表示其罹患一種或一種以上嚴重的身體疾病，即使重複檢查和檢驗都證實沒有恰當的生理性解釋，或是一直誤信其有畸形或缺陷。

2.堅持拒絕多位醫師對其症狀並非身體疾病的勸導和保證。

◎病因

慮病症之病因，由佛洛依德的精神動力學說觀之，慮病症主要為一種**退化的反應**（regressive reaction），即當病人遭遇困境無法解決時，就用退化行為，恢復小時候因不想上學而使用的身體不適做藉口，以逃避所需面對的上學的壓力；同時慮病症也是一種「求助」方式，患者藉由身體不適的方式，博取他人的同情、關懷、保護與協助。一旦達成其逃避困境之目的又獲得被他人關懷與協助的附帶收穫，將更加強化其用此不成熟之方式，來因應未來所將面臨的生活壓力事件。

此外，男性病患可能因性蕾期「伊底帕斯之戀母情結」，渴望藉此身體疾病的不適來獲取母親的關切與照顧，而增加與母親身體接觸與親近之機會。亦即藉此生病的堂皇理由，減少與異性父母過度親密而產生之罪惡感。

◎治療

慮病症之治療主要為給予支持性之心理治療，一方面給予個案安全感，同時建立治療者與個案之信任關係。但當個案出現許多身體症狀的抱怨時，治療者應安排一些必要的身體檢查，一方面確定個案是否有身體上的病變，一方面可據此檢查

之結果給予個案澄清與說明。而當治療者與病患之信任關係建立之後，治療者可試著引導個案思考疾病之因素，並鼓勵其正視自己真正的問題所在，且教導其面對壓力事件所帶來困境的正向因應。

精神分裂症、準精神分裂症與妄想性疾病

(一)精神分裂症（Schizophrenia）

周先生，30歲，未婚，體態中等，表情合宜，衣著尚整潔。足月生產，自小個性孤僻，不會與人主動交往，學業表現平平，無藥物濫用史，工專畢業後自己曾開業經營電路板之工作，但因經營不善半年後即倒閉關店。根據個案父親的說法，個案每次出去收款只能收一家，且每次只能做好一件事，凡事皆小心翼翼。

幾個月前個案至一家電子工廠應徵，因為保人問題，使他的工作變得不順心，總覺得老闆和同事都在找他的麻煩，致其情緒低落，最後不得不辭去工作。此後個案即出現焦慮及失眠（持續半個月都沒有睡覺）之現象。後來開始覺得有人在暗地裡跟蹤他，於是變得焦躁不安，並在自家門口記下經過家門口的每一輛車的車牌號碼。而在一次看到新聞播報有關拆除違建的消息後，個案開始覺得有怪手要來拆他家的房子，同時覺得自己可以和電視播報員對話，其思考流程顯得鬆散。

住院前一星期周先生的情緒變得十分暴躁，稍有不順就大發雷霆，且常常失去控制，並覺得有人要附他的身。同時有幻聽現象（和已死去的同事對話），甚至出現毆打父母之暴力攻

擊行為，故被家屬送至精神科醫院治療，醫師診斷其為精神分裂症之病患。

◎診斷依據

　　通常臨床上要診斷精神分裂症，病患必須出現下列 1. 至 4. 群症狀中有一項清楚的症狀，或是 5. 至 8. 群症狀中有二項症狀，且症狀持續的時間應明顯超過一個月，同時排除情感性疾病、器質性或藥物性精神疾病等。

1. 思想回聲、思想插入或剝奪、思想廣播；
2. 被控制妄想、妄想性知覺；
3. 聽幻覺的聲音，不斷批評病人的行為或幾個人在討論病人，或是由身體某些部位產生的其他種類的聽幻覺的聲音；
4. 怪異（極為不可能的）妄想，如宗教或政治上的重要角色，或超人的力量與權柄（如能呼風喚雨、與外星人通訊）；
5. 任何類型的持續性幻覺，且伴有暫時的或半成型的妄想，又不具明顯情感成分，或者伴隨過度高估的持續性想法；
6. 思考流程中斷或插入字句，導致語無倫次或答非所問之言語或新語現象；
7. 緊張性行為，如激動、作態、臘屈、拒絕、不語及靜呆現象；
8. 負性症狀，如顯著冷漠、言語缺乏、遲鈍或不適切的情緒反應，通常會導致社交退縮及社會功能降低等；
9. 個人行為在某些方面的品質有持久性且有意義之降低，

如顯得興趣缺失、漫無目的、懶散、只顧自己之態度且社交退縮等。

　　就上述周先生之情況觀之，我們可發現周先生出現符合精神分裂症診斷準則中的症狀，包括妄想（如覺得有人跟蹤他、有人要附他的身）、緊張性行為（如激動、暴躁、暴力攻擊），以及自覺具有超人的力量（如能與電視中之新聞主播對話、能與死去的同事對話）等。

◎ 病因

　　精神分裂症之病因包括有生理、心理、社會文化等因素。

1.生理方面

　　　包括遺傳因素，研究發現一般人罹患精神分裂病之機率為 0.3-2.8%，而精神分裂病患者之同胞罹病率提高為 3-14%，若雙親皆患此症則其子女之罹病率則提高為 15-55%。此外，一般認為當個人腦中神經介質之多巴胺（Dopamine）過度活動會導致患者的妄想與幻覺，而正腎上腺素（Norepinephrine）的減少，則會使患者出現情感平淡、退縮等現象。

2.心理方面

　　　個人之人格特質，成長與發展過程中之親子互動關係，特別是嬰兒期所受到的照顧品質，直接影響著個人的安全感建立與是否信任或不信任別人等，都深深的影響著個人之心理健康與自我之強度。

3.社會文化方面

　　　比較常見的說法是：精神病患較多見於低社經地位

者。不過也有人提出反駁，認為可能是精神病患者之家庭，為負擔病患龐大之醫療費用而耗盡家中資產，因而使其社經地位降低所致，非因社經地位低才導致精神疾病的。至於孰是孰非，目前尚未獲得證實。

◎治療

精神分裂症之治療目前仍以藥物治療為主，電氣痙攣療法及心理治療為輔。

1. 藥物治療

常見之藥物治療所使用的是抗精神病藥，此類藥物主要之作用在於降低多巴胺在腦內之功能，而達到治療因多巴胺功能增加所引起之精神症狀如幻聽、妄想等。臨床常用之藥物有 Chlorpromazine（CP）、Haloperidal（Haldol）、Fluzine 與 Melleril 等。

2. 電氣痙攣療法

3. 其他治療

常見於精神分裂症患者之心理治療為：個人心理治療、團體心理治療、行為治療、職能治療、娛樂治療、藝術治療、音樂治療及家庭治療等。

㈡妄想症（Delusional Disorder）

王先生，45歲，據王太太表示她跟王先生結婚已 15 年，育有二男一女，雖然是自由戀愛結婚，但婚後夫妻感情不睦，常常因為家庭經濟及孩子的管教問題而爭吵，夫妻間的性生活品質也因此而大打折扣。半年前，兩人還因為王先生在外應酬喝花酒之事而大吵一場，王太太曾揚言要離婚，但因顧及孩子

而作罷。近幾個月來王太太發現王先生老是疑東疑西，每次王太太外出回來都要盤問她，去那裡、和誰在一起、做什麼事..等。最近更變本加厲，不僅扣留王太太之身分證，更不許王太太單獨外出，令王太太不堪其擾，故求助於專業人員。

◎診斷依據

　　妄想症乃是以妄想為主的一種精神病，而所謂的妄想是指因為統覺上（apperception）的障礙，導致對某件事情做錯誤的解釋，並且深信不疑。其妄想內容多與現實生活情境有關，如被害妄想、誇大妄想、嫉妒妄想及多情妄想（曾文星、徐靜，1995）。

　　此症最顯著或唯一的症狀是妄想，其持續時間至少3個月，且其存在純屬個人性，而非屬於次文化的。憂鬱症狀或清楚的鬱症發作可能間歇性的發生，然而情緒平穩時依然有妄想存在。必須沒有腦部疾患，沒有或只偶有幻聽，也沒有精神分裂的症狀（被控制妄想、思想廣播等）。

　　上述王先生之案例符合妄想症之嫉妒妄想（Jealous disorder），個案通常表現出對配偶的不信任，或產生過分之嫉妒，或毫無根據的懷疑配偶不貞、有外遇，甚至毫無道理的限制其行為等。

◎病因

　　由佛洛依德（Freud）的精神動力學說觀之，妄想症之形成主要是患者過分使用外射（Projection）之心理防衛機轉所致。另外有些學者主張某些性格敏感或自我意識過強的人，以及孩童時期缺乏適當之社會經驗、未學習如何區分別人與自己的想法者皆容易罹患妄想症。

◎治療

　　妄想症之治療仍然是以藥物治療爲主，心理治療爲輔。一
般先給予抗精神病藥物控制其妄想之症狀，待其症狀改善後，
再進一步給予領悟性心理治療，以幫助病患區別自己的想法與
他人的見解。治療中，治療者與病患的信任關係建立攸關治療
的結果，因此治療者應採取中立、不批判之態度，接受其因妄
想所帶來的害怕或焦慮、憤怒等感覺，並且給予適時的建議，
以協助病患走出妄想症的陰霾。

心理健康保健之道

如何維護個人之心理健康

　　瞭解了常見之精神疾病與相關因素，您是否和其他人一樣
希望自己能免於罹患精神疾病呢？除了瞭解自己的發展過程與
人格特質，和社會文化環境對自己心理健康的影響外，您是否
想更進一步的瞭解，如何做好心理調適以維持自己之心理健
康，或者當生活壓力事件臨於己身時自己能有更堅韌之自我強
度，來面對壓力與自我挑戰呢？以下十點建議，您可參考並
試著做做看，也許會有意想不到的效果：

(一)照顧好自己

　　維持良好之營養、規律的生活作息、充足的休息與睡眠，

以及適度運動與休閒娛樂，是身心調適之基礎，有了良好的身體狀況，才有足夠的體力與腦力去應付與對抗所面臨的問題，因此良好之身體健康是維護心理健康之首要條件。

(二)接受自己

接受「此時此刻」的自己，不管您有多少優點或缺點，那都是最真實的您，最有價值的您。因為唯有接受自己的優點您才能建立自我的信心，也唯有接受自己的缺點所在，您才能正視自己的缺點並學習矯正它，但不因此而感到自卑或不如人。

(三)讚美自己

懂得給自己喝采，一如懂得給別人喝采一樣的重要。對於自己的長處儘管只有那麼一丁點，也要不吝嗇的讚美它。因為讚美自己才能肯定自己，也才能活的更有自信。一個有自信的人不僅能讓生活洋溢光彩，在遭遇困境時更能運用智慧尋求解決之道，並勇於面對它。

(四)學會真正的愛

學會愛您自己、愛您的家人與您生活中的人、事、物，是一件非常重要但卻不容易做到的事，不過正因為其不容易做到，這愛才彌足珍貴。一位懂得愛別人的人必然懂得愛他自己，因為「愛是自足於愛的」。當您心中充滿了對別人的愛，那麼便沒有多餘的空間去容納怨懟與仇恨。心中沒有怨懟與仇恨，便能「輕安自在」的去面對生活中的壓力或挫折。一個人若能學會自在的面對生活中的壓力，就不會因這壓力的侵襲而導致身、心之傷害，如此則離身、心疾病遠矣！

㈤保持心態的平衡

試著把每一件生活中的挫折經驗當作人生成長的歷程，不去計較「別人有而我沒有」，或「別人不必做我卻必須去做」，抱著「凡事盡力而為」與「只問耕耘不問收穫」之心態，去面對生活中的種種，必然能保持自己心態的平衡，而不因計較、憤怒與憎恨所產生的負向情緒癥結，影響自己的身、心健康。

㈥表達自己真實的感覺與想法

學習瞭解自己真正想要的是什麼，並試著表達出自己真正的感覺與想法，不僅可以避免因人際互動中的虛偽、猜疑與不信任，而影響彼此間的人際關係，更可避免因長期的情感壓抑而導致心理障礙疾患之發生。

㈦學習正向的溝通方式

試著學習雙贏的溝通技巧，讓自己和對方都感到舒適無壓力。正向的溝通技巧即是少批評、多讚美、多聆聽對方的抱怨、少打斷對方的話，並適時的提出您的看法與建議，但不要求對方一定得聽命於您。

㈧承擔義務

對於自己在家庭中或工作場所中，所擔任或扮演的角色與其功能必須十分清楚。同時必須甘於承擔所應盡的義務，如此才能善盡職責，也才能因家庭與工作中之角色功能完成，而感到自己是有的能力與價值的，同時也能感受到自己對家庭與工作的貢獻和重要性，如此亦能增強正向之自我概念，減少因自卑、無望或無價值等負面情緒所帶來之憂鬱狀態。

㈨ 改變思想

試著去除心中不合理的念頭或想法，如我必須是完美無缺的、我不容許自己做錯一件事、我必須努力討好別人才能取得別人的喜愛、我必須容忍一切以免破壞環境中之氣氛、我必須…等。因為過多的自我要求與完美主義，將為自己帶來許多不必要的壓力與心理負荷，因此容許自己也可能有犯錯的時候、容許自己也有不完美的時候，畢竟人生不可能是十全十美的，我們只能力求完美，但不可能絕對完美，因此不要再加給自己那麼多沈重的擔子了，給自己一個喘息的空間吧？！

㈩ 注重心靈的成長

心靈的成長之重要性如同知識的累積一般，因為汲取心靈的甘泉，可以使人平靜、愉悅與願意去付出無私的愛。尋找屬於自己也適合自己的宗教信仰，其實是十分重要的。無神論者或許不以為然，但對於大多數的人而言，一個適合自己的宗教，以及參與相關之宗教活動，確實是可以帶給個人一種心靈的平靜與多一分的支持力量。當然心靈的成長除了宗教以外，尚可藉由追求真、善與美的任何事物中獲得，個人可依自己的喜好和興趣為之。

以上十點法則若能做到，相信您必能活出歡喜的心，也能活出充滿自信與積極樂觀的人生。

結語

　　精神病患常被比喻為「社會的定時炸彈」，而帶來社會大眾之恐慌感。甚至當醫院將於社區中，設置適合病情穩定病患之復健機構，以幫助病患重新適應社會，以達早日回歸社會之精神醫療終極目標時，也常因一般社會大眾對精神病患之不瞭解，而慘遭被拒絕、排斥甚而激烈抗爭之情事，使得心理衛生專業人員為之氣餒，但身為病患之代言人，筆者不得不於此呼籲廣大的社會群眾，共同來正視這可能發生於你、我或我們家人身上的疾病，一旦疾病臨於己身時，我們希望別人如何來看待我們、接納我們甚至幫助我們走出疾病的陰霾呢？！同樣是生病為什麼得的是身體上的疾病時，親友會抱著關懷與不忍的心情來探視，並協助病患和家屬度過難關。而當所患的疾病是心理上的疾病時，大家卻是躲得遠遠的？！

　　疾病本身是等無差異的，病人也是同樣身陷痛苦與無助的，為何周遭的人所給予的對待卻是如此的「天壤之別」？！追究其原因，其實是來自一般社會大眾對心理障礙疾患的不瞭解，因此產生了莫名的不安與恐懼感。加上偶而聽聞精神病患暴力事件之報導，更增添對精神病患之驚恐與害怕。但我們如果願意冷靜的、抽絲剝繭的想一想，便會發現這個「惡性循環」的真正事實。怎麼說呢？道理其實很簡單，如果我們對精神病患始終抱著恐懼、指責甚至唾棄之心態來對待，那麼精神病患之家屬如何在發現病患之異常行為時，敢勇於說出甚至積極的帶病患接受正統的精神醫療呢？而家屬諱疾忌醫或尋求其他管道的治病方式，又可能帶來疾病延誤治療之後果。

此外，有些家屬甚至因為不知如何來處理病患的異常行為而放任病患到處遊走，直到發生暴力或其他危險事件時，才交由警方全力處理強制送醫治療，只是為時已晚，而這正是社會大眾擔心害怕的結果。筆者以為如果我們想免於精神病患暴力攻擊事件的恐懼，根本的解決之道不是遠離病患、唾棄病患、指責病患或家屬。而是積極主動的參與精神疾病的瞭解與防治工作，首先我們必須先做好個人之心理衛生，進而我們必須認同精神疾病也是個人可能發生的一種疾病，它和身體上的疾病所差別的，僅是它是發生在心理層面的問題而已。 精神病患所需要的是心理衛生專業人員之關懷、教導與精神醫療之協助。此外，他也需要家人、朋友之照顧與支持，更需要社會大眾的接納與關懷。如果我們能夠做到關懷與協助精神病患，才能真正免於恐懼，因為我們以愛和真誠扭轉了排斥精神病患所帶來的惡性循環，因此我們才有權力、有福份享有這份安樂的環境！

問題討論

1. 說明心理健康之意涵？
2. 心理障礙之意涵？
3. 常見之心理障礙疾患包括哪些？
4. 常見心理障礙疾患之病因？
5. 常見心理障礙疾患之治療為何？
6. 如何維護個人之心理健康？

參考資料

(1)Antonovsky, A. (1979). *Health, Stress, and Coping.* San Francisco, Jossey-Bass.

(2) Sarafino, E. P. (1994). *Health Psychology Biopsychosocial Interactions.* (2nd. ed.) New York: John Wiley & Sons.

(3)沈楚文、古碧玲（1991），《心理的迷惘與突破》。台北：張老師出版社。

(4)林彥妤、郭利百加等譯（1993），《心理衛生—現代生活的心理適應》。台北：桂冠。

(5)柯永河（1980），《心理衛生學》（上冊）。台北：大洋。

(6)胡海國、林信男（1996），《ICD-10精神與行為障礙之分類—診斷指引》。台北：中華民國精神醫學會。台北：偉華書局。

(7)張家銘（1998），〈催生者的心情〉，《壓力免疫.安頓身心座談會講義》。高雄縣安心會籌備小組主辦，高雄長庚醫院精神科協辦。

(8)曾文星、徐靜（1995），《現代精神醫學》。台北：水牛出版社。

(9)曾華源、郭靜晃（1998），《健康心理管理》。台北：揚智文化公司。

(10)葉明華、柯永河、黃光國（1981），〈生活壓力因素對心理健康的影響〉，《中央研究院民族學研究所集刊》，52，173-210。

(11)鄭清清譯（1994），《音樂讓你快活度日》。台北：生命潛能文化公司。

(12)蕭淑貞（1996），〈成長調適〉，《壓力與健康手冊》，教育部訓育委員會贊助，輔英技術學院編輯。

附錄

賴倩瑜

可以尋求的心理衛生協談機構

生命線

機構名稱	服務電話 傳真	地址	備註
基隆市生命線協會	02-24659595 02-24655946	基隆市東信路282號3樓	全天候24小時電話協談
台北市生命線協會	02-25059595 02-25024343	台北市建國北路二段92號9樓	全天候24小時電話協談
台北縣生命線協會	02-29679595 02-29690374	台北縣板橋市自強新村1號	全天候24小時電話協談
宜蘭縣生命線協會	03-9329595 03-9369595	宜蘭市西門路7巷22-4號5樓	全天候24小時電話協談
桃園縣生命線協會	03-3589595 03-3580197	桃園市大興西路二段61號13樓	全天候24小時電話協談
新竹市生命線協會	035-249595 035-240995 035-245191	新竹市集賢街3號	全天候24小時電話協談

機構名稱	服務電話 傳真	地址	備註
新竹縣生命線協會	035-969595 035-967906	新竹縣竹東鎮北興路一段557號2樓	全天候24小時電話協談
苗栗縣生命線協會	037-329595 037-362113	苗栗市莊敬街26號3樓	全天候24小時電話協談
台中市生命線協會	04-2229595 04-2277461	台中市雙十路一段10-5號文英館3F	全天候24小時電話協談
台中縣生命線協會	04-5269595 04-5269754	台中縣豐原市圓環北路一段355號3樓	全天候24小時電話協談
彰化縣生命線協會	04-7249595 04-7241125	彰化郵政23之225號信箱	全天候24小時電話協談
南投縣生命線協會	049-239595 049-230530	南投市大同南街1號	全天候24小時電話協談
花蓮縣生命線協會	03-8339595 03-8332995	花蓮市民國路34號2F	全天候24小時電話協談
雲林縣生命線協會	05-5329595 05-5354616	雲林縣斗六市莊敬路347巷30弄37號4樓	全天候24小時電話協談
嘉義市生命線協會	05-2349595 05-2338747	嘉義市德安路6號B棟二樓	全天候24小時電話協談

機構名稱	服務電話	地址	備註
	傳眞		
嘉義縣生命線協會	05-2267995 05-2267399	嘉義縣民雄鄉中樂村文化路5之8號	全天候24小時電話協談
台南市生命線協會	06-2209595 06-2281381	台南市中山路90號太子大廈914室	全天候24小時電話協談
台南縣生命線協會	06-6329595 06-6358152	台南縣新營市民族路112號3樓之3	全天候24小時電話協談
高雄市生命線協會	07-2319595 07-2169595	高雄市新興區大同一路181-6號9F901室	全天候24小時電話協談
台東縣生命線協會	089-339595 089-352027	台東市漢陽路408巷11號	全天候24小時電話協談
屏東縣生命線協會	08-7369595 08-7363995 08-7363999	屏東市長春街42-1號	全天候24小時電話協談

救國團張老師諮商輔導中心

機構名稱	服務電話 傳真	地址	服務時間
台北諮商中心	02-27166180 02-27171010 02-27136443	台北市敦化北路131號	早 9:00~12:00 午 2:00~5:00 晚 6:30~9:30
桃園縣諮商 中心	03-3316180 03-3365947	桃園市成功路二段7號 7樓	午 1:30~5:00 晚 6:00~9:00
台中市諮商 中心	04-2066180 04-2372859	台中市進化北路369號 7樓	早 9:00~12:00 午 1:30~5:30 晚 6:00~9:00
台南諮商中心	06-2366180 06-2387202	台南市大學路西段65 號	午2:00~5:00 晚6:00~9:00
宜蘭諮商中心	03-9366180	宜蘭市渭水路100-3號	每晚 　6:30~9:30 週三、五下午 　2:00~5:00
花蓮縣諮商 中心	03-8326180 03-8352127	花蓮市公園路40-11號	週一至週五晚 上 7:00~9:00
苗栗諮商服務 中心	037-322134	苗栗市中正路382號	一般上班時間

機構名稱	服務電話	地址	服務時間
	傳真		
高雄市諮商中心	07-7236180	高雄市苓雅區凱旋二路5號	早 9:00~12:00 午 2:00~5:00 晚 6:30~9:30
基隆市諮商中心	02-24336180	基隆市獅球路8號	每晚 　6:30~9:30 週六早上 　9:00~12:00 下午 　2:00~5:00
	02-24316551		
新竹「張老師」	03-5266180	新竹市府後街43號	每天早上 　6:30~ 晚上9:00
嘉義諮商中心	05-2756180	嘉義市忠孝路307號	週一至週五晚上 6:30~9:00 週六 　14:30~16:30
	05-2770710		
彰化市諮商中心	04-7226180	彰化市卦山路2號	午2:00~5:00 晚7:00~9:00
	04-7242141		

家庭教育服務中心

機構名稱	服務電話 傳真	地址	服務時間
台北市家庭教育服務中心	02-25775968 02-25775997	台北市八德路三段25號2樓	一般上班時間
高雄市家庭教育服務中心	07-2212474	高雄市前金區中正四路209號4樓	一般上班時間
台中縣家庭教育服務中心	04-5283353轉27 04-5206356	台中縣豐原市圓環東路782號	週二至週五 9:00~20:30 週六 9:00~5:00
台東縣家庭教育服務中心	089-341149 089-350129	台東市南京路25號	一般上班時間
基隆市家庭教育服務中心	02-24224170轉355 02-24287811	基隆市信一路181號	一般上班時間
澎湖縣家庭教育服務中心	06-9262085 06-9276602	澎湖縣馬公市中華路230號	一般上班時間

各地社區心理衛生中心

機　構　名　稱	電　話
台北縣心理衛生中心	02-22575151
三重心理衛生中心	02-29869773
士林青少年心理衛生中心	02-25864250
台北榮民總醫院王大夫心理衛生諮詢專線	02-28719494
台北心理衛生中心	03-3696400
台中心理衛生中心	04-5274551
台南心理衛生中心	06-2262731
南部社區心理衛生中心	07-7612536

家庭（婚姻、親職）諮詢機構電話

機　構　名　稱	電　話
台北市社會局家庭關係服務中心	02-25590447
台北市教育局社教館家庭中心	02-25781885
台北市政府二十四小時保護中心	02-27062495 080-024-995
中華民國婚姻危機處理協會	02-89914189 傳眞：02-89944136

基金會

機 構 名 稱	電 話
北區婦女服務中心	02-25314245
勵馨基金會	02-23759595
善牧基金會	02-23815402

其他協談機構

機 構 名 稱	電 話	備 註
高雄市福澤中心	07-2820153	
基督教家庭協談中心	07-2810993	
馬偕協談中心及平安線 （台北市中山北路二段92號9樓）	02-25310505 02-25318595	收費原則：電話諮商不收費，面談諮商要收費 服務時間： 週一至週五 　8:00~17:00 平安線 　9:00~21:00
宇宙光輔導中心	02-23627278	收費原則：電話諮商不收費，面談諮商要收費
台北市少年輔導委員會會本部	02-25530877 02-25530028	
台北縣少年輔導委員會	02-22665750 轉 29	

機 構 名 稱	電 話	備 註
高雄基督教家庭協談中心（高雄市前金區中華三路23號10樓之8）	07-2810903 傳眞 07-2810303	服務時間： 週一至週五 　9:00~17:00 週六 　9:00~12:00
婦女救援基金會	02-23929595 080-239-595	

可以尋求的精神相關疾病醫療機構

機 構 名 稱	電 話
台灣大學醫學院附設醫院	02-23970800
台北榮民總醫院	02-28712121
三軍總醫院	02-23659055
台北市立婦幼綜合醫院	02-23916471
台北醫學院附設醫院	02-27372181
台北市立療養院	02-27263141
恩主公醫院	02-26723456
八里療養院	02-26101660
羅東博愛醫院	03-9543131
桃園療養院	03-3698553
林口長庚紀念醫院	03-3281200
台中榮民總醫院	04-3592525

機 構 名 稱	電 話
中國醫藥學院附設醫院	04-2062121
中山醫學院附設醫院	04-2015111
彰化秀傳紀念醫院	04-7256166
彰化基督教醫院	04-7238595
草屯療養院	04-9550800
嘉義基督教醫院	05-2765041
成功大學醫學院附設醫院	06-2353535
台南醫院	06-2200055
台南市立醫院	06-2609926
奇美醫院	06-2812811
高雄醫學院附設中和紀念醫院	07-3121101
高雄榮民總醫院	07-3422121
國軍高雄總醫院	07-7496751
高雄市立凱旋醫院	07-7513171
長庚醫院高雄分院	07-7317123
高雄慈惠醫院	07-7030315
屏東醫院	08-7382094
屏東基督教醫院	08-7368686
屏安醫院	08-7211777
佛教慈濟綜合醫院	03-8561825
玉里榮民醫院精神科	03-8801221
澎湖醫院	06-9261151

心理衛生

著　　　者☞	賴倩瑜、陳瑞蘭、吳佳珍、林惠琦、沈麗惠
出 版 者☞	揚智文化事業股份有限公司
發 行 人☞	葉忠賢
總 編 輯☞	林新倫
特約編輯☞	張明玲
登 記 證☞	局版北市業字第 1117 號
地　　　址☞	台北市新生南路三段 88 號 5 樓之 6
電　　　話☞	(02)23660309
傳　　　真☞	(02)23660310
郵政帳號☞	19735365
戶　　　名☞	葉忠賢
印　　　刷☞	偉勵彩色印刷股份有限公司
法律顧問☞	北辰著作權事務所　蕭雄淋律師
初版七刷☞	2006 年 2 月
I S B N ☞	957-818-105-1
定　　　價☞	新台幣 450 元
E-mail ☞	service@ycrc.com.tw
網　　　址☞	http://www.ycrc.com.tw

國家圖書館出版品預行編目資料

心理衛生／賴倩瑜等著．--初版．--臺北市
：揚智文化，2000〔民89〕
　　面；　　公分
　　含參考書目
　　ISBN　957-818-105-1（精裝）

　　1．心理衛生

172.9　　　　　　　　　　　　　89001630